卓有成效的领导者
德鲁克52周教练指南

A Year with Peter Drucker
52 Weeks of Coaching for Leadership Effectiveness

德鲁克管理经典

JOSEPH A. MACIARIELLO

[美] 约瑟夫·马恰列洛 著
德鲁克研究室 译

机械工业出版社
China Machine Press

图书在版编目（CIP）数据

卓有成效的领导者：德鲁克52周教练指南 /（美）约瑟夫·马恰列洛（Joseph A. Maciariello）著；德鲁克研究室译. —北京：机械工业出版社，2016.9（2021.6重印）

（德鲁克管理经典）

书名原文：A Year with Peter Drucker: 52 Weeks of Coaching for Leadership Effectiveness

ISBN 978-7-111-54922-2

I. 卓… II. ①约… ②德… III. 德鲁克（Drucker, Peter Ferdinand 1909—2005）—管理学 IV. C93

中国版本图书馆CIP数据核字（2016）第224672号

本书版权登记号：图字：01-2015-6953

Joseph A. Maciariello. A Year with Peter Drucker: 52 Weeks of Coaching for Leadership Effectiveness.

Copyright © 2014 by HarperCollins Press.

Simplified Chinese Translation Copyright © 2016 by China Machine Press.

Simplified Chinese translation rights arranged with HarperCollins Press through Bardon-Chinese Media Agency. This edition is authorized for sale in the People's Republic of China only, excluding Hong Kong, Macao SAR and Taiwan.

No part of this book may be reproduced or transmitted in any form or by any means, electronic or mechanical, including photocopying, recording or any information storage and retrieval system, without permission, in writing, from the publisher.

All rights reserved.

本书中文简体字版由HarperCollins Press通过Bardon-Chinese Media Agency授权机械工业出版社在中华人民共和国境内（不包括香港、澳门特别行政区及台湾地区）独家出版发行。未经出版者书面许可，不得以任何方式抄袭、复制或节录本书中的任何部分。

卓有成效的领导者：德鲁克52周教练指南

出版发行：机械工业出版社（北京市西城区百万庄大街22号 邮政编码：100037）	
责任编辑：王金强　董凤凤	责任校对：董纪丽
印　　刷：三河市宏图印务有限公司	版　　次：2021年6月第1版第8次印刷
开　　本：170mm×242mm 1/16	印　　张：24.25
书　　号：ISBN 978-7-111-54922-2	定　　价：49.00元

凡购本书，如有缺页、倒页、脱页，由本社发行部调换

客服热线：（010）68995261 88361066　　投稿热线：（010）88379007

购书热线：（010）68326294 88379649 68995259　　读者信箱：hzjg@hzbook.com

版权所有·侵权必究
封底无防伪标均为盗版
本书法律顾问：北京大成律师事务所　韩光 / 邹晓东

谨以本书把最大的爱意献给我的儿子——帕特和乔

推荐序一
A Year with Peter Drucker

我总是感觉自己没有资格为德鲁克先生的著作写序，但是机械工业出版社华章公司的邀稿盛情难却，此外，作为德鲁克先生生前少数耳提面命过的中国人之一，我也有责任和大家分享我从他那里得到的启迪。

改革开放初期，德鲁克夫妇来过中国。对比第二次世界大战后欧洲人从战争创伤的心理阴影中复原的艰难过程，他遇到的中国人充满活力和乐观精神，这一点令他惊讶不已。10多年前我刚认识德鲁克先生时，他告诉我，世界在苏联解体后，只有美国一国独强的局面是不健康的，应该至少还有另一股力量可以和美国互相制约，在俄罗斯、印度、巴西和中国这几个正在上升的大国中，只有中国有这种可能。他还说，中国可能向好的方向发展，也可能向坏的方向发展，因此在中国迅速培养大批有道德和高效的管理者至关重要。这也是他后来全力支持我创办彼得·德鲁克管理学院的原因。

德鲁克管理学院开办不久，有一位著名商学院的教授建议我们走精英教育的路线，收取昂贵的学费，德鲁克先生反对这么做。他对我说："中国固然需要大公司和领导它们的精英人才，但中国像任何国家一样，90%的组织将是中小型的和地方性的，它们必须发挥作用。单靠大公司，不能提供一个健康社会所需要的各方面功能。中国最大的弱点是作为一个大国，没有足够的受过高等教育的人，但你们有一大批能干的人，这些人在实际磨炼中学会了怎样在极其困难的条件下生存并取得成效。他们可能只受过普通教育，也不是特别聪明和优秀，却知道如何精巧地处理事情。这样的人可能有几百万，他们可以领导那些中型、小型和地方性的组织，他们将建设一个发达的中国。"

这段话透露出德鲁克先生对肩负中国未来的管理者，特别是中小型和地方性组织普通管理者的殷切期望。身为其中的一员，每当我回忆起这段话都深感责任重大。

我们正处在一个前所未有的剧变时代，而且这些变化影响所及，已经没有国家、种族、文化和行业的界限。这时德鲁克学说中的价值观和世界观尤其显得重要。德鲁克先生主张以创新这类演进的方式解决发展问题（剧变时期能提供更多的创新机会），他力图避免战争、革命和"运动"及其背后的强权与暴力给人类带来的苦难。他一生致力于在延续和变革之间寻求平衡，创新是保持动态平衡的变革手段，而延续的基础则是维系人类社会存在的那些价值观，包括同情与包容、诚实与正直以及让个人享有自由与尊严的同时承担起责任。这些价值观并不是他的发明，它们深深地根植于每一种代表人类文明的信仰和文化中。德鲁克先生还通过自己的著述和咨询工作，示范一种他称为"后现代主义"的观察与思考方式，这就是从理解全局或整体出发，寻找不同事物之间的内在关联性，达到把握和解决个别问题的目的。他的著作里没有令我们这些普通人望而却步的理论说教，而是把这些"大道理"通过对现实生活的演绎，朴实无华地表达出来。

我想上述贯穿在德鲁克学说中的精髓，可能正是人们称其著作为"经典"的原因。经典经得起时间的考验，值得人们一读再读，常读常新。它不会代替你做出决策，制定方案，但是它会帮你理清思路，从任何新事变中发掘本质，找到它们的历史渊源。

迄今为止，机械工业出版社华章公司可能是在国内翻译出版德鲁克著作最多，也是最认真的一家出版社。我不知道这给它带来的经济收入如何，但是我知道这给成千上万渴望学习和成长的管理者以及知识工作者所带来的方便和欣喜，也可以猜想到华章的工作人员由此所获得的成就感。让我们衷心感谢他们，并向他们致以深深的敬意。

邵明路
彼得·德鲁克管理学院创办人
德鲁克百年诞辰全球纪念活动共同主席

推荐序二
A Year with Peter Drucker

每个人皆是自己的教练

1939年5月27日,英国(次年上台当选首相的)温斯顿·丘吉尔在《泰晤士报》(*The Times*)文学副刊上写下了他对《经济人的末日》(*The End of Economic Man*)一书的读后感:"彼得·德鲁克令人感到神奇的是,通过一条启发性的思路,带领我们走进智慧之窗的能力。"

就在德鲁克14岁生日的前一个星期,他即察觉到自己已成为一个"旁观者"(即自我教练)。难怪他独钟爱于"社会生态学者"(social ecologist),而厌恶"大师中的大师""现代管理学之父"虚幻夸大的符号与封号。他集写作、教授和顾问于一身,将企业、非营利机构、政府及各类组织视为"实验室",成为他一生洞见与智慧的源头。难怪他能独力建成"一套明确、简单、清晰、具体、一以贯之可操作的管理哲学思想体系"。通过他的归纳和演绎法总结"卓有成效的管理者所做的而一般人所不做的,又有些什么是一般人常做而卓有成效的管理者所不做的"。至此,他指出一条可能的最佳方式,即"有效性是可以学的,而且也是必须学的"。因为有效性不是与生俱来的天分,而是一种学而后能的本领。"管理学"乃是实务的综合、践行的结果。这也是他一再强调"管理的本质不在于知,乃在于行;不在于逻辑,乃在于绩效"的缘故。

他总结了卓有成效的客观规律与动能的系统观,既能从宏观视角看问题,又能观之于微。听起来平凡不过的话,在深思之后却大有意义;看起来稀松平常的指点,在践行起来后却大有裨益。

虽然如此，他却一再告诫管理者与知识员工："人的品格与正直，其本身并不一定能成就什么。但是一个人在品格与正直方面若有缺陷，则大足以败事。"

《卓有成效的领导者：德鲁克52周教练指南》一书作者，除了多年与德鲁克亦师亦友耳濡目染之外，他极其用心地将"德鲁克毕生核心概念统整、梳理、贯穿52周修炼；由思入心，徒行入髓，体现出人的价值和绩效的背后逻辑"。更为罕见地将德鲁克与不同组织的首席执行官充满智慧和多元思维的对话展现出来，这是本书的一大特色。尤其德鲁克与救世军的詹姆斯·奥斯本、马鞍峰社区教会的华理克、"领导力网络"（Leadership Network）的领导者与《人生下半场》的作者班福德、柳溪教会协会的比尔·海波斯等人的对话，更是十分精彩。

德鲁克认为救世军是美国最有效的组织，尤其它在"使命的清晰度、创新能力、取得衡量的绩效、奉献精神及在善用资金的最大化方面，无人能及"。他进一步指出："我愿当救世军的志愿义工，因为他们的思想是如此美妙，他们又如此喜乐满足，我都会发现自己因而得到升华。"

谈及救世军的首席执行官詹姆斯·奥斯本时，德鲁克称赞他能系统地解决组织管理者所面对的极艰难的挑战，尤其在非营利机构（NPO）的"绩效衡量标准要与因履行使命所产生的成果相吻合方面"做得非常好，是其他组织学习的典范（意即能在短期结果和长期目标之间取得平衡，做出卓越的贡献）。

笔者多年来深入德鲁克管理世界，力求体现于生活、工作上，尤其在私人教练工作方面有些感悟——虽然德鲁克管理学的核心是以人为主体，不论是"内人"（员工）与"外人"（客户），如何通过管理理论和方法让人的价值观、态度和行为产生深刻的改变，这种变化乃是"技术的创新"。

事实上，十多年的两岸咨询与帮助遇到些许的挑战与瓶颈，关乎成人的改变三部曲"解冻、改变及再来"（美国李温教授主张）的行为模式重建工作，急需一些教材工具，如今《卓有成效的领导者：德鲁克52周教练指南》是值得力荐的工具书，也是切入彼得·德鲁克管理系统最有效的途径。

詹文明

推荐序三
A Year with Peter Drucker

1937年，彼得·德鲁克从欧洲移居美国，在此后的68年中，他一直致力于使美国社会能够更加成功地运转。尽管他知道，这个目标不一定能够完全实现，但是，这么多年来，他一直在帮助我们理解这个多元化的社会。在这个社会里，只要我们一起努力，就能改善人类的福祉。

与美国一样，中国的企业界也在前所未有地发展，带来了前所未有的收益。像美国一样，中国的政府也能起到重要作用，在做公共部门能够做的事情时，政府的作用就可以得到最大的发挥……像曾经的美国一样，为了满足公民的需求，中国社会各部门也正在奋发图强，迎头赶上。随着社会部门的领导者开始懂得有效的管理，他们也会懂得怎样拓展工作去满足不同的需求。

我与德鲁克的工作关系开始于企业界，并很快转到社会部门，这是我响应召唤并乐意终身为之努力的部门。我们几十年里一起努力，使得社会部门，特别是我们关注的大型教会，能更加有效地满足人们的需要。我们的全部关系详细记录在《我与德鲁克：得克萨斯州的一位创业家向管理学之父学到了什么》中。约瑟夫·马恰列洛教授做了一件很了不起的事情，他把过去几十年里我与德鲁克以及我们的朋友的谈话整理、浓缩成极其有价值的课程，并呈现给读者。

在过去的几十年中，我见证了社会各个部门的组织是如何向德鲁克学习，实践德鲁克的观念及咨询意见的。每当这些组织认真对待德鲁克的观念和咨询意见时，这些组织就能在它们所在的领域成为领导者。本书与其他的书不一样，它能使你认真对待德鲁克。如果你成为本书的一位读者，你就有机会汲取德鲁克的智慧，并把它变成自己的智慧进而应用于实践。

衷心祝愿全世界的读者，特别是中国的读者，在各自的行业领域内，成为更加有效的领导者、管理者，成为真正的人。

鲍勃·班福德

致 谢
A Year with Peter Drucker

首先我要感谢鲍勃·班福德。他是"领导力网络"和"哈弗坦学院"（Halftime Institute）的创始人，并出版了多本著作，包括畅销书《人生下半场》（*Halftime*）和最近发行的新书《我与德鲁克》（*Drucker & Me*）。

鲍勃向我提供了在本书中被称为"德鲁克与班福德对话项目"的相关录音及文字材料。其中记录了彼得·德鲁克向鲍勃提供的一系列辅导式咨询，以及德鲁克为企业和社会部门组织的多位领袖人物所做的咨询。这些咨询发生于1984~2005年9月，最后一次咨询距德鲁克2005年11月11日去世仅两个月。2008年，鲍勃及其助手德里克·贝尔将他们手上所有的原始资料、CD和文字记录提供给我，鲍勃鼓励我进行必要的研究并写成本书。2009~2013年，德里克和我一起走访了鲍勃和很多其他社会部门组织的领导人。如果没有鲍勃的支持和鼓励，以及德里克的帮助，我要完成本书是不可能的。鲍勃的私人助理恩格尔向我提供了很多信息，并不断鼓励我。谢谢你，恩格尔。

我的朋友兼代理人史蒂夫·亨塞尔曼和我一起工作了两年，他帮助我设计全书的架构，使得本书能够为管理者和那些渴望成为管理者的人提供一整年的辅导。谢谢你，史蒂夫。

我还要感谢哈珀出版社的副总裁霍利斯·海姆鲍奇，他在本书写作的关键时刻修订了全书的结构。要编纂这样一本同时为企业和公共服务机构管理者提供辅导的书，一定会遇到大量具体的编辑问题，在整个过程中，本书编辑埃里克·梅尔斯为我提供了极大的帮助。文字编辑苏珊·盖默为本书做了我见到过的最认真的文字编辑工作。感谢霍利斯、埃里克、彭尼·马克拉斯、朱安娜·平斯克、安娜·布劳尔、奥利弗·芒迪，以及哈珀出版社为本书做出贡献的人士。

光华集团的创始人、董事长邵明路在这个项目和以前的多个研究及出版项目中给了我很多支持。谢谢你，邵先生。

在整个写作过程中，我在克莱蒙特大学彼得·德鲁克–伊藤雅俊管理学院的助手凯瑟·霍顿给予了我很大的支持。谢谢你，凯瑟。

德鲁克文献基金会（The Drucker Literary Trust）允许我在写作本书时引用德鲁克著作中的相关段落。当我把德鲁克的思想努力向前推进时，多丽丝·德鲁克给了我持续不断的友谊和灵感。她在103岁高龄时还在不断鼓励我，并期待本书的问世。

除了整理出的文字材料，德里克还和我一起采访了吉姆·马拉多。吉姆是位于科罗拉多州科罗拉多温泉"同情国际"㊀的现任主席。他花了大量时间，跟我和德里克·贝尔一起讨论旨在向全社会传播创新的柳溪教会协会及其主要活动——全球领袖高峰论坛。谢谢你，吉姆。

我与查克·弗洛姆博士多次交谈。25年来，查克一直是祈祷音乐（Maranatha Music）的主席，他还创办了《崇拜领袖》（*Worship Leader*）杂志。他多次参加了德鲁克与班福德会谈，并在继任问题特别是大型组织魅力型创始人的继任问题上给了我很多帮助。

在本书的整个研究及写作过程中，三位对本书所涉及内容很有造诣的朋友一直认真聆听并不断鼓励我。谢谢你们：斯蒂夫·戴维斯教授、唐纳德·格里辛格和约翰·普兹泰。

最后，也是最重要的，我的夫人朱迪。她不仅聆听，而且还对本书无数次的草稿提出了自己的意见。仅仅说她在本书的研究与写作中给予我帮助和鼓励是远远不够的，真的很难形容我们为本书付出的心血，其中朱迪给了我最大的支持。再次感谢朱迪。

㊀ 同情国际（Compassion International）是一个资助贫困儿童的慈善机构。——译者注

前言
A Year with Peter Drucker

在半个多世纪的时间里，彼得·德鲁克通过他的咨询、教学和作品辅导了很多高管和其他知识工作者。长期以来，作为他的学生和同事，我有机会近身直接观察他的辅导，并从他提供的专业咨询中受益。这一切始于1981年，那一年，我参加了他在克莱蒙特大学教授的博士课程。我在克莱蒙特大学彼得·德鲁克－伊藤雅俊管理学院工作的26年中，作为他的同事，我有很多机会直接向他学习。

当德鲁克减少了他的教学量时，将近10年的时间里，我有机会在克莱蒙特大学乃至全球为高管和MBA学生讲授"德鲁克论管理"这门课。之后，我调集德鲁克的全体教员集体讲授了"不一样的德鲁克"这门课程。最终，在他生命的最后6年里，我有异乎寻常的机会能直接与他合作。2008年，鲍勃·班福德请我把德鲁克对他和他的"领导力网络"及"哈弗坦学院"的其他领导者做教练辅导时的记录和录音进行整理、分析、编辑与研究。此外，我还把1984～2005年的辅导录音转录成文并加以整理，这项工作被我称为"德鲁克与班福德对话项目"。在过去的6年中，我把自己的大部分时间都投入到开发这本辅导书中所包含的思想。感谢鲍勃·班福德给了我这个机会。

本书的目的是与全世界的粉丝分享德鲁克的管理技术。通过一年的阅读、课程学习和提问，你将有机会体验德鲁克的辅导。本书将与你分享德鲁克的导师计划，正如他将其与鲍勃·班福德和其他一些人分享一样。

德鲁克的著作对于20世纪形成的大型组织的管理有极大的影响。德鲁克在

1946年和1954年整理归纳出的管理实践，很大程度上基于他的咨询经验，以及他对社会科学和人文科学，包括历史、政治科学、心理学与经济学的知识。

德鲁克具有一些不同寻常的品质。第一，他坚信，管理学应该来自实践。他相信现实是实践的产物，因此好的实践应该形成管理学。第二，他是现实敏锐的观察者，总是从那些与他有关的人和组织那里学习。第三，他能够整合广博的知识，并用以解决高管在组织中面对的具体问题。第四，作为受过国际法和政治科学训练的人，他从组织的外部看待组织。这样的视角使得他对所有的社会组织都感兴趣——不只是营利机构，还有社会和公共部门的组织。他认为，在任何一个领域中容忍不达标的绩效都是在浪费财富，都不利于社会的整体利益。他的驱动力是解决自由社会的公民需求，这样他们就永远不会想要转向专制的替代品，人类历史以及他个人的早期生活经历都已经证明专制是灾难性的。他的研究范围包括私营机构、非营利组织和公共部门组织，所以他的写作与教练辅导广泛涉猎各个行业。他确实看到了这三个组织之间的差异，但是他看到了更多的相似之处。当阅读本书并做这些练习时，你会看到德鲁克采取这样一个宽阔的视角所看到的价值。

本书有52章，一年中每周一章，它们又分为9大主题，每个主题对于帮助你成为一位卓有成效的管理者都有重要的贡献。有些章节的案例和应用可能会让你感到意外，但是这些对于德鲁克的世界观和他的管理原则来说都很重要。

每一章都由引言和案例开始，引入一周的课程与背景。随后是阅读、思考和实践—提示三个部分。在第一部分里，一般每一个条目都有一段新的与标题相关的德鲁克语录。第二部分有几段德鲁克的语录，并附上了我的思考，同时提供了这些语录的背景。第三部分包括实践—提示，来帮助你把所学的知识运用到自己的生活和工作中。有些问题太大，不可能全部写在留白处，有的只需要思考，不需要写下来。

我建议先聚焦在马上可以应用到你的生活和工作中的那些章节。一章一章地学习，并努力实践。仔细思考你期望发生什么，你行动的结果是什么，并且将这些实际的结果与你的期望对比。这个过程称为**反馈分析**。它应该能够帮助你辨别哪些已经做得很好，哪些还需要改善。

有些章节可能还可以应用于你组织中的其他人和其他部门，你可以建议相关的人来阅读并实践这些条目。这样，你会对整个组织，以及你关心其使命和福祉的其他组织做出贡献。

本书将自始至终介绍德鲁克的管理原理。这些原理也将在最后一章里做总结。卓有成效的领导力是实践，与其他每一种实践一样，是通过一个学习—实践—再学习的迭代过程来实现的。最后一章将会帮助你进入这种迭代过程。

我希望本书成为你的必备手册。本书不仅能帮助你学习德鲁克的知识与智慧，还能让你把管理智慧转化成有效的行动，成为一个领导者和一个真正的"人"。祝好运！

| 目 录 |
| A Year with Peter Drucker |

推荐序一

推荐序二

推荐序三

致谢

前言

第一部分　有效的领导者

第 1 周　培养领导者而不是职员　　　　　　　　　2

第 2 周　在你承诺把自己生命的一部分服务于
　　　　一个组织之前要提出的问题　　　　　　8

第二部分　管理是人的活动

第 3 周　正常运作的组织型社会的三个根本问题　14

第 4 周　教育和管理：经济发展的关键　　　　　22

第 5 周　管理根植于现实的本质　　　　　　　　29

第三部分　紧紧盯住重要的而不是紧急的事务

第 6 周　把重要的而不是紧急的事务置于你
　　　　生命中最优先的位置　　　　　　　　38

| 第 7 周 | 管理两个时间维度 | 44 |

第四部分　个人通往卓有成效之路

第 8 周	专注	50
第 9 周	有效安排工作	55
第 10 周	有效管理中的信息解读	61
第 11 周	专业领导力与管理的原则	68

第五部分　多元化组织型社会的管理

第 12 周	管理：现代社会所有机构的治理器官	82
第 13 周	组织的首要工作是使高层管理者卓有成效	90
第 14 周	通过使命和战略，而不是通过层级进行管理	96
第 15 周	保持组织的精神	102

第六部分　为转型中的社会指引方向

第 16 周	美国的问题是社会问题	108
第 17 周	美国面临艰难的转型期	114
第 18 周	社会和个人的重大转型期	120
第 19 周	找出已经发生的未来：美国正在发生的社会和人口结构的变化	127
第 20 周	找出已经发生的未来：教育的混乱	134

第七部分　变革时代的组织管理

第 21 周	连续性与变革	142
第 22 周	系统地抛弃和创新	148
第 23 周	通过使命宣言凝聚组织	154
第 24 周	非客户市场调研的领先者	160

第 25 周　组织成长和变革中的相变　168

第八部分　构建你的组织

第 26 周　集权、联邦、分权　176

第 27 周　网络型组织：21 世纪的管理模式　182

第九部分　管理你的员工

第 28 周　管理超级明星　190

第 29 周　给失败者第二次机会　196

第 30 周　一个健全的美国社会需要什么样的组织　202

第十部分　继任决策

第 31 周　继任决策：保持组织精神　210

第 32 周　组织内的继任计划　218

第十一部分　非营利组织的启示：目标的力量

第 33 周　使命　230

第 34 周　用使命统一各利益相关方　236

第 35 周　救世军　242

第 36 周　传播创新：公立学校　250

第 37 周　应用德鲁克的社会生态学方法论　258

第十二部分　从成功人士迈向有意义的人生

第 38 周　从成功到有意义的人生　268

第 39 周　在你能做出独特贡献的领域工作　274

第 40 周　需要帮助个人从成功走向有意义的人生　280

第41周	我究竟属于哪里	285
第42周	人生下半场：创业者企业	290
第43周	自我管理及进入人生下半场的催化剂	295

第十三部分　人品和遗产

第44周	美国社会不再甜蜜	302
第45周	目标的力量：华理克牧师谈彼得·德鲁克	308
第46周	管理财富与管理影响	314
第47周	做一个于人于己都有用的人	321
第48周	领导者代表什么	326
第49周	了解自己的价值观，做一个真正的人	331
第50周	你想要人们记住你什么	336
第51周	"辅导……是因为看到人的潜能"	342
第52周	寻找人生下半场的意义：德鲁克的十条原则	348

| 结语　学习要点 | 355 |
| 译者后记 | 366 |

| 第一部分 |

A Year with Peter Drucker

有效的领导者

第 1 周　培养领导者而不是职员
第 2 周　在你承诺把自己生命的一部分服务于
　　　　一个组织之前要提出的问题

| 第 1 周 |
A Year with Peter Drucker

培养领导者而不是职员

有效的领导者成就正确的事情，并可以信任。

引言

在美国，彼得·德鲁克曾经对企业的管理者有很高的期望。然而，当他看到丑闻接连发生，领导者只为自己考虑时，他的期望逐渐降低了。德鲁克曾经希望大型的工业组织是一个能够让雇员找到属于他们的社区、实现公民权利、发现人生意义和目标的地方。

德鲁克希望工商业组织能够在个人与我们心目中的理想国度之间建立一种有效的联系，在这样的国度里，人人机会平等，同时也有个人自由和个人责任。这可以帮助个人悟出人生的正道，同时又能纠正极权主义带来的恶果。在极权主义下，缺失这样一种行得通的"正道"是德鲁克第一本著作——《经济人的末日》（1939年）的主题。

在德鲁克的第二本著作《工业人的未来》（*The Future of Industrial Man*）（1942年）里，他基于迅速发展的工业组织提出了上述概念并将其纳入自治工厂社区（self-governing plant community）这一框架内，但这一概念并没有被具体地应用到任何组织。在一个自治的工厂社区中，有被赋予权力同时又承担责任的员工。在这样的社区中，每一个员工通过承担管理的责任，在为其组织创富活动做出贡献的同时，也满足了他们自己的个人需求和社会需求。自治的工厂社区的概念就这样成为一个稳定的、组织化的社会中不可或缺的要素。

在他的第一本管理学专著《公司的概念》(Concept of the Corporation) (1946年) 里面，德鲁克曾经给通用汽车公司提出过这个建议，却未被采纳。他后来很不情愿地放弃了"工厂社区"的想法，尽管在日本及最近在韩国，有一些公司运行了与此非常接近的体系。这些公司为员工创造条件，赋予员工一定的管理责任，确实使员工实现了**公民权利**，也找到了人生的**意义**和**目的**。

德鲁克1974年完成了他的著作《管理：使命、责任、实务》(Management: Tasks, Responsibilities, Practices)。当时他对美国的企业管理越来越失望，于是更加努力地推行从20世纪50年代开始的一项工作：帮助社会部门组织的管理者如何专业地管理。这些社会机构帮助它们所服务的对象改善了生活，在这一过程中，也为其雇员和志愿者提供了高水平的**工作社区**、**公民权利**和**生命的意义**。这些杰出的社会部门组织中的管理者为所有的管理者树立了榜样。

第1周，我们从德鲁克早在2002年为世界宣明会⊖高管做的一个咨询项目开始。他的主题是："有效的管理者如何创造高绩效的组织。"德鲁克的目标是帮助培养有效的领导者，而不是所谓的"职员"。[1]

阅读

领导者的唯一定义是拥有追随者的人。你做事的时候，按你的方式做，按适合你的方式做。不要试图成为别人。领导力是信任的成果。你知道你期

⊖ 世界宣明会（World Vision），一家旨在进行灾害救援、社会发展及公共教育的民间机构。——译者注

望的是什么，你看到绩效和成就。在这里，关键的问题是"领导力是为了什么目的"。**领导力意味着成就正确的事情**。没有两个领导者是一样的。有的善于交际，有的则冷漠离群；有的善于展示魅力，有的则木讷无语。有的善于沟通，有的擅长赞美，而有的却从来不表扬他人。尽管如此，这些领导者有两个地方是一样的：他们能够做成事，而且你可以信赖他们。

下面举一个有效领导者的例子。在第二次世界大战时，我在位于佛蒙特的一所女子学院里工作。同时，我还在美国陆军部就职，在作战部长助理手下做些具体工作，但我不属于部队编制。也就是说，一个将军可以对我大喊大叫，但他不能给我下达命令。这一点很重要。

当时我接受的任务之一与并不存在的"荷兰军团"相关。这些人是罗斯福总统特别好的朋友——后来成为荷兰女王的贝娅特丽克丝公主、公主的丈夫（一位德国王子）及他的三位兄弟（这三位兄弟指挥着德国军队），他们想要适合荷兰人规格的物资。然而，"荷兰军团"并不存在，为了不干扰战争物资的生产，我不打算去做。

我说："不行。"显然，他们向罗斯福总统或是马歇尔将军抱怨，想把我挤走。当时，我并不为马歇尔将军工作。然而，将军打电话问我："出了什么事？"我告诉了他。将军回答说："你做的正是你应该做的事，不用管它，我来解决。"然后，我再也没有听到有人要求我发放物资的事情。这就是领导力。我可以完全相信马歇尔将军。如果他说："这是我的工作，你不用管了。"我可以信赖他。

彼得·德鲁克，《摘要：与彼得·德鲁克论领导力和组织发展的对话》
2002年2月5日，第5页，由作者编辑

思考

- 有效的领导者与职员之间最大的区别在于是否专注于使命、目标和建立信任。

- 组织是建立在信任的基础上的，而信任则建立在沟通及相互理解的基础上。要取得相互理解，你必须要知道你的同事为了把他们的工作做好，需要从你这里得到什么信息，他们也必须知道你从他们那里需要得到什么。

赢得信任是必需的

信任一个领导，并不一定要喜欢他，也不一定要同意他的意见。信任是要让人相信，领导者是能够说到做到的。这是对正直的信念。领导者的行为与他声称的信念必须一致，或者至少是相容的。有效的领导者——这是一个非常古老的智慧——不是基于聪明，首要的是基于言行一致。

彼得·德鲁克和约瑟夫·马恰列洛，《管理》（修订版），2008年，第27章

信任与正直

要成为领导者，这个人必须要有追随者。要想有追随者，这个人就必须要让他们有信心。因此，领导者最大的特质就是无可置疑的正直。若非如此，不可能有真正的成功，无论是在一个部门、一支球队、一支部队，或者在一间办公室内。如果这个人的部属感到他虚伪，如果他们感到他并非坦诚正直，他就会失败。他的言论和行为必须严格相符。因此领导者的首要气质就是正直和崇高的目的。

艾森豪威尔，第二次世界大战同盟军最高领导、美国第34任总统

- 体力劳动者、服务工作者和知识工作者都能够承担管理责任。在知识经济中，授予知识工作者责任不是"充实其工作"。基于能力与信任的授权对知识工作者的生产力以及对组织的兴旺都是不可或缺的。

当员工经过培育愿意承担责任时，就可以把责任托付给他们

在我所有的管理著作中，我认为最重要和最具原创性的是关于自治工厂

社区和负责任的工人。在这样一个自我治理的工厂社区中，不管是员工个人、工作团队，还是员工小组都承担管理责任，他们自己负责每个人的工作结构设计、重大任务的绩效，并管理诸如排班、休假、加班、生产安全以及最为重要的员工待遇等一系列社区事务。但是，管理层因为这些做法"侵犯"了他们的特权而加以拒绝。工会也毫不犹豫地强烈反对：他们深信他们需要一个看得见的、实实在在的"老板"，并以此作为"敌人"来与其斗争。

彼得·德鲁克，6 月 23 日，"社区自治"，《德鲁克日志》，2004 年

- 如果企业的领导者想重新在社会中得到他们作为领导团体相应的身份，他们势必要寻求一个能够将公众利益反映在他们的行动中的社会。他们必须使他们的机构为社会和经济、为社区、为人而运行。这需要关注组织所有的利益相关者，因此就需要从股东价值和短期盈利最大化转变为**企业长期创富能力的最大化**。这种重点的转变不仅需要考虑客户、供应商和股东的福祉，而且需要考虑员工和社会的福祉。

每个机构都是社会的一个器官

没有一个机构是自我存在的，也没有一个机构可以独善其身。每个机构都是社会中的一个器官，都是为社会而存在的。企业也不例外。"自由企业"不能根据对企业本身的影响，而是要根据它对社会的影响评定其好坏。

彼得·德鲁克，《管理：使命、责任、实务》第 4 章，
1973、1974 年

实践—提示

在你的组织里，你是在培养领导者还是在培养官僚，或者是在培养循规蹈矩的职员？你能做些什么来加强领导者的培养？你为在组织内增强信任方面开始做点什么或者建议做些什么呢？

在你的组织中，你是否参与到一个运转正常的社区中，这其中你的公民

权利、社区意识及个人责任在这个群体中是否得以体现？如果不是，你觉得缺少什么呢？你如何才能用你的各种影响力把运转非常正常的社区带到这个组织中呢？

在你的组织中，领导层的权威是否以责任、正直和服务为基础？它是否能发挥每个人的长处？它是否在树立社区和公民权利？在你所在的地方，你能做些什么来增强领导团体的合法性？

警句

- 有效的领导者成就正确的事情，并建立信任关系。
- 信任是要让人相信，领导者是能够说到做到的。
- 有效的领导者……首要的是基于言行一致。
- 领导者最大的特质就是无可置疑的正直。

注释

1. "吉姆，你知道，当我对我的企业朋友说，我在录制这个非营利的节目时，他问：'怎么，那很重要吗？'我对他说，我们正在为明天建设一个能够正常运转的社区和民主制度，而不是在做生意。企业可能有机会，但我觉得它们已经错过了。我们现在在非营利部门进行推动。他看着我，好像我是个外星人。我对他说，因为你们、你们的企业**并不是在培养领导者**，而是在培养**职员**。而在非营利部门，我们在培养能够对社区负责、能够自我治理的公民。我的确很难向他解释。然而，从本质上讲，在新英格兰城镇由 400 个农场主组成的小社区里所做的就是你现在在你的教会里做的，这么看来教会也是一个小社区，社区培养责任心，培训技能，并树立榜样。我认为这意味着非营利部门在建设一个负责任的、自我治理的社区过程中发挥了远远超出其自身的规模和贡献的重要作用。"

彼得·德鲁克，与弗莱明牧师的对话，1989 年

| 第 2 周 |
A Year with Peter Drucker

在你承诺把自己生命的一部分服务于一个组织之前要提出的问题

引言

如果引导适当，人类可以成就什么？彼得·德鲁克对此有非常高的期望。他也亲身经历了恶劣的领导者对人类和社会所造成的破坏。然而，在他的管理书籍中，他仍选择关注积极的一面。在他的第一本管理专著中，他写道："那些最成功而且最持久的组织的特点就是它们引发了其成员在智力和道德方面的成长……超越了个人最初的局限。"（《公司的概念》，1946年，原著第28页。）这种形式的成长要求有正确的领导力，因此，非常重要的是，年轻人要知道，组织是不同的，他们的选择会影响他们的成长和发展。第2周提供了德鲁克有关年轻人如何发展他们职业生涯的智慧。他们应该花点时间来理解他们要加入的组织的使命和领导力，以及如何在自己成长的过程中做出贡献。

阅读

一位顶尖教育机构的总裁问彼得·德鲁克这样一个问题："当 MBA 的学生决定把他们生命的一部分承诺给一家机构为其工作的时候，关于领导力和使命，他们应该问未来的雇主什么样的问题？"

我很可能会告诉我的那个学生，他应该把这个问题先搁置一两年，直到他更多地了解他自己和那个机构，不过接着我会问他："你学习到的东西足够多吗？"我总是问这个问题。"你有足够的挑战吗？""这个组织是否利用了你的长处，或者你所能做的？""总之，作为一个人类的群体，这个组织是不是不断给你带来挑战，让你雄心勃勃地想做出更大的贡献？""你是否因创造力得不到发挥而痛苦不堪？"我希望你在 30 岁的时候不会已经满足了，那是 6 岁孩子的事儿，满足的状态是孩子的状态。然而，不满足是有正面和负面的区别的。如果你说："他们什么都不好，什么也做不了，他们想要的就是让我早九晚五来上班。"或者你说："你知道，这个组织的一个好处是它给了我很多时间打网球。"你恐怕还没到退休的年龄吧。如果你说："你知道吗，但愿我多一点时间给我的家庭，我也早就打不了网球了，因为我们启动了一个外伤护理的大项目，那其实不是我的工作，但是我在那个团队里。"或者说："我在新学校有大量的工作，我们在组建和招聘教职员，所以我把所有的周末时间都花在有希望的教职员身上了。"好！那么你在成长，这个组织也通过了第一道测验，那就是**发动人力资源，提出挑战，使他们不断成长**。我的下一个问题是：去看组织的使命宣言。那是不是一个可以让你有所作为的使命？当然，我们谁都不会有很伟大的作为，也没有什么机构那么重要，我不会说"让世界更富足"那样的使命，这的确太雄心勃勃了，但是要看它到底是不是一个有作为的机构。这里强调的是我们作为人类所承担的更多的责任。这是不是最不该被忽略的地方？好吧，没有人注定会取得巨大的成就，但是，每个人都有机会去取得成就。

彼得·德鲁克与大卫·哈伯德博士的对话，1988 年 2 月 2 日

思考

- 你不大可能回答关于你所属的那个组织的领导力和使命的所有问题，而且答案也很可能随着时间而改变。一开始你只能就你有机会加入的组织做准备，找到你自己的长处和不足，并聚焦在长处上。比起试图将你的弱点转化为长处来，发挥你本来的长处会使你在职业生涯中取得更大进步。

自我管理

"知识工作者必须承担起自我管理的责任。"

知识工作者很有可能比他们所服务的公司更长寿。他们的平均工作寿命有可能达到50年，而一家成功企业的平均预期寿命只有30年。因此，知识工作者将日益比任何一个雇主都更长寿，所以需要准备好一生不止从事一份工作。这就意味着大部分知识工作者必须**管理他们自己**。他们必须将自己置身于他们可以做出最大贡献的地方，他们必须学会发展自己。他们必须学习如何以及什么时候改变他们所做的工作，如何改变以及什么时候改变。

自我管理的关键在于知道：我是谁？我的优势是什么？我怎样工作才能取得成果？我的价值观是什么？我属于哪里？我不属于哪里？最后，成功地自我管理的一个关键步骤是**反馈分析**。记录你在每一个关键行动或者所做的关键决定中期望达成什么成果，然后在9个月或者一年之后将**实际结果**与你的期望进行比较。

彼得·德鲁克，6月1日，"自我管理"，《德鲁克日志》，2004年

如何进行反馈分析

只有一种办法能够发现一个人的长处，那就是通过**反馈分析法**。当你做出一个**关键决定**，或采取一个**关键行动**，你就写下期望得到的结果。9个月或12个月后，你再将实际的结果和预期的结果进行对比……在相当短的

时间内，也许是两三年，这个简单的过程就会告诉你，首先，你的长处在哪里——这可能是要了解自己最重要的事情了。其次，它还将告诉你，你做过的哪些事情，或者没有做过的事情，成了你充分发挥自己优势的障碍。它会告诉你在哪些领域你尤其擅长。最后，它还会告诉你在哪些方面你不擅长，无法取得绩效……你应该把精力集中到你有较高能力和技能的领域。从平庸到一流表现比从一流表现到卓越需要付出更大的辛劳和努力。

彼得·德鲁克和约瑟夫·马恰列洛，《管理》(修订版)，2008年，第45章

瞄准成果才能有所作为

"以'我应该做出什么样的贡献'这个问题为出发点——它会给你自由，因为它给了你责任。"

要决定"我应该做出什么样的贡献"，我们必须要问一个问题：**"在哪些方面，我能够创造出不同凡响的成果？**如何创造？"要回答这个问题，我们必须权衡一些事情。成果必须是不容易达成的。用今天时髦的话说，就是必须"全力以赴"（stretching）。但是，这些成果并非遥不可及。如果你试图取得不可能达到的结果，或只能在罕有的情境下才能取得的结果，那不是"雄心勃勃"，而是愚蠢。同时，成果应该是有意义的。成果应该是与过去不一样的。成果应该是可以看到的，如果可能的话，也应该是可衡量的。

决定"我应该做出什么样的贡献"需要平衡三个方面。第一个方面来自问题："当前形势要求我做什么？怎么做？"第二个方面是："我如何利用我的长处、我做事的方法以及我的价值观，才能对要做的事情做出最大的贡献？"第三个方面是："要与原来不一样，必须要取得什么样的成果？"然后，再得出**行动的结论**：做什么，从哪里开始，如何开始，设定什么样的目标和什么时候达成。

彼得·德鲁克，《21世纪的管理挑战》，第6章

- 你可能需要一些时间来了解你所在的组织。你必须尽可能多地了解自己。如果你发现自己待错了地方，就必须做好准备，当机会出现时进

行调整，而不是等待人生中更好的时机。机会不会根据你的时间安排来到。你要做的就是准备好，当机会来临时，发现并抓住它们。

实践一提示

你知道自己的长处是什么吗？你是否定期进行反馈分析？你的长处会随着你经验的积累而改变吗？父母、老师和教练可能会在你人生的早期阶段发现你的独特长处，但之后就要由你自己去发现了。

你知道把自己放在哪个位置能够对你的组织做出重大贡献，同时也能给你带来极大的满足感吗？在哪里你可以做到这一点？

你们组织是否有一个系统的机制来帮助员工发现并充分利用其长处？德鲁克了解多种评估工具，但还是推荐反馈分析法，他自己也在用，因为人们已经使用了几个世纪，并取得了出色的成绩。

有多少节食养生的书籍最终带来积极的长期结果？不是很多。不要去追逐流行的时尚。请确保你使用的工具在准确识别你的长处方面有成功的历史。

警句

- 那些最成功而且最持久的组织的特点就是它们引发了其成员在智力和道德方面的成长，超越了个人最初的局限。

| 第二部分 |
A Year with Peter Drucker

管理是人的活动

第 3 周　正常运作的组织型社会的三个根本问题
第 4 周　教育和管理：经济发展的关键
第 5 周　管理根植于现实的本质

第 3 周
A Year with Peter Drucker

正常运作的组织型社会的三个根本问题

引言

在 1989 年德鲁克 80 岁生日的庆祝会上,主持人鲍勃·班福德送给每个参加者一份礼物[2]。德鲁克的许多杰出同仁参加了活动,来宾包括美国社会三大部门各类组织[一]的众多高管。[3]

鲍勃委托书法家蒂莫西·博茨(Timothy Botts)创作了一幅画,这是一幅挂毯画,画着各种肤色的手互相交织、紧握在一起。这些众多的手体现了多样性,互相紧握体现了相互间的温暖,相互交织体现了人与人之间的需要。这幅画呈现了德鲁克对工作与生活的核心想法,也就是他反复说的:"管理是人的活动。"当德鲁克和鲍勃的朋友查克·弗洛姆(Chuck Fromm)拿着这幅画让德鲁克审阅并请他签字时,德鲁克用带有浓重奥地利口音的英语对弗洛姆说:"**这是我的生命。**"

德鲁克认为社会三大部门的管理都应该专注于满足社会中人们的需求。这幅画的底部印着德鲁克的三个根本问题。第一个问题是:"我们的业务是

[一] 指营利部门、非营利部门和政府部门的组织。——译者注

什么?"从人开始,从人与人之间的相互依存开始,无论这个业务是提供妇女用的化妆品,还是在造船厂建造未来美国海军的航空母舰。第二个问题是:"我们的客户是谁?"这是三个问题中与人最直接相关的。第三个问题是:"客户的认知价值是什么?"这是最需要了解,同时也是最容易变化的客户特点。

阅读

2004年12月8日,全国公共广播电台的汤姆·艾希布鲁克(Tom Ashbrook)采访了德鲁克。当时德鲁克的听觉非常差,他使用了助听器,并回答了艾希布鲁克事先写下的问题。这是一个引人注目的采访节目,涉及的题目非常广泛,其中几个题目编入了本书。

德鲁克从来不会以相同的方式问这三个问题。有时,他会根据不同的情况,把它们扩展为四五个问题。不过所有的问题都专注于满足人的需求。在这次采访中,德鲁克用不同的方式问了这三个问题,用来说明企业与社会部门组织之间的异同。

当我与教会、企业或大学的人见面时,我总是问同样的三个问题,无论是在美国还是在日本,无论是在教会、商业机构还是大学,没有差别。第一个问题是:**你的业务是什么?**你想实现什么?什么使你与众不同?第二个问题是:**成果是什么?**非商业机构比商业机构更难回答这个问题。第三个问题是:**你的核心能力是什么?**你必须做什么才能凭借出色的或者伟大的能力取得成果?这就是全部问题。要说哪点略有不同,那就是21世纪比20世纪的组织在数量上要多很多。在过去的100年间,我们进入了组织型的社会。我们现在需要大量的管理者,所以我们需要有组织地培养管理者。

"管理大师德鲁克",波士顿公共广播电台(WBRU),
为全国公共广播电台准备的节目,2004年12月8日

思考

- 《领导期刊》(*Leadership Journal*)的编辑请教德鲁克为何从关注营利组织转向关注非营利组织、志愿者、公共服务组织以及教会。以下内容便是德鲁克的回答。

"我教他们管理"

"你研究了一辈子管理,为什么现在把注意力转向教会了呢?"德鲁克回答:"说起来,情况恰恰相反,是因为我对宗教和制度的兴趣才使我对管理感兴趣。开始我在大学里教神学,而我个人的管理经验都与非营利组织相关——一边从事学术研究,一边在从蓝十字军到博物馆等各类非营利组织的董事会里工作……你的问题说明你与其他人一样,把'管理'认为是商业管理了。许多人都非常惊奇地发现我为医院、学校和慈善组织等非营利机构工作了35年。他们会问:'你为它们做什么呢?为它们筹集资金提供咨询吗?'我回答:'不,我对筹集资金一窍不通,我教他们管理。'"[4]

- 在研究20世纪欧洲法西斯主义政府的兴起之后,德鲁克把一生献给了对管理实践的研究。一个由各类组织构成的、正常运作的社会能满足公民的需求,同时确保在社会功能失调时公民免受诱惑、转向独裁者。因此,在社会各种组织中,有效的领导和管理是代替专制的唯一选择,是保护负责任的自由和机会平等的良方。

"管理是避免专制的唯一选择"

如果在我们这个多元社会中,各个机构不能在"负责的自治"中有所成就,我们将无法拥有个人主义,无法构建一个人人拥有自我实现机会的社会。取而代之的将是强加于我们的绝对控制,不允许有任何的自治权。我们将无法享有参与性的民主,更不要讲愉悦地发自内心地做自己喜欢的事了。专制会取代健康的、高绩效的自主的制度。

专制以一个极权的首领角色来代替多元化的竞争制度，它用恐怖来代替责任。它的确废除了各种制度，然而，无非是用一个包办一切的政治组织（集团）的官僚机构取而代之罢了。它也提供产品和服务，但数量很少、浪费很大、水平很低，并以巨大的痛苦、屈辱和挫折为代价。所以，让我们的各种机构负责地、自主地、有高度成就地运行是在这个多元化社会中对自由和尊严的唯一保障。高绩效、负责任的管理是替代专制的唯一选择，也是保护我们免受专制的唯一途径。

彼得·德鲁克，《管理：使命、责任、实务》，1973年，精装本，序言

- 这就是为什么德鲁克要论证**企业的目的**是创造客户，是满足人的需求。市场营销因此成为企业的首要功能，而且应该从市场营销这个角度审视整个企业。现在让我们更深入地看一下这三个问题。

界定目的与使命

"我们的业务是什么？"

看起来，一家公司的业务（或使命）是什么，似乎实在是再简单不过了。钢厂生产钢；铁路用火车从事货物和旅客运输；保险公司可以承保火灾的风险；银行则从事贷款。实际上，"我们的业务是什么"几乎总是一个难以回答的问题，而正确答案通常并非显而易见。

一家企业是什么，并不是由企业的名称、规章制度或者企业的章程所决定的，而是由客户购买了产品或者服务后满足了他们哪些需求来决定的。满足客户的需求是每家企业的使命和目的。因此，"我们的业务是什么"这个问题，只有从企业的外部看，从客户和市场的角度看，才能够找到答案。在特定时期内，客户看到的是什么，想的是什么，相信什么，想要什么，管理者必须把这些作为客观事实去接受，就像对待销售人员的报告、工程师的测试或会计的数据那样，严肃、认真地对待。管理者必须有意识地努力从客户那

里直接寻找答案，而不是试图猜测客户的想法。

彼得·德鲁克，2月27日，"界定企业的目的与使命"，《德鲁克日志》，2004年

- 德鲁克曾被邀请帮助"为您服务公司"（ServiceMaster）董事会回答这个问题。于是在公司的一次董事会上，他直截了当地问："你们的业务是什么？"董事纷纷发言，听完以后，德鲁克自己也回答了这个问题。他的回答令董事大吃一惊。此事被记录在比尔·波拉德（C. William Pollard）的著作《企业的灵魂》（The Soul of the Firm，1996年，原著第113页）一书中。下面是德鲁克的回答："你们的业务简单来说就是培养和发展人。你们将其打包成各种服务以满足不同类型客户的需求和要求，其实你们的基本业务就是人员的培养和激励。你们提供各类服务，要提供服务就离不开人。你们不可能用没有被激励、没有被培养好的人来提供高质量的服务。"
- 德鲁克的"你们的业务是什么"，不是一个容易回答的问题，而且这个问题在不同的组织中，例如在经营多种产品的企业、在服务业或在社会部门的组织中会有不同的形式来问这个问题。

界定企业的目的和使命

"谁是我们的客户？"

"谁是我们的客户"是界定企业目的与使命的首要问题，也是最关键的问题。㊀这绝不是一个容易回答的问题，更不用说是答案显而易见的问题了。这个问题的答案很大程度上决定了这家企业如何界定自身的业务。消费者——产品和服务的最终使用者——永远是客户。

但很多企业至少有两类客户。这两类客户都需要购买，而其中一类是为

㊀ 这里作者引用的是德鲁克在《管理：使命、责任、实务》中的原文。德鲁克的三个著名问题是本周引言部分提到的：我们的业务是什么？我们的客户是谁？客户的认知价值是什么？"我们的客户是谁？"是这三个问题中的第二个。——译者注

了卖而买。日用消费品制造商至少有这两类客户：家庭主妇和零售商。如果家庭主妇渴望购买，而零售商却不进货，这对企业而言毫无益处；反过来也一样，如果零售商将产品放在醒目的货架上，而家庭主妇并不想购买，对企业也没有什么益处。如果只是满足了一类客户的需求而没满足另一类客户的需求，企业就没绩效可言。

彼得·德鲁克，2月28日，"界定企业的目的与使命：顾客"，
《德鲁克日志》，2004年

界定目的与使命

"客户的认知价值是什么？"

与企业的目的和使命紧密相关的最后一个问题是："对客户的价值是什么"，这可能是最重要的问题，但这也是最少被提出的问题。原因之一便是管理者确信他们知道答案。"价值"就是他们企业所定义的"品质"。这个答案几乎总是错的。客户购买的不是一个产品，客户购买的是对特定期望的满足。客户购买的是"价值"。

举例来说，对于一个十几岁的女孩而言，皮鞋的价值是"时尚"，所以皮鞋必须时髦。而价格只是次要的考虑，经久耐穿则毫无价值。几年后，这个女孩成为母亲，"时尚"逐渐变为只是其中的一个考虑因素。她当然不肯买落伍的产品，但她同时开始重视耐用性、价格和舒适性了。同一双皮鞋，卖给十几岁的女孩可能非常畅销，但在仅比她年长一点的姐姐眼中，其价值便可能很低。企业的不同客户如何看待价值，是个非常复杂的问题，这只能由客户自己来决定。因此管理层根本就不应该去猜测答案，而应该到客户身上系统地探求答案。

彼得·德鲁克，2月29日，"客户到底想买什么"，《德鲁克日志》，2004年

实践—提示

你的组织是社会的一个器官。你和你的同事是否理解组织利益与公众利益相结合的重要性？你的组织应该呈现什么样的成果？组织是在这样做吗？

你们将如何回答"我们的业务是什么"这个问题（非营利组织应该问"我们的使命是什么"）。要准确地回答这个问题或许会在领导团队内部产生相当多的意见冲突，然而，正确无误的定义可以用来指导很多决策，所以在回答这个问题时可能引起的意见冲突是值得的。

当然，客户总是包括最终使用产品和服务的用户，通常还包括很多其他种类客户，比如医院里的医生、卖日用品的零售商等。在你所从事的某个业务或非营利事业中，你需要识别所有的客户，或许你可以把他们排序，分为主要客户、次要客户、第三重要的客户等。

对某一个产品或服务，询问客户他们认为的价值是什么？你们的产品或服务满足了客户的什么需求？你们的客户是如何回答这个问题的？别假设你们客户的回答是非理性的。

社会部门的机构要比商业机构更难回答"成果是什么"这个问题。你参与的最重要的社会部门的机构是哪个？它是如何界定和衡量成果的？这些明确的发展指标是否反映出该组织正在实现其使命、正在改变着社会中受助人群的生活？

注释

2. http://ccdl.libraries.claremont.edu/cdm4/document.php?CISOROOT=/dac&CISOPTR=2279&REC=2，2011 年 8 月 23 日浏览。

3. 来宾包括：佩罗商业系统公司首席执行官莫顿·迈尔逊（Morton.H.Myerson），在 1984 年通用汽车收购电子数据系统公司（EDS）前，他是该公司的董事长兼首席执行官；为您服务公司首席执行官比尔·波拉德（C. William Pollard）；乔治·布什总统助理，国家服务办公室（包括亮点计划）主任格雷格·皮特斯梅尔（Gregg Petersmeyer）；迪宝集团创始人约翰·迪宝（John Diebold）；霍华德大学董事会主席约翰·雅各（John Jacobe）；英特尔公司联合创始人，首席执行官安迪·格鲁夫；美国红十字会主席理查德·舒伯特（Richard Schubert）；太平洋投资管理公司（一家总部在加利福尼亚纽波特比奇市的国际投资公司）联合创始人威廉·坡堤斯（William Podlich）；救世军全国指挥官詹姆斯·奥斯本（James Osborne）；"德鲁克的非营利组织管理"（The Nonprofit Drucker，一套非营利组织管理系列录音带）的出版商和编辑菲利普·亨利（Philip Henry）；美国伊利诺伊州罗克福德市教区社会关怀机构牧师利奥·巴特尔（Leo Bartell）神父；芝加哥州立大学第一位女校长德洛丽丝·克罗斯（Dolores E. Cross）；美国管道和建筑公司董事会主席兼首席执行官劳伦斯·罗伯特·托莱奈尔（Lawrence Robert Tollenaere）；爱德华·琼斯公司董事约翰·巴赫曼（John Bachmann）；康联集团主席兼首席执行官约翰·迈克内斯（John A. McNeice Jr.）。

4. LeadershipJournal.net，牧师管理：采访德鲁克，4月1日发表在 http://www.christianitytoday.com/le/1989/spring/8912014.html，2011年6月24日浏览。

| 第 4 周 |
A Year with Peter Drucker

教育和管理：经济发展的关键

引言

  2008～2010年，我有幸跟本·贝尔特伦（Ben Beltran）神父一起工作。贝尔特伦是菲律宾马尼拉亿威特斯（E-Veritas）商贸网的创始人。他与马尼拉藤德（Tondo）区基本教会社区（Basic Ecclesiastical Communities）一起成立了这个电子商贸网。他之所以创建这个网络，是为了方便当地人利用网络进行大宗生鲜品和农产品的交易，使他们可以在网上用比本地市场低得多的价格下订单、采购以及收发货品。在这一过程中，亿威特斯商贸网培训和教育这些"知识工作者"掌握了网上交易活动，包括接受订单、累积订单、挑选声誉良好的供应商下订单、给客户发货、管理财务往来等。他们还接受进一步培训来管理组织的基本架构。贝尔特伦神父还和员工一起培训交易商使用电子网络，成立供应商网络，与此同时，还教给他们领导力和管理的基本原则。政府再腐败也不能夺走他们学到的知识，因为此时这些知识已经与人融为一体，形影相伴。亿威特斯商贸网在经济和社会金字塔底层的人中间创造人才资本，使他们能迅速发展，脱离贫困。

亿威特斯商贸网（原文意思为"经济真相"）依据"有道德目的的商业企业"，为了藤德区民众的经济和社会幸福感而创建。它像正常企业一样，向董事会汇报。然而，除了扣除成本后所得的收益外，亿威特斯商贸网还收到了来自世界各地的捐赠，这些捐赠者多数致力于小额贷款投资、帮助消除贫穷以及经济发展推广。

这个商业企业的道德目的是明确的。马尼拉藤德区的雾山（Smoky Mountain）是一个释放有毒气体的垃圾倾倒场。[5] 拾荒者整天都在这座隐燃的山上寻找食物和生活必需品。贝尔特伦神父曾经是这 25 000 名拾荒者的牧师。亿威特斯商贸网的很多员工也是从这些拾荒者中招聘的。入职后他们马上就接受信息技术和操作电子贸易网的管理培训。

贝尔特伦神父的组织和彼得·德鲁克—伊藤雅俊管理学院合作[6]，与富有同情心的慈善家一起，筹集到了必要的资金来设计和建造一个污水过滤厂，向该地区民众提供清洁的用水。

越来越多的证据表明，通过**教育和管理**，亿威特斯商贸网已经成为一个知识工作者的组织，提升了处于经济和社会金字塔底层人们的地位。它提供了在欠发达世界实现局部发展的切实可行的示范。但是在像亿威特斯商贸网这样的经济实体组织起来之前，需要进行长期和艰苦的社区组建工作。因为在社区能够接受教育和管理之前，必须先建立起类似于基本教会社区或者社区行动委员会的组织。[7] 基本教会社区有马尼拉红衣主教的支持而受到某种保护，使其免遭当权者腐败的侵蚀。

全球性经营的企业能保护本地人民免遭腐败的侵蚀，从而鼓励本地人民至少参与小规模的经济活动。下面我们做进一步的探索。

阅读

迄今为止的传统发展理论已经全面失败。50 年前，我担任世界银行前两任主席尤金·梅耶（Eugene Meyer, 1946 年）和约翰·麦克罗伊（John J Mccloy, 1947 年）的顾问。我们相信资本投资将创造发展。然而，这种推论被证明是错误的，否则埃及就应该是今天的日本了。资本投资与发展之间反而有一种逆向关系。

例外：韩国及其对教育的资本投入

韩国在战后的发展也许是一个令人称奇的案例，在那里资本投资带来了发展。相对于日本、苏联和德国，韩国遭受了更为严重的战争破坏。

艾森豪威尔总统提出了一个发展战略，教育为先。美国负担每年大约 20 万个年轻的韩国学生赴美学习。他们中的绝大多数以优异的成绩完成了高中教育之后返回了韩国。

如今韩国已经有高中了。尽管日本人阻挠传教士发展教育，并曾一次枪杀了 5000 名传教士，但他们意识到他们不可能阻挡前进的步伐，转而接受了传教士、传教和高等教育。因此，韩国民众的教育水平为今后的发展打下了基础，20 年后，韩国在全球经济中开始成为一支重要的力量。传教和教育在韩国的发展中扮演了重要的角色，每个韩国城镇都有一所教会中学。

伊斯兰国家的经济发展是缓慢的。在整个伊斯兰世界，只有在印度尼西亚才能看到创业精神。少数的几个有一定发展的国家也都是由占人口少数的华人族裔的带动，例如马来西亚和印度尼西亚。这再次证明，教育是关键。华人非常重视教育。

彼得·德鲁克，《摘要：与彼得·德鲁克论领导力和组织发展的对话》
2002 年 5 月 5 日，第 1 页

思考

- 管理越来越成为发达国家和发展中国家的重要资源。在发展中国家，把资源用于培养现在和未来的领导者要比给他们提供财政援助更加有效。

教育：韩国经济发展的驱动力

自 20 世纪 50 年代美国占领结束，到 20 世纪 70 年代，日本经过 20 年的发展，成为世界第二经济强国和科技领先者。50 年代初朝鲜战争结束时，韩国遭受的破坏甚至比 7 年前的日本还要厉害。它一直是一个落后的国家，特别是因为日本人在其 35 年的占领期间，肆意阻止韩国企业和高等教育的发展。但是，通过利用美国大专院校培养有能力的年轻人，**并且引进和应用管理概念**，韩国在不到 25 年的时间中发展成为一个高度发达的国家。

彼得·德鲁克，《后资本主义社会》，1993 年，第 1 章

知识社会的核心

"教育将成为知识社会的核心，学校教育将成为其关键制度。"

在古代，工匠通过学徒制度花五六年的时间学会一门手艺，到了十八九岁时，就掌握了一生所需的全部技能。然而，如今的工作要求工作者接受大量的正规教育，要求工作者具备获得并应用理论性和分析性知识的能力。他们需要一种不同的工作方法和思维模式。最重要的是，他们需要养成持续学习的习惯以避免知识老化。

那么，每个人需要怎样的知识结构呢？教和学的"质量"又是什么呢？这些问题无疑将成为知识社会关注的核心，也将成为核心的政治问题。实际上，在知识社会中，正规知识的获取及分配将逐步取代过去两三百年"资本主义时代"中财产和收入所拥有的政治地位，这样的说法也可能并不过分。

彼得·德鲁克，5 月 9 日，"知识社会的核心"，《德鲁克日志》，2004 年

- 管理，由于它致力于组织中人的成长，能够培育出长期发展的组织。因为随着人的成长，他们会不断提高他们的管理和创业能力，并通过他们直接的工作和间接的建议，为组织带来更高的生产力和创新。
- 下面这个案例——柳韩 – 金佰利（Yuhan-Kimberly）公司说明了两点：第一，只要提供机会就能让制造业的工人转变为知识工作者；第二，

制造业的工人能够承担一定程度的管理责任。换句话说，他们能够学会如何实践"负责任的管理"，并担负起德鲁克所谓的"工厂社区"的功能。

终身学习的范式

柳韩-金佰利公司前任首席执行官兼总裁文国现（KooK-Hyun Moon）坚信组织重组和大规模裁员都已经过时，并且是毫无成效的做法。他认为，现代商业环境下的大多数领导者都没有认识到投资于员工发展是组织可以接受的，也是最有益的做法。在20世纪90年代末的亚洲金融风暴期间，文先生并没有大批裁员，而是提出了"工作分享"制度，这就是后来被称为"四组/两班倒"的制度。这种制度有可能带来更加严重的财务困难，因为实施这种制度马上会增加企业的劳动成本。然而文先生认为，柳韩-金佰利公司以人为本，不让一个员工下岗的决定会克服成本增加所带来的影响。在这个制度下，一组人上白班，从早晨7点干到晚上7点；另一组人上夜班，从晚上7点工作到第二天早晨7点，4天一轮换。4天后，另一对小组来接着轮班，之前的两组人放假4天（3天休息，1天带薪培训）。柳韩-金佰利公司为员工提供企业内部培训，培训内容包括初级和高级计算机技术、外语和工作相关的技能，费用则由公司承担。公司还鼓励员工在企业之外参加进一步的学习培训，公司将为其支付70%的费用。新制度的实施使得员工逐渐形成了"终身学习的范式"，并且在实施的两年内就产生了显著的财务成果。文先生坚信持续学习的重要性，它能将体力工作者转变为知识工作者。回报是这些知识工作者能产出更多的想法和创新，也能更多地自我做决策。

彼得·德鲁克和约瑟夫·马恰列洛，《德鲁克经典管理案例解析》修订版，第一篇案例一

- 现在的麦当劳公司是把知识应用于汉堡包制作流程的结果。奶昔机销售员雷·克拉克（Ray Kroc）注意到，他的一家位于加利福尼亚的快

餐店客户一次就要制作40份奶昔。好奇心驱使他拜访了这家餐馆。他发现那里应用类似装配流水线的设备为顾客提供快餐。这给了他深刻的印象，他与店主麦当劳家族合伙，开始生产品质统一的汉堡包快餐。克拉克从汉堡包生产以及客户对最终产品的价值认知开始，重新设计了流程并将其自动化。同时他还设计了每种食材的加工工具，确保了品质统一。接着克拉克开始培训员工，培训他们进行标准化操作，保持设备卫生，以及礼貌地对待顾客。就这样，雷·克拉克提高了知识的生产力，也为企业和顾客双方都带来了巨大的价值——麦当劳公司把知识应用于管理的这个例子出自德鲁克《创新与企业家精神》（1985年）第1章。

知识的生产力

知识的生产力将日益成为一个国家、一个产业、一家企业竞争地位的决定性因素。没有哪个国家、哪个产业、哪家企业有"天然"的优势或劣势。唯一能够拥有的优势是利用现有知识的能力。在国民经济学和国际经济学中，只有一个因素的重要性在日益加强，那就是通过管理提高知识的生产力，从而产生绩效。

彼得·德鲁克，《后资本主义社会》，1993年，第10章

- 当我刚接触麦当劳时，我认为麦当劳就是做"汉堡包"的，不会有持续的竞争优势，并据此向该组织的投资委员会提了建议。我真的大错特错了。雷·克拉克把知识应用到组织的运营、市场和服务中，并通过把知识应用到现有的管理流程中，极大地提高了组织的生产力。

实践—提示

找出组织中那些有潜力成为知识工作者的员工，找出那些有潜力成长为

能负起管理责任的员工。与你的上级一起讨论如何让员工承担更多的责任。怎样才能让培训以最有效的方式并在最短的时间内完成？

如果你的组织是在发展中国家经营，什么样的做法能提高当地人的教育和管理能力？其目的不仅是提高他们的教育水平和个人发展，而且能进一步鼓励他们将来与你和你的组织做生意。

你的组织是否在争取最大效益的同时，也在为社会做出最大的贡献？如果不是，你是否会建议你的管理层解决这个问题？

你有终身学习的习惯吗？如果没有，本周就写出计划。从回答"我是怎么学习的"开始。不要仅仅将自己局限在新技术和组织现有知识的框框里，尽量拓宽你的视野。

注释

5. http://www.youtube.com/watch？v=JGyQRy-Zcj4，2013 年 12 月 11 日浏览。
6. http://www.cgu.edu/pages/6627.asp，2013 年 12 月 11 日浏览。
7. 有关这个问题以及对社会金字塔底层人们的管理承诺，贝尔特伦神父的著作《信仰与奋斗》(*Faith and Struggle on Smokey Mountain*，2012 年，奥比斯出版社) 有更好的介绍。

| 第 5 周
A Year with Peter Drucker

管理根植于现实的本质

引言

本周你将看到,德鲁克认为公元前 4 世纪的居鲁士大帝(Cyrus the Great)是有史以来最杰出的领导者之一。这毫无疑问是因为他的正直(赫德里克,《色诺芬的居鲁士大帝》,原著第 14 页)。色诺芬的《居鲁士的教育》写了他的传记,这是领导力方面最好的书之一。德鲁克还认为杜鲁门㊀是美国最有效的总统之一。[8] 这两位领导者有什么共同之处呢?第一,居鲁士大帝是杜鲁门心目中的英雄(麦卡洛,《杜鲁门传》,原著第 58 页)。第二,杜鲁门在联合国给予以色列国家地位后,就马上承认了以色列,这为他赢得了当代居鲁士大帝的称号。因为他像居鲁士大帝一样为了犹太人的利益将仁爱之心付诸了行动。尽管杜鲁门只读到高中,但他熟读历史并且知道居鲁士大帝是波斯的君王,他在公元前 538 年活捉了巴比伦皇帝,并让犹太人在经过 70 年的"巴比伦统治"后回到了耶路撒冷。居鲁士大帝还认为统治犹太人的巴比伦人已经因为他们的无礼行为得到了惩罚。

㊀ 哈里·杜鲁门(Harry Truman),第 33 届美国总统(1945 ~ 1953)。——译者注

居鲁士大帝和杜鲁门总统身上都有什么共同的领导力特质呢？居鲁士大帝和杜鲁门总统都是对人具有同情心的正直的人。居鲁士大帝和杜鲁门总统都做了正确的事，使得犹太人能重返以色列家园。正直且做正确的事是领导力的本质。杜鲁门总统没有自我陶醉，如果那样的话，政治风险就太大了。也许对他最大的危险来自时任美国国务卿的乔治·马歇尔将军，马歇尔强烈反对美国承认以色列，因为这肯定会影响紧缺的阿拉伯石油流向欧洲。而石油供应受到影响肯定会干扰"马歇尔计划"在欧洲的实施。杜鲁门总统决定先做正确的事，然后再来应付石油问题。

杜鲁门总统的顾问克拉克·柯立福（Clark Clifford）这样总结总统的动机：

人道主义和情感对总统来说非常重要，这也反映在总统对以色列问题的处理上。我知道他为什么为以色列说话。我知道，比如他相信《旧约》中就曾经提到犹太人最终将会有自己的家园……他渴望看见这些在现实生活和历史中饱受虐待的民族拥有天赐的良机。[9]

这里，我们看到的是最高水平的领导力深深根植于历史、宗教、同情心以及人类现实。

阅读

大卫·哈伯德（David Hubbard）曾经对德鲁克说："你的很多愿景根植于现实的本质。我为你而祈祷的是大多数管理学院研究生课程中学生需要刻苦钻研的都是那些数学、经济学等常设课目，而对哲学、神学或历史却一无所知。因此他们看不到生活的真谛。"

彼得·德鲁克

停一下，你接受神学的戒律吗？人死后最大的好处是听不到自己的讣告。我不是谦虚，我说的是实话，你也同意这样做是行不通的，对吗？管理学院也好，神学院也好，问题是它们严重职业化了，它们必须让学生毕业后能找到工作，因此学生必须要有一种可以挣钱的技能。150年前，商界人士关注的是书写技法——就像今天的数学一样——因为在1830年，职员就是靠这个去找工作的。职员当久了还能成为首席职员。我可以向你保证，那些教写作书法的人认为，他们才是推动商业不断前进的动力。有点儿意思吧！我想说，现在你们在做的事情，你们现在开始做的事情才是正确的事情。你们不是要把某个人物（指德鲁克）塑成铜像，你们做的是在建立一个真正的机制，一个能竖起榜样、能反映需求和机会的机制。我觉得现在是时候了，而且我觉得正在做这件事的那些人就是合适的人（开始的时候是社会部门机构的领导人，接着是所有机构的领导者）。

大卫·哈伯德和彼得·德鲁克的谈话，1987年2月24日

思考

- 在《管理的实践》（1954年）出版50周年纪念时，沙克尔·扎哈尔（Shaker A. Zahar）采访了德鲁克，下面的阅读材料选自公开的采访文章。[10]

管理教育

沙克尔·扎哈尔

你是怎样看待管理实践作为当今一种职业的？怎样看待把管理学视为一门学术研究？

彼得·德鲁克

这个题目本身就可以写一本书了。根据我这些年的教学实践，可以说：

（1）管理教育**只是**对已经成功了的人士有效。我相信对于没有几年以上管理经验的人来说，管理课程是在浪费时间。

（2）管理教育要同时面向企业、公共部门和非营利部门的人士。

（3）在学校要给学生有计划、系统的课程，让学生在真实的组织内部完成**真实**的工作任务，就像医学博士生的住院实习一样。

（4）更多**注重**政府、社会、历史和政治进程。

（5）教师要有实际管理经验和足够咨询实践，从而知道管理中真正的挑战是什么。

（6）更加注重**不能量化**的领域，特别是那些不能量化的组织外部的领域，那才是真正的挑战，即要深入了解现有数据的局限性以及如何使用这些数据。

沙克尔·扎哈尔，"采访彼得·德鲁克"，《管理者学会》，2003年8月，第11～12页

- 在管理中量化能力非常重要，但通常更加重要的是要看到那些只有通过人的洞察力才能感觉到的特殊事件。比如，态度的转变就能对经济活动产生重要的影响。在美国，我们对医疗保障的态度已经改变了。玻璃杯是"半空"的，而不是"半满"的。这种态度的转变影响的不仅是政治辩论，而且使得平价医疗法案得以通过，并在2010年3月23日成为法律。然而，互联网，医疗卫生的电视节目，医疗、商业以及健康方面的刊物还在连篇累牍地发布相关信息，因为这项立法工作业已成为每个人自己责任范围之内的事情了。对提供医疗服务机构的松绑以及人们越来越关注身体和心理的健康，都给新的门诊中心带来了机会。有些机构用"正念"（mindfulness）来减轻压力、提高创造力。提供健康产品与服务的新机构将层出不穷。这些涌现出来的医疗和健康方面的产品与服务正是人们对医疗保障的观念从"半满的"到"半空的"转变所引起的。这是诸多只有通过观察观念的转变才能发现的特殊事件中的一个例子罢了。特殊事件的影响很难量化，然而人们的观念是可以培养起来的，因此我们可以在它刚开始的时候就发现它。我们能够利用人类的能力发现它，辅以相关统

计验证。我们的观察受到我们已知的影响，而广泛的学习有助于提升我们的观察能力。

管理和博雅艺术

"管理是一门博雅艺术"

45年前，英国科学家和小说家斯诺（C. P. Snow）曾谈及当代社会的"两种文化"。然而，管理既不是斯诺所讲的"人文"，也不是他讲的"科学"。管理涉及行动和应用，其衡量标准是成果。这让管理成为一种技术。但管理也涉及人，涉及人的价值观及人的成长和发展，这让管理看起来又像人文学科。管理的确关心并影响社会结构和社区。事实上，就像作家斯诺一样，每个与各种组织的管理者多年一起工作的人都知道，管理深深触及精神领域——人本性的善与恶。

管理因而成为传统上所说的一门"博雅艺术"（liberal art），称其"博雅"是因为管理涉及知识、自我认知、智慧和领导力的基本原则；称其"艺术"是因为管理涉及实践和应用。管理者要利用所有的知识及其对人性和社会科学深刻的理解，这包括心理学和哲学，包括经济学和历史学，包括自然科学和伦理学。然而，就像治愈病人、教育学生、建设桥梁、设计和销售"用户友好"的软件一样，管理者必须聚焦在运用这些知识创造出成效和成果上。

彼得·德鲁克，《管理新现实》，1989年，第15章"管理的社会功能"

- 接下来的问题是扎哈尔先前提出的，也是德鲁克在《管理的实践》中反复强调的问题：管理者必须正直。下面，德鲁克通过提供一个正直的领导者的案例，讨论贯穿历史的领导者腐败的循环模式，间接地回答了扎哈尔的问题。

正直者生

沙克尔·扎哈尔

针对最近揭露出的公司贪婪和腐败的丑闻，正直如何才能恢复呢？

彼得·德鲁克

"逆境是对领导力的测试"，这是2500年前色诺芬在《居鲁士的教育》中说过的话。这本书迄今为止仍然是最好的领导力方面的著作（可与之相提并论的是保罗书信）。繁荣时期很容易看上去不错。然而，我经历过四五个繁荣时期，每一次繁荣的出现都为"蛀虫"爬到公司高层提供了可乘之机。我在快19岁的时候，作为一个实习生进入商业领域工作。我曾被分派负责大萧条初期的第一个大"丑闻"的清算案：比利时男爵洛温斯坦（Belgian Baron Lowenstein）一手策划的掠夺欧洲合成纤维公司案件。一年后的1930年1月，作为一名年轻的记者，我接到了第一个采访任务，采访一起审判案。被告是当时欧洲一家规模最大、声名显赫的保险公司Frankfurter Allgemeine 的高层管理人员，其罪名是有组织地侵吞公司财产。它像其他案件一样，出现在每次繁荣之后。然而，一些比较正直的人幸存了下来，在大萧条中获得成功——向来如此。唯一值得一提的不同之处就是，在最近的一次"繁荣"中，伪造账目的诱惑更强了——管理者极其重视季度报表中的数字，过分强调股票价格，原因也许是出于善意，但是非常愚蠢地认为管理者应该持有高份额的公司股份，还有股票期权（我一向认为这是公开地导致错误的管理），等等，其他方面并没有什么不同。

沙克尔·扎哈尔，"采访彼得·德鲁克"，《管理者学会》，2003年8月，第11页

- 最近的经济危机与以往相比显著的不同之处在于，股票期权的广泛使用导致高管过分看重股票价格，甚至禁不住诱惑进行"财务造假"。

实践一提示

制订一套计划,学习包括人文科学、社会科学以及技术等方面的知识,拓宽你的视野,并应用这些知识解决你的行业、组织、职位面临的问题。

考虑读一读色诺芬的《居鲁士的教育》,向居鲁士大帝学习领导力。

只要品读保罗书信,我们便能够发现德鲁克在发展、世俗化和应用等关键的管理学概念上深得保罗的影响。这些概念包括:管理者在实践中既需要自由,同时也需要负责任;在选人、用人上注重发挥人的优势的重要性;在组织内保持多元性而又能团结一致的方法。自由和责任的概念是德鲁克思想的核心,也是他的目标管理哲学的核心。这些让你惊奇吗?也许这解释了为什么德鲁克在管理领域之外广泛地阅读,你是不是也应该沿着同样的方向拓展自己的视野呢?

对犯罪者实施严厉的惩罚有助于降低造假的诱惑,但这并不能消除诱惑,特别是在繁荣时期更不能消除这些诱惑。领导者的正直和强有力的控制也能起到作用。然而,历史告诫我们要警惕欺骗和滥用职权。你和你的组织采取了哪些预防措施?最近一段时期你们做得如何?如果做得不好,你们如何改进?

警句

- 2500年前,色诺芬就说过:"逆境是对领导力的测试。"㊀

注释

8. 德鲁克《卓有成效的管理者》(1966年,2007年),导言:"什么造就了卓有成效的管理者",原著第11页。

㊀ "对领导者的真正考验是,追随者是否出于自己的意愿而追随领导者的事业,没有被胁迫却能忍耐最大的艰难困苦,并在最危险的时刻仍然坚持不懈。"色诺芬,《希腊史》,罗伯特·施特拉塞尔编辑,www.thelandmarkanancientstories.com/Xenophon.htm,2014年4月14日浏览。

9. 克拉克·柯立福,《亲密视角：通过杜鲁门总统透视自由世界》,纽约,美国大学出版社（1984年）,第二卷,"美国总统的肖像",原著第18页。
10. 采访刊登在《管理者学会》期刊（2003年8月）,卷17,第3号,第9～12页,http://www.jstor.org/stable/4165974,阅读材料中的问题和德鲁克的回答在第11～22页里,2013年10月19日浏览。

第三部分

A Year with Peter Drucker

紧紧盯住重要的而不是紧急的事务

第 6 周　把重要的而不是紧急的事务置于你
　　　　 生命中最优先的位置
第 7 周　管理两个时间维度

第6周
A Year with Peter Drucker

把重要的而不是紧急的事务置于你生命中最优先的位置

引言

这个星期的阅读材料,是关于德鲁克本人如何把时间聚焦到重要的而不是紧急的事务上。我们可以从他的故事中学习到很多东西,并运用到我们自己的生活之中。

本周的阅读材料,很多是德鲁克在他极其长寿且多产的人生的最后1/3时间写的。这正是他认为**重要**的工作。我们每个人都会从德鲁克自己的做事方式中学习到如何区分重要的和紧急的事务。德鲁克活了将近96岁,而我们中间许多人可能活不了那么长。所以,根据这一章学到的内容去行动,是我们现在就必须优先考虑的事情。

在与彼得·德鲁克共事的26年中,我有机会观察他如何分配他的时间。我一直在学习、思考他是如何辅导一大批人并和他们互动的。德鲁克与这些人都很熟悉,并在他多年的辅导过程中与他们成为好朋友。他帮助这些人从紧急的事务中选择出什么是重要的。

随着他年龄的增长，我看到他拒绝了很多请他为某些人出的书撰写前言的请求。他辞去了大学委员会里的职务，不再带博士生（除了一两个例外），也不做相当耗费精力的旅行，甚至不到科罗拉多州埃斯蒂斯帕克的小屋去休假，因为他无法承受那个海拔高度。说到旅行，唯一的例外是他在2002年7月去了华盛顿特区，接受乔治·布什总统授予的总统自由勋章。

彼得·德鲁克过着一种很专注的生活，做他感觉天职所在的事情。他通过记录一个详细的活动和项目日程来**管理**时间，协调如何使用时间。这样，他和他的夫人多丽丝就可以共同决定优先顺序并安排时间。

他知道，人生有时候因为精力所限，必须要做出选择。他仔细观察过残疾人，知道在这种特殊情况下，一个人只处理真正重要的问题，而放下所有其他的事情，这比什么都更加重要。他选择用他才华横溢的头脑来工作，而不是利用比他的头脑弱得多的腿。他也知道他希望人们记住他在开发人的潜能方面的贡献，所以他把有限的精力集中在辅导一些人上，其中的一些人在本书中提到过。最后，他是一位作家，所以他要留出时间写作，使人们在他去世之后仍然可以读到他的书。

人们有一种感觉，在2005年11月11日他去世前两个星期，当彼得·德鲁克看到他最后一本书《卓有成效管理者的实践》（2006年）的样书时，他完成了他的天职。虽然德鲁克的生平对我们很有启发，但如他所说，我们每一个人都是一个"特殊的彼得"。我们在生活中有着各自的目标，其中也包括平衡工作与休闲。但是，我们总是需要在处理重要的事务与紧急的事务之间做出决定。虽然，德鲁克本人的生平在这方面对我们很有启发，但在这里，我们专注于如何在你的生活中建立起优先顺序。

阅读

1989年，德鲁克对于他在职业生涯的早期没能在社会组织的管理上投入更多的时间表示遗憾。此后，直到他 2005 年去世，他毅然决然地解决了这个遗憾。德鲁克在与他的一个好朋友的谈话中表达了这个遗憾：

> 如果回首往事，我最大的不满可能是，当然这都是后见之明了，是我经常优先去做紧急的而不是重要的事情。结果，有些应该写的书我却没有写。而我写的某些书只是因为很紧急，或者我教授了一些他们当下需要的而不是五年后需要的东西。我那时就想要短平快，而不是看长远。但那都是事后诸葛亮了。
>
> 彼得·德鲁克，与詹姆斯·弗莱明牧师的访谈，1989 年

在他生命最后的 20 多年里，彼得·德鲁克花了很大一部分时间，为社会组织的领导者们提供咨询意见。这些社会组织包括但绝不仅限于大型教会和准教会机构的牧师们。他的关注点一直放在如何改善他们的**领导力、组织和管理的过程**，包括在**人才开发**、**社区建设和制订接班人计划**方面帮助组织最高层的领导者。正如我们所看到的，他和他的学生们一起产生了惊人的成果。

思考

- 你要对如何分配你的生命负责。

向残疾人学习如何从紧急中挑出重要的

大胆减少处理那些缠扰你的紧急事情，真会出问题吗？只要看看那些身患重病甚至于身有残疾的管理者仍能干得有声有色，就可知道这种顾虑是多余的了。一个很好的例子是第二次世界大战时期罗斯福总统的顾问哈利·霍普金斯。当年他举步维艰，濒临死亡，差不多每隔一两天才能工作几个小时。这迫使他除了真正重要、生死攸关的事情，其他一概不做。但是他并没有因此而失去"有效性"；相反，他成了丘吉尔称之为的"驾驭问题本质的大师"。

在战时的华盛顿，他比任何人都更有成就。当然，这是一个极端的例子。但是，这个案例说明了一个道理：一个人不仅真的能够游刃有余地掌控自己的时间，而且能够不失成效地惜时如多。

彼得·德鲁克，《卓有成效的管理者》，1967年，第2章

- 作为一位作家、导师和企业高管顾问，德鲁克非常成功。但他仍然在他成功的顶峰时期拒绝了大量的其他机会，从做紧急的事务转变到做他认为重要的事务。对我们每一个想要专注于重要事务的人而言，这是一个强有力的实例。

问需要做什么，而不是我想做什么

尽管在个性、风格、能力和兴趣方面各不相同，但我所见到的、共过事的和观察过的卓有成效的领导者，都是以同样的方式工作：他们并不从"我想要做什么"这样的问题开始，而是问"需要我做什么"。

彼得·德鲁克，"死去的将军还不够多"，1996年，第12～13页

- "假如做到卓有成效有'秘诀'的话，那就是专注。"对于高层管理者更是如此，因为其他人总是不断地占用他们的时间。对于高层管理者来说，尽管同时参与多项任务是一个很现实的问题，但是他必须懂得，在百忙当中，要把优先度、必要的时间和专注度，给予那些**重要的**，而不是那些**紧急的**事情。

不是每一件事情都同等重要

当上管理者就没有了自己的时间。每个人都会来占用你的时间。每个人都想要让你花时间。每天总是有干不完的工作，而且每一件事所花费的时间似乎总比应该花的时间要长，有时甚至要加倍。但是，卓有成效的管理者运用时间的方式与我们大多数人运用时间的方式还是有差别的。重要的是，你要知道你实际上有多少时间，而且都用到哪里去了。不是每一件事情都同等

重要。你是否知道对那些真正重要的活动付出了足够的时间？难道没有一些时间在不知不觉中流失了吗？

彼得·德鲁克，录像带系列文字记录，1968年

- 反馈分析法是一种非常古老的技术，罗耀拉·圣依纳爵㊀用其进行个人修道以及训练耶稣会教士。他的冥想，及其现代变种，以及世俗的版本，提供了一个随时可以通过将结果与期望进行比较并用来分析我们绩效的工具。它是一个可以用来确定我们的优势，以及我们有可能做出的最大贡献领域的工具。这些领域就是我们应该考虑投入时间的领域。

实践一提示

"人事决策"（聘用、升职和解雇）几乎总是你要做出的最**重要**的决策。要花时间来做这些决定，因为如果你在这方面犯了错误，你不仅会后悔，而且还要花费更多时间来消除它的影响！

我用一本小册子，查尔斯·胡梅尔所著的《急事的奴隶》[11]，来提醒我紧急任务与重要任务之间的差别。我在用这个具体方法来管理时间的方面有一些体会。请你考虑是否要在每一个占用你时间的关键点上做个提示，先分辨一下它是重要的还是紧急的，并养成习惯。

德鲁克运用反馈分析法来帮助他做出如何分配他的生命的决定，包括决定他想要人们记住他什么。你想要人们记住你什么？

对于"我想要人们记住我什么"这个问题，答案将随着你年龄的变化而变化，所以重要的一点是要在你的一生中多次问这个问题，并回答这个问题。这个问题的答案会给你的生活带来关注点和目标。我们倾向于回避这个问题，

㊀ 罗耀拉·圣依纳爵（Saint Ignatius of Loyola），耶稣会创始人。——译者注

特别是当我们埋头于日常工作中的时候。危机往往帮助我们停下来，想想这个问题，但是你不要等到危机来临时再问这个问题。我发现新的一年的开头几天是提出这个问题的好时机。但是，如果你还没有回答过这个问题，为什么不尝试现在就回答呢？

警句

- 优先处理重要的而不是紧急的事务。
- 我所见到的……卓有成效的领导者……他们并不从"我想要做什么"这样的问题开始，而是问"需要我做什么"。
- 大胆减少处理那些缠扰你的紧急事情，真会出问题吗？只要看看那些身患重病甚至身有残疾的管理者仍能干得有声有色，就可知道这种顾虑是多余的了。

注释

11. IVP 出版社（InterVarsity Press），修订版，麦迪森，WI，1994。

第 7 周
A Year with Peter Drucker

管理两个时间维度

引言

　　首席执行官清醒地意识到，他们需要在短期成果和长期成果之间取得平衡。他们认识到了这一点，并权衡考虑长期和短期两个方面。例如，一旦短期盈利目标实现不了时，就很容易减少研发和培养员工的投入。但是如果这样做了，就一定要保证尽快恢复投入，以保持未来竞争所需要的创新、知识和技能水平。只有恢复了这些投入才能保证战略规划不受影响。

　　这就是战略规划的精髓——今天所做的资源分配的决策将会影响到未来。这就需要有意识地把人员和资金投入到那些能够确保组织的未来的项目上。短期成果毕竟是很有必要的，这就要求你在短期和长期成果之间取得平衡。

　　管理者通常并没有"大把的银子"同时分配给现在的和未来的产品或服务。他们必须计算一下，对现有产品、服务和人才开发的新增投入到多大，就会牺牲组织对未来发展的投资。如果这种牺牲是可以接受的，那么这个决策就是对的。不然的话，就必须重新考虑当前和未来之间的资源分配，直至达到适当的平衡。

现在让我们来看看本周阅读材料中一位首席执行官的说法。她试图**先挽回过去的损失，再**把力量集中到未来的产品和服务上。她说："**最基本的一条是我们必须首先挽回过去的损失，然后再去构建未来。**"德鲁克对此警告说，组织必须在短期行为与长期利益之间协调一致。

阅读

组织的短期使命与长期使命必须能够兼容，但是当你看到某些现代组织，例如，刚刚接手惠普公司的一位很能干的女士，她接手时，为惠普写了一个短期使命和一个长期使命，然而这两个使命相互并不兼容。这一点她是知道的。她也很聪明。**她说，最基本的一条是我们必须先挽回过去的损失，然后再去构建未来。**顺便说一句，这是老生常谈，但是根本行不通。但问题不在这里。这是每个人都会遇到的问题，即管理两个时间维度，这是你必须要考虑的。你必须要有短期成果，也必须要有长期成果。有个古老的医学谚语说，如果一个病重的老太太今夜就要去世，即便她知道明天的手术能救她一命也无济于事。但是如果她活过了今夜，而你明天不做手术去救她的命，也同样于事无补。所以你必须既有短期使命又有长期使命，而且这两者必须是兼容的，尽管它们常常并不相同。

彼得·德鲁克，http://www.youtube.com/watch?v=V1xppECWZPw，2009年2月2日

思考

- 为当前目标与为长期绩效所采取的行动之间总是需要权衡考虑。在做出这些取舍决定时，管理者应该知道短期行为将对长期成果产生什么影响。
- 这两个时间维度中的使命可能不同，但是它们应该相互兼容。

管理者的任务

"应该说，管理者既要低着脑袋埋头苦干，又要抬起头来放眼未来——这真需要一点演杂技的功夫。"

一个管理者有两项具体的任务。第一项是创造出一个真正的整体，一个大于其各部分总和的整体，一个有效的、产出大于全部资源投入总和的整体。管理者的第二项具体任务就是在每一个决策和行动中，协调当前的和长远的、未来的要求。牺牲当前要求和长期要求中的任何一个，都会使企业受到危害。

如果一个管理者不关注今后的100天，就不会有今后的100年。不论管理者做什么，都必须既有利于实现当前的目标，又有利于长期的根本目标和原则。即使他无法协调这两个方面，也至少要在两者之间取得平衡。他必须要计算为了保证企业获得当前利益而牺牲的长远利益，也需要计算为了长期利益而牺牲的当前利益。他必须尽可能地减少这两个方面的牺牲，而且必须尽快弥补这些牺牲带来的损失。管理者同时生活在当前和未来这两个时间维度里，并对企业整体及他自己的部门的绩效都要承担责任。

彼得·德鲁克，《管理：使命、责任、实务》，1973、1974年，第31章

- 管理者必须解决过去的问题，但他们真正的工作是把企业的资源投入未来的机会中去。

把今天的资源投入到创造未来中去

不管你喜欢不喜欢，管理者总是在摆脱过去。这是无法回避的事。所谓今天，乃是昨天所做决策和所采取行动的结果。人总是人，无论什么职务或级别，都无法预知未来。昨天的决策和行动，不论当时看起来如何勇敢，如何睿智，都不可避免地会成为今天的问题和危机，甚至被证明是愚蠢的。尽管如此，不管是在政府、企业，还是在其他机构中，管理者的具体工作就是

把今天的资源投入到创造未来中去。

彼得·德鲁克,《卓有成效的管理者》(1967年),
第5章

- 使命宣言必须既能反映短期成果,又能反映长期成果。

使命总是长期的

使命总是长期的,不仅需要短期的努力,也往往需要短期的成果,但是它起始于一个长期的目标。17世纪著名诗人和宗教哲学家约翰·多恩的讲道词中有一句美妙的话:"想要成就永恒,别等到明天才开始,因为永恒绝非一蹴而就。"所以我们总是从长远开始,然后反过来问自己,我们**今天要做什么**?"做"是关键词……有一些取得长期成功的公司……它们都是从一个非常清晰的长远观念开始的。

彼得·德鲁克,《非营利组织的管理》(1990年),2009年,第1章

- 管理者如果牺牲两个时间维度中的任何一个,都会威胁到组织的生存。

实践—提示

你的组织的使命宣言中是否清楚地阐明了短期目标和长期目标?它们是什么?

你的使命宣言中,短期目标和长期目标能够相互兼容吗?

你的组织是否把大部分时间和精力都放在解决过去决策所造成的问题上?

你怎样才能抽出一些时间和资源,并把它们集中到你所在部门创造的机会上?

警句

- 应该说，管理者既要低着脑袋埋头苦干，又要抬起头来放眼未来——这真需要一点演杂技的功夫。（关于需要协调造成短期和长期影响的决策。）
- 所以我们总是从长远开始，然后反过来问自己，我们**今天要做什么?**

| 第四部分 |
A Year with Peter Drucker

个人通往卓有成效之路

第 8 周　专注
第 9 周　有效安排工作
第 10 周　有效管理中的信息解读
第 11 周　专业领导力与管理的原则

第 8 周
A Year with Peter Drucker

专　　注

引言

  1986 年 9 月 22 日，鲍勃·班福德在科罗拉多的埃斯蒂斯帕克举办了德鲁克峰会。峰会之后，彼得·德鲁克给鲍勃·班福德写了一封很长的信，谈到了"卓有成效"的原则以及鲍勃的个人工作计划。在信中，德鲁克重温了促进高管人员个人卓有成效的诸多因素，并且把它们直接运用于鲍勃的工作。这封信对鲍勃此后一生的工作计划至关重要，并且包括了许多我们可以运用到自己的生活和工作中的经验。

  这封信提供了卓有成效的原则，这些原则在德鲁克的经典著作《卓有成效的管理者》（1967 年）和他在《哈佛商业评论》（1999）发表的《自我管理》一文中有所论述。《自我管理》这篇文章是从德鲁克的著作《21 世纪的管理挑战》（1999，原著第 161 ～ 196 页）中节选的。

  第一个话题就是个人卓有成效的基石——集中精力。这是成就正确事情的关键，也是个人卓有成效的关键。

阅读

你如何界定哪些是要处理的具体工作？你如何界定哪些不需要做？你是否应该愿意接受所有想要和需要你的服务的人？或者，你是否应该只聚焦于那些带来机会的目标？还有，你是否应该说"不"？对谁说？对什么说？我想你知道这些都是我认为重要的问题。这些问题其实是："我们的事业是什么？""它应该是什么？""它应该不是什么""谁是客户？""什么是客户的价值？"

我认为你应该专注于那些你工作中小小的成功就能产生最大影响的领域，因为这些影响既引人注目，又会与众不同。我认为，这意味着你不必去担心那些还没有准备好接受你的人。我还认为，如果你这样做了，很可能你的客户会增加到让你应接不暇的程度，而且很快……

我还会拒绝那些即便非常成功也很难真正脱颖而出的项目。换句话说，你会遇到很困难的时刻，很难满足他人对你的所有需求，所以，没有必要去分散原本就稀缺的资源。如果你可以在大型的教会[12]当中，比如牧养型教会，做出贡献而且那里也需要你，那就是你能做出真正贡献的地方。小型教会基本上不需要你提供的服务，而且在它们成长为大型教会之前都用不上。我预料在不远的将来，你有可能把你的很多经验写出来，变成书籍、手册、课程等，小型的教会就可以有效地运用它们了。然后，毫无疑问，会有人做一些试点，尽管这不一定在你的基金会工作范畴之内。然而，我认为你的工作在可以预见的未来应该聚焦在大型教会，而不要去做，至少不应该鼓励去做其他的工作。

你指出在公共服务部门普遍存在同样的问题。实际上我得说，有不少公共服务组织就像那些大型的教会一样，会非常需要你提供的服务，甚至可能更加需要。

彼得·德鲁克，1986年与鲍勃·班福德的通信节选

思考

- 一个组织中最有能力的人力资源，包括管理人才，应该被分配到这个组织最有前景的机会上去。

把精力集中在最少数量能够带来最大生产力的活动上

集中精力是获得经济成果的关键。要获得经济成果，就要求管理者把他们的精力集中于那些能够产出最多收入的最少数量的产品、产品线、服务、客户、市场、分销渠道、最终用户等。管理者必须尽量不要把精力放到那些亏本的产品上，比如说那些产量过小或者分散的产品。

员工只有把他们的努力集中到能够产出重要业务成果的很少的几项活动上才能获得经济成果……

最后，人力资源必须集中于很少的几个重要机会。对于那些运用知识创造成效的高级人力资源尤其如此。这些人力资源正是企业中最稀缺、最昂贵、同时也是最有潜力创造成效的人力资源——管理人才。

彼得·德鲁克，《成果管理》，1964 年，第 1 章

- 想从所有现有的机会当中选出那些最有可能创造出**正确成果**的机会，明白你的使命和目的至关重要。

"目的明确才能专注"

事实是你没有时间去做生命中的每一件事，而好消息是，不是生命中的每一件事都值得去做。所以，要集中精力，就必须明白你的目的。这里引用德鲁克说过的一句话："把精力集中在最少数量能够带来最大生产力的活动上。"聚焦在你的核心能力上，聚焦在你的优势上，不要舍本逐末。你知道，一束散射的光完全没有力量，但是如果你拿着一个放大镜，让光聚焦在一根

干草上，你就可以点燃它。如果你想让你的生命有价值，如果你想让你的组织有价值，秘密就在于聚焦。将你的生命聚焦，做好少量的几件事。

华理克，"彼得·德鲁克对我生命的影响"，2004 年 11 月 13 日

- 一个人不可能在考虑自己要做的事情时只做加法、不做减法。你应该问自己，"我（或者我们）将要放弃什么？"一个人应该放弃那些即便做得非常成功，也不太可能带来真正改变的项目。

放弃

"没有什么比尝试着防止一具尸体发臭更加艰难、更加昂贵也更加徒劳的了。"

卓有成效的管理者知道，他们必须要有效地完成很多事情。所以，他们集中精力。而集中管理者精力的原则就是抛弃不再具有生产力的过去。那些一流的资源，尤其是那些稀缺的优势人才，必须立即抽调出来，并且安排到属于未来机会的工作中去。如果领导者不能够丢掉昨天，抛弃昨天，他们就不能够创造未来。

没有系统的、有目的的抛弃，组织就会疲于应付各类事件。它会在一些从来就不该做，或者是应该不再继续做的事情上挥霍最宝贵的资源。而结果就是，它会缺乏资源，尤其缺乏有能力的人才，去抓住正在出现的机会。愿意抛弃过去的公司太少了，结果是，能够为未来准备好资源的公司太少了。

彼得·德鲁克，1 月 5 日，"抛弃昨天"，《德鲁克日志》，2004 年

实践—提示

对你和你的组织来说，有哪些"正确的结果"的实例？继续执行。

在你工作和生活的哪些领域当中，你的能力和技能较高？尽量把这些能力运用到能产生非凡且"正确"的结果的项目与活动中去。

如果不对旧的产品、项目和流程进行有系统的抛弃，并且重新把你的活动与资源安排给具有潜力产生很大影响的项目上，你和你的组织很可能会疲于应付未来的事件。

我们如何"创造未来"？要发现机会，为你的组织创造一个更新、更好的未来，则趋势的变化比现存的趋势更加重要。要想"**创造明天**"，就要关注**趋势的变化**，而不只是关注当前影响你的组织的趋势。

一旦你将首要的机会转变成了正确的结果，就要透彻地思考如何将这些努力的成果运用到其他的机会或者市场之中。

警句

- 你如何界定哪些是要处理的具体工作？你如何应对琐碎的具体工作？
- 专注于这些重要问题："我们的事业是什么？""它应该是什么？""它应该不是什么？""谁是客户？""什么是客户的价值？"
- 你应该专注于那些你工作中小小的成功就能带来最大影响的领域……因为它会创造出真正的改变。
- 集中精力是获得经济成果的关键。
- 如果领导者不能够丢掉昨天，抛弃昨天，他们就不能够创造未来。

注释

12. 彼得·德鲁克创造了"大型教会"这个称谓，他本人不但经常使用而且是他工作的核心。对德鲁克来说，牧养型教会关心教徒的精神需求，同时也为他们的成长和发展提供机会。

第 9 周

A Year with Peter Drucker

有效安排工作

引言

德鲁克在《卓有成效的管理者》中这样说："有效的管理者都知道，时间是（有效性的）一项限制因素。"在给定的一天、一周、一个月或者一年之内等，时间是一个固定的量，我们都拥有同样数量的时间。因此，我们应该尝试去计划我们的时间，确保优先完成最重要的任务，而且尽可能地抵抗得住同时参与多项任务的各种压力。经验和实践都证明，同时进行多项任务会降低总体的有效性。

换句话说，我们应该规划我们的时间，因为它是我们最大的限制因素，我们应该使我们的任务与可用的时间相匹配。也就是说，我们应该"量体裁衣"。但是如何做到呢？我们是否因为没有时间而忽略预料之外的机会？或者，我们是否应该在这些有前景的新机会出现的时候评估它们，根据它们的价值来决定我们是抓住它们还是拒绝它们？如果我们想要抓住一个预料之外的新机会，我们必须决定放弃什么或者把什么授权给他人，如果我们一味地增加新的机会，我们一定会冒着失效的风险，或许还要冒着损害我们健康的风险。

这一章中的阅读、思考和实践—提示会教我们如何去管理我们的时间，并且在我们的工作中达成整体的有效性。

阅读

"你是如何去发展自己的？"

这是德鲁克先生向英特尔公司的三个创始人之一安迪·格鲁夫提出的一个问题。

安迪·格鲁夫

我一头扎进新的活动。我在上面花一些时间。我发现我给自己的时间制造压力。在某个时刻，我发现有一些事情需要放弃。我开始审视我正在做的事情。我寻找机会。寻找那些我正在参与但可以不再参与的活动。对于那些需要放弃的事情，我总是可以找到一些替代的做法。比如我把我的管理会议从每周一次变成每两周一次。在任何一种情况下，压力都围绕着时间。我问："我正在做哪些我不应该做的事情？"我强迫自己过量工作，然后去找出一大堆可以放弃的事情。我会去看看我在做的事情。然后再问：我是不是应该继续做？我做得好不好？我是否给我正在做的事情增加足够的价值？是否做某些事情会比做其他的事情更值得？我和自己谈判。也许真正发生的是，我不会立刻停止我正在做的事情，但是我会启动一个机制，在一定的时间期限内停止它，比如说六个月。

"英特尔的安迪·格鲁夫：从创业者到管理者"，
彼得·德鲁克和约瑟夫·马恰列洛，《德鲁克经典管理案例解析》(修订版)，2009年，
第 8 篇案例 39

思考

- 随着对管理者的要求越来越高，他们必须通过授权一些活动，放弃一

些活动，或者降低一些重复性活动的频率来为重要的事情腾出时间。当机会出现的时候，他们应该拥抱这些机会，并且运用以上的一个或者多个方法为新的机遇腾出时间。

- 具体的管理任务是设定目标、组织执行、激励、沟通、评估绩效和发展员工。每项任务都需要做出决定，都需要使用有效的管理工具。但是大多数的管理者会花大量的时间在一些通常不属于以上任务的活动中。这些额外的运营性的工作可能会包括满足组织最重要客户的需求，进行最重要的财务谈判，认可长期服务的员工，包括那些要退休的员工，等等。这些是重要的任务，而且其中有一些是纯粹的纪念性活动，但是必须得做好，并且这些活动通常不能够授权给别人。

有效安排工作

根据我对你的同事，也就是牧师的有限了解，有一点很清晰，就是他们都需要安排好他们的工作，做到卓有成效。他们都是具有充沛精力的人，而且他们都能在很短的时间里完成大量的事情。但对他们的要求仍然在快速增长，这种增长超过了他们的时间和精力能够允许的程度。作为一个牧师、一个专业人士、一个领袖，除了传道之外，他们还发现有什么能够让他们保持卓有成效和积极进取呢？我们知道，在任何专业性的工作中领导者不能把自己仅仅作为"管理者"，还必须保持作为"专业人士"的积极进取精神，否则他们很快就会失去他们的技能。对于外科医生和律师是这样，对于牧师当然也是一样。这些人里，哪些是能够成功地处理这件事并且是如何做到的呢？它是否只是一个简单的留出时间的问题呢？还是应该彻底思考个人的长处是什么，确保他在关键活动当中运用这些长处并进行这些"活动"，而不是把关键活动授权给他人的问题呢？

彼得·德鲁克，与罗伯特·班福德的通信，1986年9月22日

- 成功的管理者不惧怕能干的下属。能干的下属帮助管理者完成他们自己的职责。他们赋予下属更大的责任,帮助他们发展。1860年,亚伯拉罕·林肯选拔了他的四位共和党对手作为总统的内阁成员。基于之前的资历,包括教育和经验,他们当中的至少两位,威廉·西华德(William H. Seward)和萨蒙·蔡斯(Salmon P. Chase)都比林肯更有资格作为总统。他的战争部副部长埃德温·斯坦顿(Edwin Stanton),是一位民主党人,曾任布坎南(Buchanan)政府的司法部长。他认为林肯作为律师能力很糟糕。即便这样,林肯明白他正在应对的是非常严峻的问题,他需要最有才华的团队成员一起来帮助他完成他的职责。

选拔能干的下属

"让领导者卓有成效。"

正因为卓有成效的领导者明白最终负责任的是他自己而不是别人,所以他不害怕同事和下属能力出众。而那些"误导者"却总是排除异己。卓有成效的领导者希望有得力的同事,他鼓励他们,督促他们,真正地以他们为荣。因为他最终要为他的同事和下属的错误承担责任,因此他也把他的同事和下属的成功看作他自己的成功,而不是威胁。领导者有可能非常自负,就像麦克阿瑟将军,自负到了几乎病态的程度。也许他们很谦逊——林肯和杜鲁门就几乎谦逊到了自卑的程度。但是他们三位都希望身边有能力出众的、独立的、自信的人才。他们鼓励下属,赞扬他们,提拔他们。能够这样做的还有与众不同的"艾克",欧洲战区的最高统帅艾森豪威尔。

彼得·德鲁克,《德鲁克管理思想精要》,2008年,第19章

- 高层管理者要建立标准,必须确立并不断强调组织的愿景和价值观,并且为之树立榜样。如果管理者不去强化组织的愿景、价值观和标准,人们就会很快忘记它们,而且把它们当成组织的"装饰品"。每年,相

关的负责人必须多次反复强调组织的使命和价值观。这样的强化，有的时候被称作"良知活动"，因为使命和价值观表明了这是一个什么样的组织，组织追求的是什么以及组织存在的原因。

领导是一种责任

"阵亡的将军不够多。"

我接触过的**所有**有效的领导者，不论是我共事过的还是那些我观察到的，都知道四件简单的事情：领导者是有**追随者**的人；领导力不是体现在受欢迎程度上，而是体现在**成果**上；领导者受人高度关注，他们必须**以身作则**；领导不是地位、不是特权、不是头衔，也不是金钱，领导是**责任**。

在我高中的最后几年里，有位很棒的历史老师，也是位身负重伤的退伍军人。他让我们每个人从大量的关于第一次世界大战的历史书籍中选取几本来读，并写一篇论文。后来当我们在课堂上讨论写好的论文时，我的一位同学问道："这些书中每一本都说这场伟大的战争是一场军事指挥上完全不称职的战争。**这是为什么呢**？"我们的老师毫不犹豫地扔出答案："因为阵亡的将军不够多！他们远远地躲在后方，而让士兵在前线流血牺牲。"卓有成效的领导者懂得授权，但是他们不会在需要树立标准与榜样的时候退缩而授权别人去做。**他们身体力行**。

彼得·德鲁克，4月8日，"领导是一种责任"，《德鲁克日志》，2004年

实践—提示

对你的要求的增长是否超出了你的时间所允许的程度？你可以采取哪些具体措施来"'量'你时间的'体'来'裁'你工作的'衣'"？你是否可以把有些活动授权出去？有些事情是否可以不做？你是否可以少做一些应该是其他人做的事情？你是否能让你的上级放心？

安迪·格鲁夫是一家大型上市公司的非常优秀的首席执行官。他解释道，他通过"给自己的时间施加压力"来设定事情的优先程度。当新出现的机会需要他的时间的时候，他能识别出可以舍弃或者可以授权给其他人的活动。这种"给你的时间施加压力"的方法对你有效吗？

不要授权那些设定标准的活动。在那些重要的活动当中，要通过以身作则来领导。

按照人的长处与优势来选择你的下属。不要害怕选择能干的下属，他们会帮助你完成你的职责。

我们都愿意通过教授他人来学习。当发展他人的时候，我们同时也在发展自己，因为我们必须要找到方法去提升我们想要去发展的人的能力，这是个拓展性的练习。你应该尽可能地去帮助谁发展呢？

谦虚不是妨碍成为卓有成效的管理者的人格特质。你是不是一个谦逊的人呢？你的谦逊是不是带给你自卑心理呢？你可以做哪些事情来保持你的谦逊，同时又摆脱任何自卑的感受呢？

警句

- 卓有成效的管理者都知道，时间是（有效性的）一项限制因素。
- 你是如何去发展自己的？""我给自己的时间制造压力。……我强迫自己过量工作，然后去找出一大堆可以放弃的事情。
- 正因为卓有成效的领导者明白最终负责任的是他自己而不是别人，所以他不害怕同事和下属能力出众。
- 领导不是地位、不是特权、不是头衔，也不是金钱，领导是责任。
- 卓有成效的领导者懂得授权，但是他们不会在需要树立标准与榜样的时候退缩而授权别人去做。他们身体力行。

第 10 周

A Year with Peter Drucker

有效管理中的信息解读

引言

"知识型组织"是围绕着信息而非层级体制来进行构建的。比如,德鲁克认为:"典型的公司是基于知识的,一个这样的组织由大量的专家组成,这些专家通过同事、客户和总部给予的系统反馈来指引和约束自己的工作表现。正因如此,我把它称为基于信息的组织。"[13] 他常谈到两个基于信息的组织的例子:一个例子是现代医院,它围绕着病人以及众多医学专科及分支专科组织起来,这些专业人员都在为病人的诊断和护理而工作;还有一个例子是交响乐团,它是围绕着乐曲和四大类乐器而组织的,每一类乐器又由几种不同的乐器组成。主治医生协调不同专科医生之间的信息流,并且在护士的协助下,管理病人的护理工作;乐团指挥与各种不同的音乐家沟通,而乐团里所有的音乐家都根据指挥和乐谱进行演奏。

现代医院和现代交响乐团都是典型的基于信息的组织或知识型组织的例子。他们的结构扁平,并且依赖于大量专家通过互相沟通在一起有效工作。不仅如此,基于信息的组织要求管理者——在这个例子里是主治医生和指挥——具备对于每一个团队成员的角色与作用进行解读的技术能力，从而能够协调所有团队成员的努力。这正是知识社会中管理者的角色与作用。

管理者必须确保他们能够有效地分析数据，并向组织中的成员提供这些数据，成员需要这些信息使得工作有效。布拉德·史蒂文斯（Brad Stevens），一位非常成功的大学篮球教练，就是个例子，他可以清晰地说明以上的每一项要求。史蒂文斯是伯特勒大学男子篮球队的前主教练，他带领球队打进了2010～2011年美国全国大学生体育协会第一分部冠军决赛。他现在任NBA的波士顿凯尔特人队的主教练。

当被问及如何运用收集到的数据时，他做了如下解释：

我首先会分解所有我可以得到的关于对手的统计数据，试着找出他们的趋势。我会查看他们每场得分中有多少个三分球，这马上会告诉你他们是个怎样的团队。你也可以去看抢到前场篮板球的比例，防守、进攻、换人的比例。对手怎样进攻他们。他们怎样有效防守，主要防守什么。[14]

他继续解释道，他的对手在整个的赛季中会改变策略。他特别注意观察最新趋势。不仅如此，他工作中最重要的部分是让他的队员理解这些信息，并且采取行动。如果他的队员不理解，也不对这些信息采取行动，这些信息则毫无用处。知识型组织的管理也是如此。所以德鲁克强调，需要信息的人和拥有信息的人之间需要建立有效沟通。布拉德·史蒂文斯提供给我们一个最简单而完整的例子，可以说明知识型的组织是如何基于信息、信息解读和信息的责任而运作的。

阅读

有效管理中的信息解读

有一个著名的关于领导力的老笑话。一个男人坐着热气球，在艾奥瓦州或者堪萨斯州上空迷了路,他完全不知道自己在哪里,下面是广袤的草原,看不到任何人烟。终于,他看到一个女人在他下方的田野里。他降下热气球向她喊道:"我在哪里?我的约会已经晚了一个小时了!"她也向他喊道:"你在北纬42度8分4秒,西经94度!"他回答:"你肯定是个会计!"她说:"你怎么知道?"他说:"你的信息绝对准确,但毫无用处。"然后,她说:"你肯定是位高层管理者。"他说:"是的,可是你怎么知道?"她说:"你高高在上,你不知道身处何处,你不知道去向何方,你的日程排得过满,你责备你的下属,责备你手下的人。"

彼得·德鲁克,《摘要:与彼得·德鲁克论领导力和组织发展的对话》,
2002年,第6页

思考

- 要想从数据解读迈向信息解读,管理者必须回答两个具体的问题:"我的组织需要什么信息"以及"我需要什么信息"。这要求他们更重视如何把基础数据转换成有用的信息,而不是强调如何获取信息技术。也就是说,要更多地强调"信息",而不是"技术"。在这个"大数据"的新时代,将基础数据转化为真正的信息更为重要。

通过询问"我必须为他人提供什么信息"来建立沟通

管理者要获得工作需要的信息,应该从回答如下两个问题开始:

第一,"对于和我一起工作、我的工作必须依靠的人,我应当为他们提供什么信息?以什么形式提供?在什么时间提供?"

第二,"我自己需要什么信息?从谁那里得到?以什么形式?在什么时间得到?"

这两个问题紧密联系,却不尽相同。首先要问自己:"我应当提供什么信

息?"这样才可以建立沟通,也只有这样建立起来的沟通才会有信息的流通。

彼得·德鲁克和约瑟夫·马恰列洛,《管理》(修订版),2008 年,第 33 章

- 现在我们可以很容易地从几乎无限存储的技术中得到大量的数据,但是信息解读要求我们从数据中筛选出真正的信息。数据和信息有什么不同呢?真正的信息是那些对于解决组织面临的具体问题极其重要的数据。因此,问题不在于"这些数据是否有趣",而在于"这些数据对解决问题、做出决策,对抓住新的机会是否重要,是否有用"。

没有意外:对情报信息的检测

对于一个信息系统的最终检测是:没有意外。在事态变得严重之前,管理者就已经做了相应的调整,分析和了解了这些事件,并且采取了适当的措施。

例如,20 世纪 90 年代末的亚洲金融危机中,美国只有寥寥几家金融机构有所准备。它们透彻地思考了涉及亚洲经济和亚洲货币的"信息"的内涵,逐渐剔除了所有自己在这些国家的子公司和附属机构提供的信息,它们开始认识到这些都只是"数据"。它们反而开始围绕着其他的因素整理信息。比如投资组合(即短期借款)和国际收支平衡之间的比例,贸易收支差额中可用于支付短期国外债务的比例等。很长时间以来,亚洲国家这些比例就存在严重的问题,危机在所难免。这些管理者意识到了危机迫在眉睫。他们意识到,必须决定是为了保住短期增长而撤离这些国家,还是为更长期的利益留在亚洲。换句话说,他们已经意识到哪些经济数据对于新兴国家是有意义的,并对这些数据进行整理、分析和解读。他们已经把这些数据变成了信息,并早早就决定了需要采取哪些行动。

彼得·德鲁克,《21 世纪的管理挑战》,1999 年,第 4 章

- 多数给企业带来转型的变化都起源于组织所在的特定行业之外。例如，历史学家和统计学家比尔·詹姆斯（Bill James）于1980年建立了"赛伯计量学"(the discipline of Sabermetrics)，应用于棒球和篮球运动的从数据分析到球员评估等各方面，它也被一些美式足球队采用。2002年，总经理比利·毕恩（Billy Beane）领导下的奥克兰竞技棒球队录用了一位1995年的哈佛大学经济学研究生保罗·蒂伯提斯塔（Paul DePodesta），他们运用数据分析评估和选拔人才，发现被市场低估的人才，从而成功地与市场影响力更大的棒球队竞争。赛伯计量学现在被广泛应用于职业棒球队和篮球队。
- 2014年6月7日，丹尼尔·赫兹伯格（Daniel Hertzberg）在《华尔街日报》网络版中报道了比尔·毕恩尝试应用叫作"Statcast"的一个3D跟踪系统应用软件。"Statcast"的设计不仅对球迷来说是一套更加令人愉悦的观赛系统，而且还为"管理层基于队员的能力进行重新组合，实现优势互补"提供了一个工具，它还"能评估单个队员在整个团队中的价值"。这正是所有组织的管理者所面对的挑战。因此，我们可以预见与Statcast类似的数据系统会在职业运动之外的行业得到运用。

丹尼尔·赫兹伯格，日报报道："领导力，"未来体育中的比尔·毕恩：
一场技术驱动的革命"，《华尔街日报》网络版，2004年6月7日

需要外部信息

重要的变革总是先在组织的外部发生。

要制定**战略**，我们需要关于环境的整合信息。战略必须基于关于市场、客户和非客户的信息；基于自身所在行业内以及其他行业的技术信息；基于国际金融的信息以及不断变化的世界经济的信息。因为外部是产生成果的地方。在组织内部只有成本中心。唯一的利润中心是付了款，而且支票

没有被拒付的客户……根本的变化往往出现在非客户中而后变得显著起来。

彼得·德鲁克,《21世纪的管理挑战》,1999年,第4章

实践—提示

从数据到信息的第一步是回答两个具体的问题:我的组织需要什么外部的、内部的和组织间的信息?我需要什么信息才能使我的工作更加有效?

找出你的组织所处的经营环境中关键的变化因素,开发出一套系统来跟踪这些因素。

聚焦在与决策所需的信息相关的数据上,删除那些不包含你决策所需信息的数据。整理、分析、解读你真正需要的数据,从而使它们成为真正的信息。

通过回答"我们是否经历过未曾预料到的事件"来检验数据库以及从数据库中得到的信息是否有效。

研究一下自己行业之外的数据系统,看看这些数据系统是否可以改造并运用到你的组织当中。

警句

- 对于和我一起工作、我的工作必须依靠的人,我应当为他们提供什么信息?以什么形式提供?在什么时间提供?我自己需要什么信息?从谁得那里得到?以什么形式?在什么时间得到?
- 对于一个信息系统的最终检测是:没有意外(no surprise)。
- 要制定**战略**,我们需要关于环境的整合信息。因为外部是产生成果的地方。在组织内部只有成本中心。

注释

13. 彼得·德鲁克,"即将到来的新组织",《哈佛商业评论》,1988年1~2月,第3页,重印88105。
14. 詹姆斯·曼依卡(James Manyika)、迈克尔·崔(Michael Chui)、杰卡斯·布金(Jacques Bughin)等,"大数据:创新、竞争与生产力的下一个新领域",《麦肯锡全球机构报告》,2011年5月,http://www.mckinsey.com/insights/business_technology/big_data_the_next_frontier_for_innovation,2014年1月26日浏览。

第 11 周
A Year with Peter Drucker

专业领导力与管理的原则

引言

　　本周介绍了在"德鲁克与班福德对话项目"中,德鲁克与一些领导者共同推敲出的专业的领导力和管理原则,还介绍了德鲁克对于董事会如何良好运行给出的建议。接着我详尽阐述了这些建议,并对一个非常优秀的社会组织董事会的内部运营做出了评论。德鲁克在1989年《哈佛商业评论》的一篇文章中提到了该组织,但并未做深入阐述。我在《失落的管理艺术》(2001年,原著第174～177页)一书有关企业董事会的最新文献中,提出了10条建议,在注释15中,引用了其中5个。[15]

阅读

　　正如你将在本书中许多地方看到的,彼得·德鲁克强烈反对他所认为的对领导力的"狂热"的追捧,尤其反对管理学院在大学本科和研究生课程中教授这些内容。对领袖魅力的强调激起了他的怒火。他之所以对此感到恐惧,是由于他早年经历的魅力非凡的领导者不是毒害巨大，就是错误领导。然而，在他与社会部门高管的协作中，他遇到了一些非常有效的管理者，他们通常是很有魅力的领导者。因此，他如此强烈反对的不是领袖魅力本身，而是致使下属在所有情况下放弃自己的判断与意志，而盲从于领导的那种个人魅力。他认为这是不道德的。

毋庸置疑，德鲁克意识到，在领导力与管理之间是有所差别的：

领导力是将人的愿景提升到更高的境界，将人的绩效提升到更高的标准，将人的品格塑造到超越寻常的限制条件。

彼得·德鲁克和约瑟夫·马恰列洛，《管理》（修订版），2008 年，第 27 章

德鲁克很肯定我们可以教人如何成为有效的管理者，对于我们能否教人成为领导者却不那么肯定。但通过建立具有高绩效精神的组织，我们可以创造出一个使领导者能够不断涌现并成长的氛围。

要为这样的一种领导力打下基础，最好的办法莫过于培养出一种管理精神，在组织的日常实践中落实严格的行为和责任准则、高绩效标准，并确保尊重个人以及他们的工作。

彼得·德鲁克和约瑟夫·马恰列洛，《管理》（修订版），2008 年，第 27 章

德鲁克遇到的一直未能克服的困难是他所谓的"企业中表现不佳的董事会"。在早期一篇很有影响力的文章中，他写了一则很搞笑的广告，为一家私人公司招募董事会成员（原著第 109 页）。这篇文章发表于《沃顿商学院》（1976 年秋季），并收入《迈向未来经济论文集》（哈佛商学院出版社，2010 年再版）的第 7 章。

数十亿美元的大公司寻求专业董事会成员。我们有一个工作改善计划，将职责从盖橡皮图章转换为制定政策。每年需要四五十天繁忙工作。高薪。机会难得。公司总裁和律师无须申请。

德鲁克接着说，广告反映了他希望申请者在申请董事会职位之前应该考虑的事情。毋庸置疑，他认为公司董事会对于任何机构的绩效都是至关重要的，但是在营利性和非营利性组织中却表现得差强人意。后来发生的事情证明他的论断是完全正确的：频繁发生在美国公司中的丑闻导致了 2008 年美国国际集团（AIG）的经济崩溃，及其对世界经济和社会造成的破坏性影响。他认为公司可以从某些社会部门的组织里运作良好的董事会中学到许多，并在他发表在《哈佛商业评论》中的一篇文章"企业向非营利性组织学习什么"（1989 年 7 ～ 8 月）[16] 中做出深入阐述。德鲁克用大约 20% 的篇幅专门讨论营利性组织的董事会存在的问题。他还认为，让董事会有效是首席执行官的责任。如果他们做到了，首席执行官本人乃至整个机构也会更加有效。

一位公司治理方面的主要权威罗伯特·蒙克斯（Robert A.G. Monks），在他 2003 年 6 月 2 日致美国证券交易委员会委员乔纳斯·卡茨（Jonathan G.Katz）的信函中建议，"修订《1934 年证券交易法》，以在公司投票代理人文件中包括股东提名的候选人"[17]。他认为这会加强董事会的效能。为了支持他的建议，他引用了德鲁克在《沃顿商学院》的文章中的论据：

无论何时，当一个制度运作不良，就像过去四五十年里几乎每次董事会在重大问题上的惨败一样，一味地批评这些人于事无补时，制度就出了问题。[18]

蒙克斯的来信最终似乎影响了监管机构。在 2010 年 7 月颁布的《多德－弗兰克华尔街改革与消费者保护法案》中，对股东获取公司投票代理人文件做出明确规定，如果股东连续三年以上持有"至少 3% 的公司股票"[19]，则股东有权提名董事。然而，仅仅做此改变并没有解决与公司治理相关的问题。

思考

- 专业的领导力和管理涉及无数活动：树立愿景，界定使命，确保资源用于正确的任务，有效决策，实施和跟踪这些决策，接受批评，以及非常勤勉地工作，以建立和维护一个运作良好的董事会来协助高层管理者履行职责。

1. 领导力原则

（1）领导者拥有愿景，确定力所能及之事，发现组织所面临的机遇。

（2）界定使命是组织必须要做的最困难的事情之一。显而易见的答案通常是错误的。通常的倾向是写一段看起来很不错的话，但是无法操作。使命就变成了标语。

（3）领导者匹配资源与需求，把它们相互整合，就像是一个裁缝……做一件衣服。

（4）领导者是促使正确的事情发生的催化剂。"正确的事情"是通过匹配内部资源与外部机遇而决定的。如果机遇不存在，那么机构就是在浪费资源。如果自身缺乏优势和能力，结果也是徒劳无功。

（5）领导者承担责任，自愿承受批评，并甘愿承受孤独。

（6）决策是领导角色的核心。决策需要勇气和智慧。不是每个人都被赋予了做出艰难的决策的责任，但每个人都能在自己的职位上学习做到卓有成效。

（7）知名度不是领导力的标准。人格魅力同样也不是。

（8）领导有时必须制造争论，以阻止自鸣得意和官僚习气侵蚀一个组织。

（9）首席执行官承担促进董事会卓有成效的责任。[20]

2. 当心个人魅力

现在"个人魅力"这个词很"热"，它是很多人谈话的焦点。有关魅力型领导的书籍也是数不胜数。但贪求个人魅力在政治上是一个死亡之愿。在20世纪我们看到比任何一个世纪都更多的富有个人魅力的领导者，而历史上的政治领导人从来没有比20世纪的"伟大"的领导者,如墨索里尼、希特勒……造成过更大的破坏。关键不在于个人魅力。关键在于领导者引领的是正确的方向,还是错误的方向。20世纪最具建设性的成就,恰恰是完全缺乏领袖魅力的人的工作成果。在第二次世界大战中率领盟军获得胜利的两个人是艾森豪威尔和乔治·马歇尔。两个人都是高度自律、富有才干,却极度木讷的。

或许希望与乐观最根本的原因来自新兴的占大多数的知识工作者完全不理会旧的政治制度。对他们而言,经过验证的能力才是真正有意义的。

彼得·德鲁克,2月14日,"对政治领导人的要求:当心个人魅力",
《德鲁克日志》,2004年

- 管理者最重要的职责是决策。有效的领导者和管理者会做出有效的决策。他们遵照严格的程序,首先是界定他们所面临的问题。如果未能正确地界定问题,就不可能判定一个决策是否能够带领我们接近真正问题的解决方案。这种情况与接受过专业训练的医生诊断病情相似。如果医生做出错误的诊断,开出的处方将无法治愈病人,医生也不能从这个过程中学到任何东西,从错误的诊断到结果所获得的反馈也不会帮助医生治疗病人。如果诊断正确,仅仅是治疗存在不足,那么医生就会知道什么行不通,并继续找到其他治疗效果更好的方法。这个过程本身就是学习。出于这个理由,德鲁克坚持管理人员应首先需要**正确地界定**他们所面临的**问题**。
- 一旦正确地界定了问题,下一步就是设定此决策需要满足的边界条件。要使决策有效,必须达成哪些目标,可接受的解决方案必须在什么范围内。

3. 商业决策的结构

在《德鲁克经典管理案例解析》(修订版,2009年,第35个案例,原著第167~169页)中,德鲁克记述了在日本京都的中村漆器公司所面临的一

个决策。中村公司生产包括碟盘在内的餐具等漆器。其"菊花"是日本最知名和最畅销的一个品牌，第二次世界大战后在美国非常流行。

由于漆器在美国很受欢迎，中村收到两家美国著名公司主动提出的扩张提案。然而，这两个提案很不相同并且很难进行比较。第一个提案来自国家瓷器公司，它认为能够在其拥有的玫瑰和皇冠品牌下成功地在美国推销漆器。

下面是国家瓷器公司以及 SSW 公司的提案概要。

国家瓷器公司

（1）为期 3 年的合同，每年 400 000 套。

（2）高于时价 5% 的溢价——当中村在日本交付这些套装给国家瓷器公司时改变品牌。

（3）这些套装将为玫瑰和皇冠生产，并冠以"玫瑰和皇冠"的商标。

（4）在合同期内，中村不得在美国销售竞争性的产品。

紧接着收到的第二个提案是来自美国一家酒店和餐厅的专供商 SSW。

SSW

SSW 认为美国市场为至少每年 600 000 套，甚至更具潜力——5 年后会达到每年好几百万套，但是它没有提出确定的订单。

SSW 做出两年 150 万美元的预算用于引进和推广。它要求获得中村公司"菊花"牌 5 年时间的独家代理权，同时使用中村的商标。

销售总额的第一个 20% 会用于支付引进和推广的开支，并且会在美国树立起中村的品牌。

分析：问题和边界条件

- 决策必须满足**边界条件**才能有效。它必须足够达到其目的。
- 这个决策必须得到什么结果？这个决定必须实现什么目标？
- 中村公司必须设定边界条件，以准确地比较这两种选择。

换言之，在什么情况下各个选择分别是合理的？第一个提案包括马上获利，不担风险，中村公司无须投入资本。假定中村公司产能过剩并且不打算向美国扩张，则此提案不涉及资本支出。缺点是其产品在美国会在国家瓷器的品牌下销售。

第二个提案会在美国建立中村公司的品牌而不需要附加的成本。其假设也是中村公司不想在京都扩大产能，至少现在不会。

中村先生必须回答下列问题来决定接受其中一个提亲，或者全部否决：

- 他是否希望中村公司扩张并成为一家大公司？
- 他是否希望仍然只留在国内市场？
- 当需要扩张的时候，他能够自己筹集到资本扩建他的工厂吗？

第一个提案给中村带来眼前利润但不会在美国建立他的品牌。如果国家瓷器公司 3 年之后转换供应商，中村则有失去美国市场的风险。

如果中村想要最终在日本扩张并需要资金这么做，选择国家瓷器公司则是一个正确的决策。

如果选择来自 SSW 的第二个提案，则意味着一段时间内没有任何利润，但也没有任何资本投入（假设目前存在过剩产能）并且不冒风险。

如果成功，第二个提案会在美国建立中村的品牌。

如果中村希望通过在美国扩张而成为一家全球性的公司，那么选择这个提案就是正确的决策。

中村先生目前并没有在这两个方案之间做出抉择的基础，因为他还没能透彻地思考他的目标。如果他想要向国外扩张，在这两者之间做出选择会是很容易的事情。而如果他仅仅想要留在国内，也可以轻易在这两者之间做出选择。这取决于他如何界定他所面临的问题，以及为保证决策有效而必须满足的适当条件。这总是决策的两个关键问题。

- 董事会成员和董事会应该提供一个组织的领导力。他们确实对他们所服务的公众公司和非营利性组织负有法定受信责任。没有一个运作良好的董事会，组织几乎肯定会表现不佳。通常情况下，董事会任命首席执行官并积极参与审查和批准重大战略性计划。董事会也监察首席执行官和其他高管的工作表现，并且是组织的所有者的法定代理人。阅读4提供了一个董事会职能的总结。

4. 董事会的三项职能

实际上，一家公司，特别是大公司，需要一个能够发挥作用的董事会来完成三项不同的任务。

（1）首先，企业确实需要一个审视机构

它需要一群有经验的、正直而有高度道德的人，需要工作能力和工作意愿都经得住考验的人，由他们向高层管理人员提供咨询、建议并与高层管理人员一起商讨问题。它需要一些不属于高管层，但必须是能向高管层提供帮助的人，需要在发生危机时可以运用其知识和决策来采取行动的人。

大型公司对于整个社会太过重要，以至于它们不得不在其自身的架构中设立一个"控制"机构。必须要有人来确保高层管理人员透彻思考公司的业务是什么以及应该是什么。一定要有人来确保公司设定了目标并制定了战略。必须要有人以挑剔的眼光来审视公司的发展计划、投资政策，以及它所管理的预算支出。必须有人检查人事决策和组织问题。必须有人关注组织精神，必须确保它成功地发挥长处以及消除缺陷，确保该组织精神能够培养出明天的管理人员，以及确保对管理者的奖励、管理的工具和管理的方法令组织更强大并指引组织实现其目标。

这个董事会还满足一个重要的高层管理人员的需求。它是一个可与之商讨的、见多识广、足智多谋的外部团队。有人可以商量，在小型公司中尤为重要，否则，高层管理者就会变成孤家寡人。小型公司管理层不易持续利用外部顾问，比如有经验的律师和咨询人员等，因此必须有几位经验丰富的公司内部人员起到这种作用。因此，小型公司高层管理需要一个真正的董事会，但是一般说来，小型公司比大型公司更缺少能够良好运作的董事会。

（2）需要一个有效的、运作良好的董事会来撤换不称职的高层管理者

一个董事会能够撤换无法胜任的或不尽职的高层管理者才拥有真正的权力，但只有软弱无能的高层管理人员才会因此害怕。任何社会都不能容忍其大型企业的高层管理者不称职。如果最高管理层不建立起能够撤换不称职的首席执行官的董事会，政府则将接管这项职责。

还有另外一种做法：由"金融入侵者"㊀（或者越来越多地由私募股权机构）来"接管"。高层管理人员——他们大多数貌似至高无上、根深蒂固，表面上能够完全掌控局面——都曾被由"金融入侵者"及他们发起的"收购要约"组织起来的股东反抗活动拉下马。"金融入侵者"不是针对陷入困境的公司，他们是针对没能充分发挥自己潜能的公司，这些公司中的高管层没能充分履行职责。

（3）企业需要一个"公众和社区关系"机构

企业需要能方便、直接地接触到它的各类"公众"和"选民"。它需要倾听他们的意见，并能够跟他们对话。当然这种需求对于大公司实在是太显而易见了。但对于作为小型或中型社区中主要雇主的小型或稍大些的公司来说，这种需求甚至更为迫切。现代企业有许多选民。股东是一类，但他们不再是传统法律原则上的企业**唯一**的拥有者。他们成为"投资者"而不是作为"所有者"。员工显然也是这样一种选民，但他们不是**唯一**的选民。还有那些社区，当地主要企业的工厂建在那里。社区里还有消费者、供应商和分销商。他们全都需要知道当地这家主要的公司做些什么、存在什么问题、其政策和计划是什么。企业需要得到他们的理解。高层管理者需要得到他们的理解、尊重和接纳。或许高层管理者更需要了解这些选民所需要的、理解的、误解

㊀ 金融入侵者（financial raider）：金融入侵者寻找资产被低估的公司，然后通过购买足够的股份以获得足够的控股权，从而推动改变公司的管理，以提高公司价值，取得高回报。——译者注

的、明白的、怀疑的是什么。董事会有责任了解这些不同类型的选民的意见，并对此做出反应，才能满足这种建立双向公共关系的需求。

董事会的治理必须是一个代表企业基本的长远利益，而不代表其他任何人的董事会。它必须能够从对高层管理者的日常业务检讨和绩效监督的职责中解脱出来。

但是企业还需要一个实际上是信息、建议、咨询和沟通机构的董事会，即公共和社区关系董事会。如果企业及其高管层不创建董事会，它将以错误和有害的形式强加给他们，那就会成为一个对抗、控制和抑制的机关。这就是德国董事会中的工人代表、瑞典董事会中的政府代表、美国董事会中的少数族群代表的样子。这不仅会进一步削弱董事会，而且会破坏公司权威并降低他们的工作能力。

彼得·德鲁克，《管理：使命、责任、实务》，1999年，原著第538～541页

- 除了这三大职能，从德鲁克的一个典型的非营利组织的董事会（《企业向非营利组织学习什么》，1989年，再版原著第4页）的例子中，我们可以找出促进董事会有效运作的一系列内部行为。下面的例子——大卫·哈伯德董事长（1963～1993年任期）领导下的富勒神学院在德鲁克的文章中未做详细描述。

A. 董事会成员是**治理者**——他们通过在战略决策和政策决策上协助首席执行官和高管人员来领导机构沿着使命前进。他们将会充当代言人并向外部人士**解释**组织机构的使命。在其专业领域中，他们充当着机构高管的**咨询顾问**。

B. 在哈伯德领导下的董事每年要提供8～10天的服务，包括出席三次董事会会议。此外，他们要在董事会担任不同委员会的委员以及在董事会会议休会期间承担具体项目。

C. 在总裁办公室有专人服务于董事会工作，包括与董事会成员持续沟通。

D. 哈伯德的做法是在每次董事会会议上首先分享坏消息，并且与好消息

相比,更加强调坏消息。这样他避免了一个普遍趋势,即首席执行官在董事会面前看起来很光鲜。他认为在董事会层面上回避难题是不负责任的行为。正视难题有助于董事会把精力集中到解决问题和创新上,从而阻止一些董事会成员插手机构内部事务的倾向。在每次会议期间留出开放时期,这时候董事会成员可以提出未列入议程的项目。

E. 董事会主席处理即将发生的董事会问题以及董事会下属各委员会主席所提出的问题。他会从问题的各个方面与各委员会主席交谈,以便他们对会议有充分准备。他会要求各位主席在董事会会议上负责主持具体问题的讨论,从而鼓励董事会成员全身心负起责任。他期望他本人在董事会会议上是被动的,而在董事会会议休会期间积极主动地培养和教育董事会成员。如果在某个问题上起了争执,他认为自己的作用就是为解决问题指明方向。会议结束后,他就会去安慰在这个特定的问题上输掉争执的那些人。

F. 没有一个有效的理事会或董事会,一个组织机构很难或者不可能发挥出它的潜力。这部分的思考为我们提供了一个如何发展杰出的、运作良好的董事会的例子,德鲁克认为这是一个特例而不是组织机构中的常规。

- 这篇德鲁克的阅读材料,即对董事会内部流程的额外思考,以及注释 15 中的建议,符合了德鲁克的搞笑广告的要求,并且构成一个组织机构的高层专业领导所需的来自董事会的必要支持。

实践—提示

你的组织的使命是明确和可操作的吗?

你的组织拥有什么资源和能力?这些资源与能力与你的组织面临的机遇相匹配吗?如果不是,你必须获得什么资源或发展什么能力以利用这些机会?

在你的领导者中，你是否过高重视领袖魅力而不是正确的成果？

你是否为了受人欢迎而避免做出艰难的决定？

你遵循在阅读 3 中规定和说明的有效决策的程序吗？如果没有，为什么不呢？

你乐意为你的人以及在你的组织中的业绩结果承担责任吗？如果不是，为什么不呢？

你有一个服务于你机构的使命和股东的运作良好的董事会吗？如果没有，你可以从阅读 3 和阅读 4 学到什么，以帮助你的组织发展出一个运作良好的董事会呢？

警句

- 领导力是将人的愿景提升到更高的境界，将人的绩效提升到更高的标准，将人的品格塑造到超越寻常的限制条件。
- 要为这样的一种领导力打下基础，最好的办法莫过于培养出一种管理精神，在组织的日常实践中落实严格的行为和责任准则高绩效标准，并确保尊重个人以及他们的工作。
- 无论何时，当一个制度运作不良，就像过去四五十年里几乎每次董事会在重大问题上的惨败一样，一味地批评这些人于事无补。是制度出了问题。
- （首席执行官）负责使得他们的董事会卓有成效。
- 关键不在于个人魅力。关键在于领导者引领的是正确的方向还是错误的方向。
- 管理者最重要的职责是决策。……管理者遵照严格的程序，首先是界定他们所面临的问题……一旦正确地界定了问题，下一步就是设定此决策需要满足的边界条件。

注释

15. 艾拉·米尔斯坦（Ira M. Millstein）、霍利·格列高列（Holly J. Gregory）和丽贝卡·格拉帕萨（Rebecca C. Grapass）在2006年《法律与治理》第10卷第3期第17～19页"2006年董事会六要务"一文中深入阐述了董事会的工作。下面是归纳而成的其中5条建议：①采取措施，确保**恰当的信息传递**，使董事会得以设定议题，有条不紊地开展其工作。②**制订薪酬计划**，将预先设定的高层管理者的责任与其绩效对应起来。③成立提名委员会，专门聚焦于关键岗位的**继任问题**。④**对合规的重视**不仅仅停留在报告上，进一步坚持在**全公司范围内落实合乎道德的绩效目标**。⑤确保企业财务报表准确反映公司及其各部门真实的经济状况。

16. 德鲁克，"企业向非营利组织学习什么"，1989年。http://www.brynmawr.edu/business workshops/management/document/Drucker-Whatbusinesscanlearnfromnonprofits.pdf，第4页，2014年1月29日浏览。

17. 2003年6月2日，罗伯特A.G.蒙克斯给证券交易委员会委员乔纳森G.卡兹的信。http://www.sec.gov/rules/others/s71003/gagmonks060203.htm，2014年4月23日浏览。

18. 彼得·德鲁克，"无聊的董事会"，《新经济及其他论文集》，哈珀出版社，纽约，1981年重印，原著第110页。

19. 证券交易委员会主席玛丽·夏皮罗（Mary L. Shapiro），"证券交易委员会采取新措施便于股东推荐董事"。2010年8月25日，www.sec.gov/news/press/2010/2010-155.htm，2014年4月23日浏览。

20. "为了恢复管理者的管理能力，我们必须重新使董事会变得有效——这应该被当作CEO的责任之一。"德鲁克，"企业向非营利组织学习什么"，1989年，原著第5页（重印89404）。

| 第五部分 |
A Year with Peter Drucker

多元化组织型社会的管理

第 12 周　管理：现代社会所有机构的治理器官
第 13 周　组织的首要工作是使高层管理者卓有成效
第 14 周　通过使命和战略，而不是通过层级进行管理
第 15 周　保持组织的精神

第 12 周
A Year with Peter Drucker

管理：现代社会所有机构的治理器官

引言

德鲁克认为，《联邦党人文集》是美国对西方社会思想的两大主要贡献之一（摘自 1954 年《管理的实践》，原著第 282 页），这主要是因为其中包含的多元主义是美国宪法中制衡机制（checks and balances）的基础。政府的三大部门㈠互相制约。此外，文集还提出了联邦制度的概念：一切没有明确授予联邦政府的权力都归属州政府。美国宪法的第十修正案对联邦主义和多元主义做了很好的阐释："宪法未授予联邦，也未禁止各州行使的权力，保留给各州行使，或保留给人民行使。"[21]

德鲁克将这些原则应用到现代的"组织型社会"（society of organizations）里。社会的三大部门㈡应该既照顾到大众的需求又起到互相制衡的作用。在实践中，社会的每个部门都有自己的使命，但有些重要的需求"被遗漏"了。

㈠ 指美国政府的立法、司法、行政三个部门。——译者注
㈡ 美国社会的三大部门指企业、公共部门（政府）及社会部门（private, public and social sectors）。——译者注

所以，德鲁克建议，当每个机构去完成它的主要使命时，还应该探索"超越部门边界去领导"。

弗朗西斯·赫塞尔本是彼得·德鲁克基金会的前主席兼首席执行官，现任弗朗西斯·赫塞尔本领导力学院（Frances Hesselbein Leadership Institute）的创办人、主席兼首席执行官。她曾在 2010 年 6 月 9 日《哈佛商业评论》博客发表的文章"彼得·德鲁克如何看企业责任？"中，总结了德鲁克对企业责任的观点。[22]

领导者在每一个机构和每一个部门中承担着两种责任。他们对所在机构的绩效负责，这要求他们和他们所负责的机构要集中和专注，有所为有所不为。但是，他们也要对他们所在的整个社区负责。

德鲁克支持管理者善用学术休假（sabbaticals）有几个原因。首先，他相信公司的管理者在公共部门或社会部门服务后，可以拓展他们对各行各业人们价值观的理解，可以帮助他们在自己的组织里变得更加有效。另外，企业拥有社会中最多的管理专业知识，而这是解决社会问题所急需的。举个例子：企业中的行政管理人员就曾为克利夫兰政府出谋划策。我在林肯电气公司的研究也发现了一个令人鼓舞的例证。哈佛商学院的罗莎贝斯·莫斯·坎特（Rosabeth Moss Kanter）教授在 1995 年 9 月 27 日《纽约时报》发表的文章对此做了精彩的总结。坎特教授说："过去 15 年间，克利夫兰市的转变是由几十家总部位于克利夫兰的大公司里的高管共同执导的。"[23]

另一个很好的例子是，罗纳德·里根在第一年担任加利福尼亚州州长时，小威廉·法兰克·巴克利于 1967 年 7 月 6 日电视采访罗纳德·里根。[24] 当时加利福尼亚州是美国人均赋税最高的一个州，而预算赤字却超过了法定限制。为减少开支，提高效率，里根采取的一项重要举措就是争取到了本州 200 位最成功的企业管理者的支持。这些管理者申请了 4～6 个月的假期来研究州政府办事机构的效率，然后向州长提出改进建议。里根发现志愿者的热情和利用长假期工作的激情简直令人难以置信。他说："只要有人引导并让他们各尽所能，每一个问题都会有10个志愿者愿意去帮助解决。"

里根对200位企业管理者完成的工作做了如下的总结：

他们了解了州政府的每一个部门及办事机构，然后带着他们的建议书回到州长办公室，他们提出相对应的部门应该如何运作以求提高政府机构办事效率。有一次，我取消了一个花费400万美元在萨克拉门托盖一座10层大楼的计划。因为他们发现，那两家将来会使用那个楼的机构已经有足够的地盘了，甚至到1980年他们都用不完那么多地盘。这座楼本来下个月就会开工，现在我不准备建了。同样，还有一些楼也会因为类似的原因不再盖了。

在美国，社会的三大部门都急需专业的管理。彼得·德鲁克认为，管理是20世纪主要的社会创新；看看美国现有的管理才能、已经取得的长足进步，以及面临的严峻问题，我们就能理解这种说法并非危言耸听。

阅读

汤姆·艾希布鲁克

作为一个思想家和一个传播者，你从事管理的写作、教学和咨询已经60多年了。你为什么将管理列为20世纪的社会创新？你认为管理对社会的贡献是什么呢？

彼得·德鲁克

"管理"这个词是1911年创造出来的。在这之前没人用这个词。在"管理"这个词发明之前，大家都假定是创办者经营他的生意。第一次世界大战前夕，非创办者、专业人士登上了舞台。美国的J.P.摩根、日本的涩泽荣一（Eiichi Shibusawa）、德国的乔治·西门子几乎同时发明了专业管理。管理是一项新的社会职能，这一职能又创造了一个新的社会，一个组织型的社会。请允许我这样说，企业管理是最先出现的，但这并不是最重要的。最重要的是非企业领域内的管理，比如医院、大学和教会。它们才是最令人关注的组织，因为这些组织是根据结果来界定它们的组织性质。你是如何界定我工作的大型教会所取得的结果呢？其成员已经从 500 名增长到了 6000 名……除了组织的成员数量有很大的增加外，21 世纪和 20 世纪没有太大的差别。在 20 世纪我们就成为组织型社会了。当管理人员缺乏时，你可以依靠少数天才来管理。

摘自"管理大师德鲁克"
波士顿公共广播电台（WBRU），为全国公共广播电台准备的节目
2004 年 12 月 8 日

思考

德鲁克最重要的贡献

在 1999 年年初，德鲁克研究生院的院长杰克·萧（Jack Shaw）问彼得·德鲁克："你认为你最重要的贡献是什么？"

德鲁克的回答

- 早在 60 年前，我认识到**管理**已经成为**组织型社会**的基本的（或必需的）器官和功能。
- **管理**不仅是"企业管理"——尽管"管理"首先是在企业环境中引起注意的——管理是现代社会中**所有**机构的中枢器官。
- 我创建了**管理**这门独立的学科。
- 我围绕着人与权力、价值观、组织结构、制度（或者是行为原则）来研究这门学科；**最重要的是围绕着责任**，即把管理这门学科作为一门真正的**博雅艺术**。

彼得·德鲁克和约瑟夫·马恰列洛，《管理》(修订版)，2008 年，序言，第 4 页

- 如果在多元化组织型社会里的每一个机构只追求各自的狭窄利益,仅是不伤害他人,那么谁来关心那些"被遗漏"的问题呢?换句话说,谁来关心公共利益呢?

我们正在走向多元化机构组成的社会

在所有发达国家里,社会已经多元化了,而且会越来越多元化。社会由无数个机构组成,每个机构或多或少地自治,每个机构都需要各自独立的领导与管理,都有着各自要完成的具体任务。

这不是历史上第一个多元化社会,但是之前所有的多元化社会都是因为他们没有顾及**公共利益**而自我灭亡了。那些社会不乏各种**社区**,却不能维持**社区**,更不用说去创造社区了。如果我们这个现代的多元化社会想要摆脱同样的命运,**所有机构的领导都必须成为超越部门边界的领导**。他们必须知道,仅仅领导好自己的机构是不够的,**尽管这是他们的首要职责**。他们要学习成为社区的领导者。事实上,他们必须要学习去创造社区。这将超越……**社会责任**。社会责任通常定义为,在追求自身利益和完成自己任务的时候,**不伤害他人的利益**。而新的多元化主义要求,这也许可以称之为**公民责任:在追求其自身利益和完成自己任务的时候,也要为社区做出贡献**。

要求机构领导者承担这类公民责任,这是史无前例的。但幸运的是,有迹象表明,所有社会部门的机构领导者们都开始清醒地认识到他们有必要成为超越部门边界的领导者。

彼得·德鲁克和约瑟夫·马恰列洛,《管理》(修订版),2008年,第21章

- 家庭、政府或商业组织很难满足公民社会的多种需求,这种需求成了社会部门组织不断增长的推动力。它们创造了对社会部门组织增长的**需求**。这些需求不太可能因为任何光芒四射的领导者的退休而减少。从供给方面看,许多有能力的、受过教育的人才需要一个平台来发挥他们的才能,他们愿意做志愿者,或是做社会企业家去满足公民社会

的需求。
- 非营利组织敏锐地觉察到，根据使命和能力界定结果、有效地管理以完成使命是非常重要的。

高绩效组织的社会

"凭着他们的果子，就可以认出他们来。"㊀

在所有发达国家里，社会已经成为一个**组织型社会**。在这样的社会中，至少大部分社会任务（如果不是全部）都是由组织在组织内完成的。组织不是为了它们自身的利益而存在。组织是为着完成某项社会任务的社会器官。组织的目标是为个人和社会做出特定的贡献。因此，和有机生物体不同，总是应该从组织的外部去检验组织的绩效。这就意味着，我们必须清楚"绩效"对组织究竟意味着什么。

对于每一个组织而言，其目标界定得越明确，它就越会变得强大；组织的绩效评价标准和尺度越多，它就越会有效；组织越是严格地将职权置于绩效的判定基础之上，它就越具有合法性。"凭着他们的果子，就可以认出他们来。"——这可能成为多元化组织型社会的基本组织原则。

彼得·德鲁克，1月18日，"高绩效组织的社会"，《德鲁克日志》，2004年

- 相对于企业或政府而言，社会部门的组织绩效更难界定。这是因为社会部门的机构是为了帮助人们改善各自的生活。组织的成果就不只是美好的愿望。
- 随着社会部门机构的规模扩大、范围变广以及复杂性增加，它们越来越意识到，它们需要专业化的管理。

㊀ 这是《圣经·马太福音》中的一句。全句为：凭着他们的果子，就可以认出他们来。荆棘上岂能摘葡萄呢？蒺藜里岂能摘无花果呢？这里引申出来的意思是：通过一个组织的成果可以辨识出这个组织的好坏。——译者注

社会部门的组织需要管理

非营利机构的产品不是一双鞋（相对于商业机构而言），也不是一条有效的法规（相对于政府而言），而是**改变了的人生**。非营利机构是改变人生的中介。它们的"产品"是一个治愈的病人，一个善于学习的孩子，一个年少轻狂的人成长为知书达理的成年人，总之是改变了的人生。40年前，"管理"在非营利组织中是一个很不好的词。对它们来说，管理意味着"做生意"，而非营利机构恰恰不是做生意的……

现在，非营利机构都知道它们更需要管理，因为它们没有一条传统意义上的"底线"(bottom line)。⊖

彼得·德鲁克，《非营利组织的管理》，1990年，前言

实践一提示

如同前面克利夫兰和加利福尼亚的例子所表明的，在企业中有大量的管理人才。为了帮助你所在的城市发展，如引言中提到的那样，你可以考虑加入管理者志愿团队，发挥你的专业特长，为你的城市发展出力。

如果你是在企业里，那么你的首要使命满足了哪些社会需求？如果你是在政府机构中工作，你在实现使命的过程中有效性和效率做得怎么样？如果你是在社会部门的组织内，你多大程度上有效地改变了他人的人生？

在优先完成首要任务的同时，你是否设法在你所在的社区寻找、识别并人尽其才地去满足超出你组织边界的管理需求？你是否考虑过辅导社会部门组织的领导者，以提升其领导和管理的有效性呢？

你是否考虑过给予社会机构组织财务捐赠？你是否积极主动地为公共服务机构付出自己的时间？你是否鼓励你所在的机构帮助所在的社区，包括利

⊖ 这里的"底线"是指工商企业经济上的盈利要求。——译者注

用管理者的假期去帮助解决社区问题呢？

警句

- 领导者在每一个机构和每一个部门中承担着两种责任。他们对所在机构的绩效负责；这要求他们和他们所负责的机构要集中和专注，有所为有所不为。但是，他们也要对他们所在的整个社区负责。
- 在 20 世纪我们就成为组织型社会了。当管理人员缺乏时，你可以依靠少数天才来管理。现在你需要大量的管理人员。
- **管理**不仅是"企业管理"——尽管管理首先是在企业环境中引起注意的——管理是现代社会中所有机构的中枢器官。
- 新的多元化要求，也许可以称之为**公民责任：在追求其自身利益和完成自己任务的时候，也为社区做贡献。**
- "凭着他们的果子，就可以认出他们来。"——这可能成为多元化组织型社会的基本组织原则。

注释

21. 更多信息参见：http://constitution.laws.com/10th-amendment sthash.5PYopx34.dpuf, accessed December 26, 2013.
22. 弗朗西斯·赫塞尔本，http://blogs.hbr.org/2010/06/how-did-peter-drucker-see-corp/，2010 年 6 月 9 日，2013 年 12 月 26 日浏览。
23. 罗莎贝斯·莫斯·坎特著《增员、裁员》，《纽约时报》，1995 年 9 月 27 日，档案来自 http://www.nytimes.com/1995/09/27/opinion/upsize-downsize.html，2014 年 3 月 30 日浏览。
24. 《成为一个好的州长现实吗？》http://www.amazon.com/firing-William-buckley-possible-governor/dp/B007QK7LTK，2013 年 12 月 26 日浏览，也可以访问 Hoover.org。

| 第13周 |
| A Year with Peter Drucker

组织的首要工作是使高层管理者卓有成效

引言

彼得·德鲁克常常和别人讲,就像每一个创新者一样,他是在他人的工作基础上,补充缺失的部分。他认为管理实践就像做一个完整的"配置"(configuration),需要把现有的"知识"整合起来,并且将缺失的知识补充进来。他把这个过程形容为整合已知的知识并且"创造"缺失的部分。[25]

我在管理领域作为一名创新者所取得的成功,就是基于20世纪40年代初相似的分析。那时,已经有了许多所需的知识,比如组织学,但是,还需要相当多关于管理工作和管理工作者的知识。然而,我通过分析发现这些知识散落在六七门不同的学科里面。后来,我又发现有些关键的知识需要补充:企业的目的、高层管理者的工作和组织结构,还有现在被称为"商业政策"和"战略"的内容,还有目标等。我认为这些缺失的内容应该补充进来。然而,没有这样的分析,我永远不会知道哪些知识已经有了,哪些是需要补充的。

请注意，彼得·德鲁克强调了最高管理层。如果没有卓有成效的最高管理层，你就不能维系绩效精神，组织内部就会出现混乱，这个组织也将最终被毁掉。德鲁克在20世纪40年代（1944～1946年）给通用汽车做咨询时，深入研究了斯隆和通用汽车的最高管理层（《公司的概念》，1946年，原著第120页）。紧随其后的另一个相当重要的项目就是如何培养管理人才填补管理职位的空缺。

我们要警惕高层管理者对下属的貌似善意、护犊子式的家长作风，这可能是伪装下的暴君式管理。举例来说，如果高层管理者不论事情大小都替下属做决定，他们不授权给下属，那么他们的下属也就只能作为专门人才，而无法在自己有限的工作职责中发挥应有的作用，也就无法成长。或许这些下属拿着高薪，工作有保障，他们甚至还经常会拿到奖金，还会得到职业生涯发展的善意建议，但这实际上是在帮助竞争对手培养人才。因为他们并不能成长为组织中有效的管理者，他们没有被赋予管理者的责任，没有允许他们犯错误，也没有允许他们从自己的错误中学习。这种家长作风会掩盖权力欲望，最终把组织变成一个空壳。当现有的高层领导离开的时候，这种恶果就会凸现出来。如果对最高管理层的这种首要职责视而不见的话，他就无法成功地培养继任者。所以，设计和评估一个组织的首要任务就是看它是否拥有一支高绩效精神的、富有成效的高层管理团队。

阅读

事实上，"下一个社会"中公司的命运越来越掌握在最高管理层手中。最高管理层的责任包括：为整个组织设定发展方向、做计划、定战略、确立组织的价值观和原则、设计组织架构、维系各个成员之间的关系、建立联盟、合作伙伴关系、合作投资、公司的研发、设计和创新等。在"下一个社会"的大机构中，最高管理层最重要的任务是建立组织的独特个性。

重塑公司的角色需要调整公司的价值观，这可能是高层管理者最重要的任务。在第二次世界大战后的半个世纪中，公司不但成功地证明了自己是一个经济组织，而且还证明了自己是财富和工作机会的创造者。在"下一个社会"，对于大公司，特别是跨国公司而言，它们所面临的最大的挑战可能是其**存在的社会合法性**：它们的价值观、使命和愿景。

彼得·德鲁克，1 月 9 日，"新的公司角色"，《德鲁克日志》，2004 年

思考

- 高层管理者有责任确立和维护组织精神，包括组织的价值观、行为准则和品质标准。

促进高层管理者卓有成效

导　言

彼得·德鲁克力劝鲍勃·班福德的组织以及他所服务的其他组织，一定要确保其高层领导者卓有成效。

彼得·德鲁克

我认为你们的主要职责之一是确保完成组织的首要任务。这个首要的工作任务就是**促进高层管理者卓有成效**。虽然这不是组织管理的书籍里写的那样，但它是实实在在的事。你（鲍勃·班福德）和弗莱德·史密斯 [Fred Smith，于 1984～1996 年任领导力网络（Leadership Network）的主席] 都是非常有效的高层管理者……不论是你们个人，还是你们组织的高层管理团队，都很有效。你是在一家有深厚根基、有精神支柱的教会里成长的。同时，你还朝着未来社会、未来社区的维度发展，而这种未来社会和未来社区必须拥有精神层面的基础，否则就将一无所有。不仅关注精神层面，而且必须关注

社区层面,你已经开始在这样做了。同时,你还在恢复宗教的多样性。因为我们同时需要大型教会和小型教会,这两者是互相依存的。虽然你还没有完成这项工作,但是你已经为大型牧养型教会注入了生机与活力,你也知道小型教会需要什么。最重要的是,你知道它们能够生存下来,并且可以做到富有成效。并非百分之百的小型教会都能做到,你也并不需要百分之百。百分之百从来不是必须的。

德鲁克与班福德的对话,美国科罗拉多州埃斯蒂斯帕克,1993年8月9日

瓶颈都在瓶子的上部

俗话说:"瓶颈在瓶子的上部。"任何企业都不可能展现出比它的最高管理层所拥有的更崇高的愿景和更卓越的绩效。企业(特别是大企业)也许可以靠着其前任的愿景和绩效过一段风平浪静的日子,但这仅仅是把付账的时间往后拖延一些而已,而且要比大家预想的时间短得多。企业需要建立起一套中央治理的机制,也需要建立一套中央检查与评估的机制。最高管理层及其绩效、成果和精神,也都依赖于这两种机制的好坏。

彼得·德鲁克,《管理的实践》,1954年,第14章

- 企业的最高管理层有责任设计组织架构,也有责任任命其下属管理层的核心人员。高层管理者的继任者人选很可能是从组织的第二级的管理层中选拔出来的。

最高管理层关乎社会的福祉

培养管理者已经变成非做不可的工作,不是因为高层管理者经历了大萧条和战争可能会变得守旧,而是因为现代工商企业已经成为社会的基本机构。在任何重要的机构中(不管是教会或军队)寻找、培养和考验未来的领导者都是非常重要的工作,最优秀的人才必须投入全部时间和心力在这项工作上。

彼得·德鲁克,《管理的实践》,1954年,第15章

- 最高管理层的关键业务必须由能够纵观组织全部责任范围的高层人士确定。这些关键业务一旦确定，每项业务必须由高层管理团队的一位成员具体负责。

21 世纪的首席执行官

21 世纪的首席执行官有六项具体的工作。它们是：

（1）界定对组织有意义的外部环境。

（2）思考组织外部的哪些信息是有意义的，是组织需要的，然后将这些信息转变成组织可以利用的形式。

（3）界定组织有意义的成果。

（4）为组织设定工作的优先顺序。

（5）关键岗位的人员任命。

（6）组建高层管理团队。

彼得·德鲁克和约瑟夫·马恰列洛，《管理》(修订版)，2008 年，第 43 章

- 由少数专业人士负责管理信息流，并保持高层管理团队的团结一致。

实践—提示

高层管理者的任命为组织的其他方面树立了榜样。你的高层管理者为组织树立了什么样的榜样呢？高层管理者是否提倡高绩效精神呢？

在你所在的组织中，哪些人员负责组织的价值观、行为准则和品质标准？他们做得怎么样？组织是在维持、提升还是降低了这些方面的标准？如果标准在降低，就要确保相关人员知晓。

你所在的组织是否通过下放重要的职责和权力来培养未来的领导者？组织在内部选拔，或者从外部挑选继任者方面都做了什么？

组织架构是实现组织使命的一个工具。各种形式的组织架构都可以用来

实现组织使命，但是糟糕的组织架构会妨碍人员的发展，也会影响组织的整体绩效表现。找出组织里妨碍人员发展与达成绩效的组织架构问题，并努力改变它们。

警句

- 组织的首要工作是促进高层管理者卓有成效。
- 企业需要建立起一套中央治理的机制，也需要建立一套中央检查与评估的机制。最高管理层及其绩效、成果和精神，也都依赖于这两种机制的好坏。
- 在任何重要的机构中——不管是教会或军队——寻找、培养和考验未来的领导者都是非常重要的工作，最优秀的人才必须投入全部时间和心力在这项工作上。

注释

25. 德鲁克，《创新与企业家精神》(1985年)，原著第116页。

第 14 周
A Year with Peter Drucker

通过使命和战略，而不是通过层级进行管理

引言

我写过一本书《永恒的价值：林肯电气百年敏捷的奥秘》（2000 年）。书中讲述了我研究过的三家制造企业，它们都以高生产力、激励体系以及令人深受启发的员工管理方式著称，其中讲得最多的是林肯电气公司。这是一家总部位于俄亥俄州克利夫兰市的焊接公司，当时它正在庆祝公司的百年诞辰。

林肯电气在海外扩张的动作很慢，而当时它的竞争对手已经大举进入美国市场。林肯电气早期在加拿大和澳大利亚建立了工厂，但是没有考虑进军南美、欧洲或者亚洲。当它尝试在上述地区建工厂和分销渠道时，遇到了一个又一个问题。令人惊讶的是，林肯的高层缺乏如何使一家世界一流的美国公司在日本、德国和南美等国家的文化中运营的知识。还好，林肯公司学得很快。在经历了相当大的经济损失和为了海外扩张而高额举债之后，公司上市了，并且获得了公众的认可，还引进了富有国际业务经验的高层管理团队。林肯公司海外业务的经营思路更多地建立在联盟和合资，而非命令和控制的基础上，从而一改之前的错误做法逐步发展为一家全球企业。

当我完成了在林肯电气公司的研究后，公司的最高管理层推荐我去俄亥俄州哥伦布的沃辛顿（Worthington）实业公司，以及北卡罗来纳州夏洛特的纽柯（Nucor）钢铁公司。他们认为沃辛顿公司和纽柯钢铁公司在文化和激励制度上，与在克利夫兰的林肯电气公司有一定的相似之处。为了证明林肯公司虽然独具特色，但并不是唯一一家在全球行业竞争中取胜的、世界一流的美国制造业公司，我当然有兴趣探究其他的例子。

沃辛顿实业公司向全球客户提供钢铁制成品，同时它还是一家生产丙烷高压储存罐的领先企业。纽柯钢铁公司在美国发明了"短流程冶炼"（mini-mill），是美国工业的一个著名成功案例。上述三家企业都是通过使命和战略，而不是通过层级进行管理的。

阅读

让我们更进一步走近一些多国组织和跨国组织，并看看凝聚这类组织的两个因素：通过使命和战略的管理（与之相对的是通过层级进行控制），以及足够的相互了解和信任的人。世界宣明会（World Vision International）不是多国组织，你们是跨国组织，你们是很好的例子。

让我再举个例子。我的桌子上有一个没打开的包裹，这个包裹是从亚特兰大的可口可乐公司通过FedEx寄出的，发件人是我过去五六十年的老客户，也是老朋友。……这个例子讲的是一家阿根廷的非营利服务机构，由一位非常年轻又能干的女士创办并经营，还得到了可口可乐公司的资助。该组织用资助的资金帮助阿根廷的教会、学校等社会机构。……随着阿根廷经济全面崩溃，我非常清楚她们差不多也要关门了。我接到这位年轻女士打来的电话，"我不知道我们是否还能够继续进行我们的医疗保健计划，但是我们会继续最成功、最重要的工作，那就是帮助那些学校办得更好，因为阿根廷的可口可乐公司决定继续资助我们，无论亚特兰大总部怎么说。"

可口可乐亚特兰大总部对此非常不满意。其中一个质疑是："我们如何控制下属子公司？"不管怎样，阿根廷公司都面临着巨额亏损。阿根廷子公司却说："这正是树立我们在市场上品牌商誉的好时机。"然而，亚特兰大总部对季度的财务结果极度不满。阿根廷子公司的人则叫他们姿态高一点，别那么在意季度报表。总部本来是可以命令分公司的，但亚特兰大不准备这么做。

阿根廷分公司的管理者知道：第一，"他们更需要我们"。虽然他们没有说出来，但是他们非常清楚这一点。第二，"我们经营的是阿根廷的可口可乐公司，而不是建立在纽约证券交易所之上的可口可乐公司。我们在阿根廷做什么应由本地市场做出衡量与评估。它给总部带来的影响是你们要考虑的事，不是我们的事。"他们清楚地表示，他们的决策应该看是否有利于阿根廷可口可乐公司。当其他人在取消对慈善机构的捐款时，他们认为这正是增加资助的好时机。现在谁在阿根廷都做不出好的业绩，所以我们可以想办法从亏损中得到些什么，面对越来越严峻的现实，如何站稳脚跟。另外，总部掌握着资金。可口可乐虽然是在美国生产的，但是约六成的生意不在美国。因此，从总部的角度看，在阿根廷花的钱会影响股价，所以是首先需要考虑的。各地的分公司则要面对来自百事可乐和当地饮料公司的激烈竞争。也就是说，它们才不会管什么纽约的股价呢，它们也不该操这个心。

彼得·德鲁克，《摘要：与彼得·德鲁克论领导力和组织发展的对话》，
2002年，第8页

思考

- 衡量国外分支机构的绩效要符合当地的政治与经济现实。

全球化经济现实与地区政治割裂

跨国企业的战略受到各国政策的约束。只有在全球资金流通和信息流通

时才首先考虑纯粹的经济因素。企业战略要基于跨国公司自身的现实，国家政治依然强于经济现实……为了解决政治与经济现实割裂的矛盾，变革的引领者必须意识到世界各地业务的增长和扩张将越来越依靠联盟。

彼得·德鲁克，《引领变革》，2004 年

- 今天，林肯电气公司在 40 多个不同地区设有工厂，包括分布在 20 个国家的独资和合资企业，以及"遍布在 160 多个国家的分销渠道及销售中心构成的全球网络"。[26] 这样，林肯公司可以适应不同国家政治的实际情况。从经济现实来看，林肯电气公司是一家创立于美国的世界级的企业。从政治现实来看，林肯电气将其美国的运营融入每个不同国家的政策和文化中，成为一家全球性的世界级企业。

何时下达命令，何时成为伙伴

合资企业中成功的参与者都懂得：不能"命令"其合作伙伴。与合作伙伴工作实质上是一种营销工作，这就意味着，我们要问这样的问题：对方的价值观、目标和期望是什么。当然，有时候要把事情做成，命令起到关键性的作用。未来的首席执行官必须了解何时该下命令，何时该当伙伴。这一点是有先例的，J.P. 摩根（J.P.Morgan）建立了一个由 12 人组成的合伙关系，然而，他仍然清楚什么时候要承担起领导者的角色，但是，这样做绝非易事。

彼得·德鲁克，《下一个社会的管理》，2002 年，第 6 章

- 沃辛顿实业公司在 11 个国家开设了 82 个机构，雇用了 1 万名员工，比林肯电气公司还要多一些。它还经营着 31 家在美国的和 15 家美国以外的合资企业。[27] 沃辛顿公司在全球扩张的过程中，更早采用建立合资企业和联盟的方法来避免林肯公司遇到的问题。沃辛顿公司通常负责控制制造和质量，而发挥当地合作伙伴在市场与销售方面的专业知识特长。

"当一家企业发展成一个联合体"

当一家企业发展成一个联合体或是一个辛迪加的时候,就更加需要一个独立的、强有力的、负责任的最高管理层。这个最高管理层的职责是把握整个组织的发展方向、规划、战略、价值观和原则、组织结构以及不同成员单位之间的关系,联盟企业、合作伙伴和合资企业,及其研发、设计和创新。

彼得·德鲁克和约瑟夫·马恰列洛,《管理》(修订版),2008年,第6章

- 必须用基于信任关系的协调机制取代命令和控制的机制,这将腾出最高管理层的时间履行其职责。

新一代的多国公司最高管理层必须平衡各个利益相关方之间相互冲突的需求

未来(多国公司和跨国公司的)最高管理层很可能是独特又独立的"器官",它代表着公司。未来的大型公司,尤其是多国公司,最高管理层最重要的工作之一是平衡相互冲突的业务需求,以满足公司各个利益相关方对短期成果和长期成果的需求;这些利益相关方包括客户、股东(尤其是机构投资者,如养老基金),作为知识工作者的员工和社区。

彼得·德鲁克,《下一个社会》,2004年

- 请注意可口可乐阿根廷公司的例子,满足当地继续资助学校的需求毫无疑问会伤害亚特兰大总部的短期财务结果。阿根廷公司的管理层必须满足当地短期需求以维护公司良好的公民形象。了解当地情况对于做决策是至关重要的。所以,我们知道亚特兰大公司总部的管理层给位于阿根廷子公司下达命令应该是有节制的。
- 纽柯钢铁公司是美国最大的短流程冶炼企业,算上其全资子公司,拥有200家工厂的纽柯钢铁公司算得上是全美最大的钢铁企业了。公司的成长大部分要归功于创办人肯·艾弗森打造的"激进的"分权管理制度,它赋予负责工厂运营的总经理很高的自主权。这种自主权在组织内部自上而下地贯彻到生产的各个层级。纽柯钢铁公司的员工享有

运营和创新的高度自主权。与林肯电气公司类似，强有力的激励制度激发了纽柯钢铁公司的高生产力和高质量。这里几乎没有不堪重负的命令和控制的影子。[28]

实践—提示

你的组织是如何运营的？它是采用正式的命令和控制系统，还是使用基于伙伴关系的非正式引导和协调？

战略、使命和价值观在协调各部门的工作中扮演什么样的角色？举例来说，为了帮助各业务单元在当地市场取得成功，你会给在公司内部部门间流动的产品和服务定价吗？

你所在组织的国内和海外的各业务单元有多大的自主权来适应当地政治和经济状况？这些自主权足够它们应对当地市场的挑战吗？

你所在的组织是否具有可以让信息充分流通的、牢固的信任基础？如果没有，如何能加强和稳固相互间的信任？

警句

- 跨国企业的战略受到各国政策的约束。
- 当一家企业发展成一个联合体或是一个辛迪加时，就更加需要一个独立的、强有力的、负责任的最高管理层。

注释

26. http://www.lincolnelectric.com/en-us/company/pages/Lincoln-worldwide.aspx，2013 年 12 月 19 日浏览。
27. 我的结论是基于下面的数据分析 http://www.worthingtonindustries.com/，2013 年 12 月 19 日浏览。
28. http://www.nucor.com，2013 年 12 月 19 日浏览。

| 第 15 周 |
A Year with Peter Drucker

保持组织的精神

引言

德鲁克研究管理的一个主要目的是要创建具有高绩效精神的组织。所有的组织都是从同样的人才资源里挑选员工,他们聘用的是平凡的人。让平凡的人做出不平凡的事,只有在德鲁克所说的"道德领域"才能实现。为什么呢?因为这要求组织克服诸如官僚作风、衰退和腐败等自然倾向,[29] 而且还要求我们把个人利益与集体的福祉融为一体。

在听了华理克牧师(Rick Warren)㊀讲述马鞍峰社区教会如何成长为大型教会后,德鲁克建议他引进一个**扰动元素**(disturbing element)来保持组织的绩效精神。一个组织或一个职业中的扰动元素是指那些为了防止组织出现官僚行为而不断改变组织文化和习惯的人。

彼得·德鲁克鼓励华理克本人成为马鞍峰社区教会的扰动元素。一个像马鞍峰这样的教会,只要有华理克或者有像他一样的人引入外部能量,坚守

㊀ 华理克牧师(Rick Warren,1954 年 1 月 28 日—),是有 23 000 名教友的加州马鞍峰教会创会牧师。他也是销量达 3000 万本的畅销书《标竿人生》的作者。华理克牧师生于美国加州圣何塞,是第四代美南浸信会牧师。——译者注

价值观，设定标准，就能保持活力。这些都是"良知活动"，是保持组织精神所必需的。

阅读

你所讲的（一个大型的成长型组织）都说明了一个组织需要你这样的人成为**扰动元素**，一个经常能够打破常规的人。这个人必须摆脱日常工作，才有充裕的时间来做这项工作。在一个大型组织的内部，通常不会有人能完全摆脱日常工作，而有足够的精力和全身心地做个"扰流器"（disturber）。我记不清你们现在有多少万会员了，但是你刚才说的表明了大型教会是可以做到这一点的。你们能做到是因为你的教会在很大程度上是由大量的小型会众（细胞小组）组成的。这些小组在星期天聚在一起，重温它们的承诺。但是这种做法有一个条件：要有华理克，或者有一个华理克式的人物。他是活动的能量、良知和榜样。但无论是谁，都不可能，也不应该完全不承担行政管理责任。这一方面是因为，如果完全脱离日常工作，你就会很快完全失去对工作的感觉；另一方面，你也不可能一点书面工作都不做。但是，你的首要工作不是行政方面的，而是提供**能量和精神**。

德鲁克与沃伦的对话，2003年1月22日

思考

- 一个具有绩效精神的组织是由承诺**做成正确的事情**（有效性）以及能**正确地做事**（高效率）的管理者领导的。这些管理者具有正直的品格，具有对组织目的的远见卓识，能够聚焦于机会，引领变革并且跟踪关键的任务、责任并实践管理。

组织的目的

组织的目的是"**使平凡的人做出不平凡的事**"……能不能使平凡的人取

得超出他们能力的绩效,能不能激发组织成员的长处,并且运用这些长处,使组织的所有成员表现得越来越好,也就是说,能不能使其成员相互取长补短,这是对组织的一种检验。

彼得·德鲁克,《管理的实践》(1954年),2010年,第13章

- 组织的扰动元素包括一个或多个领导者,他们能够激励人去发展、提高、创新并保持组织精神。他们经常不是追求安逸,他们愿意用系统的创新来挑战现状。这对于取得和保持绩效精神是至关重要的。

扰动元素:创业者

目前成功的企业中,只有少数具备创业精神和创新意识……这被作为一种证据,说明现在的企业会扼杀创业精神。但是创业精神不是"与生俱来的",也不是"创意"。创业精神是工作。因此,从这些证据应该得出的正确结论与我们通常得到的结论恰恰相反。相当数量的现有企业,其中有些中型企业,有些是大企业,甚至是超大型企业也都具有创业精神,也成为创新者。这说明任何企业都能够成功地创新、具备创业精神。但是必须持之以恒地为之奋斗。创新和创业精神是可以学会的,但是需要付出努力。创业型企业把创业精神作为一种责任。它们有条不紊地进行这项工作……它们做出艰苦的努力……它们亲自实践。

彼得·德鲁克,《创新与企业家精神》,2007年,第13章

- 那些为组织注入持续发展精神的管理者要永远警惕官僚倾向,官僚倾向会使人们陷入重复性的日常工作而忽略对重要成果的关注。

绩效精神

在一个由人组成的组织中,绩效精神意味着它输出的能量要大于输入的所有努力的总和。输出大于输入只可能发生在道德氛围中。但是,如果道德

要产生积极意义,那么它就不能是规劝,不能是说教,不能是良好的意愿。**道德必须践行不怠**。具体地说,就是:

(1)组织必须聚焦在**绩效**上。组织精神的第一个要求就是高绩效标准,对整个组织、对每个人都一样。

(2)组织必须聚焦在**机会**上,而不是问题上。

(3)涉及**人员**的决策:人员的职务安排、晋升、降职和遣散等必须体现组织的价值观和信念。

(4)最后,管理者在做人事决策的时候,必须向大家表明,**正直**是一个管理者必须绝对满足的条件。正直的品格必须是管理者已经具备的,而不能指望日后可以获得。

彼得·德鲁克,《管理:使命、责任、实务》(1973、1974年),
2007年,第36章

- 对那些多年为组织工作,但不再适合组织现在和将来需要的人,是组织要做的最重要的良知决策。这些人如果留在原来的岗位上,会影响组织的士气;如果突然遭到解聘,也会影响士气。所以要问,"他们能做什么"。你可能会为这些良知决策找到满意的解决方案,尽量让每一个人满意。

"良知"活动

可能很多人会认为,"良知"不仅是一个非常陌生的用语,而且还是一个感情色彩很强的用语。但它是一个正确的用语。良知活动的任务不是帮助组织改进正在做的工作,而是要时时提醒组织什么是应该做,但是现在还没有做的工作。这项任务就是要让人不舒服:把理想状况与日常现实相对照,捍卫那些尚未被普遍接受的事物,同权宜之计斗争。然而,这一方面要求有良知的管理者具备自我约束的能力,另一方面也要求组织认可他的能力和正直的品格。

彼得·德鲁克,《管理:使命、责任、实务》(1973、1974年),
2007年,第42章

实践—提示

在你的组织中,谁在不断注入绩效精神?谁是扰动元素?如果没有,怎样找到他们,给他们建议,并帮助他们开始做?

在你的组织里,你是否赋予人们重要的责任,帮助他们成长?为了让他们在组织中表现出自己的最佳能力,你都采取了哪些步骤?

创新对组织说来至关重要,因为它会影响组织的长期竞争力,关系到组织的生死存亡。你的组织理解这一点吗?如果没有,你能做什么来鼓励扰动元素,或是让自己成为这个扰动元素?

你的良知决策,特别是针对那些在组织中工作多年的员工所做的人事决策,是提高了士气还是打击了士气?如果是打击了士气,你能做什么来改变这种决策的方法?

警句

- 组织的目的是"**使平凡的人做出不平凡的事**"。
- 创业型企业把创业精神作为一种责任。它们有条不紊地进行这项工作……它们做出艰苦的努力……它们亲自实践。
- 在一个由人组成的组织中,绩效精神意味着它输出的能量大于输入的所有努力的总和。
- 良知活动的任务不是帮助组织改进正在做的工作,而是要时时提醒组织什么是应该做而现在还没有做的工作。

注释

29. "负熵法则(Negative Entropy)表明,只有当系统从环境中引进的能量大于在转化和输出过程中消耗的能量时,它们才能存在并且保持它们独特的内部秩序。"书评,Dhiren N. Panchal,Daniel Katz,和 Robert Kahn,《组织的社会心理学》,第 2 版,Wiley,纽约,1978 年,http://sites.idc.ac.il/dice/files/activity2.pdf,2013 年 12 月 18 日浏览。

| 第六部分 |
A Year with Peter Drucker

为转型中的社会指引方向

第 16 周　美国的问题是社会问题

第 17 周　美国面临艰难的转型期

第 18 周　社会和个人的重大转型期

第 19 周　找出已经发生的未来：美国正在发生的
　　　　　社会和人口结构的变化

第 20 周　找出已经发生的未来：教育的混乱

| 第 16 周 |
A Year with Peter Drucker

美国的问题是社会问题

引言

德鲁克的第一部主要著作——《经济人的末日》——分析了法西斯主义以及为什么他认为法西斯主义和××主义最终都将失败。英国前首相温斯顿·丘吉尔（1940年上任）曾于1939年5月27日在《伦敦时代文学增刊》上为该书撰写书评。丘吉尔说：

德鲁克先生是那种开放和宽容的作家之一，因为他不仅自己独立思考，还有发动并启发他人思考的天赋……（他写的）这本书，将当代生活中明显存在的独裁统治，与当代思想中同样明显存在的有效哲学的缺失，成功地联系了起来。

经济人的概念，虽然在1992年总统竞选中被大肆强调，但德鲁克知道这不是一种能够维系美国社会的有效哲学。因此，他追溯美国历史，寻找另一种哲学，希望能够找到解决他在1993年看到的美国问题的方案。

他把大型的牧养型教会的复苏看作社会发展的积极力量，他认为鲍勃·班福德的工作会对美国社会的重建起到重要作用。

阅读

彼得·德鲁克

两周后，我将在阿斯潘（Aspen）召开的研讨会上做主题发言，我会说我们没有经济问题，只有社会问题。我也肯定会因此而招人厌烦。但坦率地讲，我们确实存在社会问题。你想象不到，今天早晨3点钟醒来时，我不得不拼命祈祷以驱赶那种绝望，事实上到现在我还没有完全把它摆脱。是的，我知道，我们已经对此有所觉察，而这可能是唯一令人乐观的事了。

鲍勃·班福德

那为什么你还没有就这个主题写些什么呢？

彼得·德鲁克

因为我还没有听到呼召！你（班福德）从个人身上看到了健康的能量，但那需要领导力，需要榜样，需要愿景，也需要方向……你有一个宏大的愿景，却是末世论的愿景，它并不理性。现代社会，正因其异常病态，才有机会使普通人成长为"被造物"（creaturehood）——不要称之为圣徒，圣徒这个词很难理解。你在教会中看到了这一点，而这对于这个国家至为重要，因为如果美国不能以犹太—基督教文明而生存，它将根本无法生存。

德鲁克与班福德的对话，科罗拉多州埃斯蒂斯帕克，1993年8月10日

思考

- 在1992年的总统竞选中，克林顿的战略顾问詹姆斯·卡维尔提出了一个口号："笨蛋，这是经济问题！"公众似乎相信了，克林顿赢得了大

选。德鲁克对此并不认同，他认为我们面临的越来越严重的社会问题比经济问题更加突出。

不断增长的社会需求

社会需求的增长将表现在两个方面。首先是传统意义上的**慈善**领域：帮助贫困、残疾、无助和受难的人们。另外，旨在**改变社区**和**改变人**的相关服务领域，增长将更为迅猛。在转型期，有需求的人数总是会持续增加……即便是在最安居、最稳定的社会，在向知识工作转型的过程中人们也会落伍。劳动力构成以及技能与知识都在发生变化，我们要跟上这种变化，可能要经过一两代人的时间。服务人员的生产效率要提高到足以维持自己的"中产阶级"生活标准，这需要时间，根据历史经验，得要将近一代人那么长的时间。

彼得·德鲁克，《后资本主义社会》，1993年，第9章

- 政府主导的社会行动计划常常产生与初衷不符的负面后果。而一些社会组织，比如救世军、嗜酒者互戒协会和监狱团契㊀，却往往能够在自己专注的领域内取得较好的结果。
- 替代性的解决方案能够成功。在内城区，教会学校——特别是那些由一些修会（比如耶稣会）来管理的教会学校——常常比公立学校表现更好（考虑到社会经济状况和各种其他因素）[31]。

社会问题挑战政府的解决方案

在过去40年中，美国所有试图通过政府行为解决社会问题的项目都没有取得突出的成果，但是独立的非营利组织反而**已经**取得了骄人的成绩。内城区的公立学校，比如纽约、底特律和芝加哥，一直在以令人吃惊的速度衰落。而在同样的社区、面对来自类似的破碎家庭、类似种族和族群的孩子，教会

㊀ 监狱团契（Prison Fellowship），一个帮助犯人、出狱犯人及他们的家人重建生活的宗教组织。——译者注

学校（特别是在罗马天主教教区）却取得了惊人的成功。反酗酒、反吸毒仅有的成功都来自独立机构，比如嗜酒者互戒协会、救世军、乐施会等。

彼得·德鲁克，《后资本主义社会》，1993 年，第 9 章

- 德鲁克认为宗教是支持美国共和政体的必要元素。在这方面，他不过是呼应了美国第二任总统约翰·亚当斯（1735—1826）的观点（原文见后）。德鲁克得出结论，美国若失去其基本的价值体系将无法生存。**注意：对于社会构架不同的其他社会可能并非如此。**
- "没有哪个政府能够与不受道德和宗教约束的人性相抗衡。贪婪、野心、复仇或凶狠能够打破我们宪法中最强有力的约束，如同鲸鱼穿破渔网一样。我们的宪法是为一个有道德、有宗教的民族而制定的，它完全不适合非同此类的政府。"约翰·亚当斯的这段话，出自斯坦福大学胡佛研究院 1997 年 11 月 1 日排版后的《自由社会的道德基础》第 5 页。

教会仍然在美国社会部门中发挥着巨大作用

尽管社会部门努力实现的公民权利并非医治后资本主义社会和后资本主义整体弊端的万应灵药，但可能是解决这些弊端的前提条件。它强化了作为公民权标志的公民责任，以及作为社区标志的公民自豪感……不同的社会和不同的国家当然会有不同的社会部门结构。比如在西欧，教会不太可能像在美国这个以基督教为主的国家里一样发挥那么大的作用……但是所有发达国家都需要一个由社区组织构成的自治、自我管理的社会部门，以便提供必要的社区服务，而最重要的是恢复社区的纽带功能，让人们感受到积极的公民意识。在历史上，社区是自然产生的。而在后资本主义社会，社区却是必须要去营造和构建的。

彼得·德鲁克，《后资本主义社会》，1993 年，第 9 章

实践—提示

你相信是美国的社会问题决定了其经济问题吗？为了使社会向更加健康的方向发展，你能够做出什么贡献？你害怕批评吗？还是相信遭到批评是做必须做的事情所付出的公平的代价？

非营利组织和牧养型教会都肩负着"让生活变得更美好"的使命。德鲁克还认为，在美国"从社区的机会和问题中取得成功，与宗教信仰——基督教的信仰，这两者之间有很强的相关性"。[32] 普特曼和坎贝尔的研究也证明了这一点。在公民活动和宗教活动中帮助他人的同时，我们践行了犹太—基督教"爱你的邻居"这一戒律。在帮助解决某一社会问题时，你怎样才能使自己有用并且有效呢？

哈佛大学社会学家罗伯特·普特曼和圣母大学政治学家大卫·坎贝尔收集了大量的实例证据，证明了德鲁克明确提出的观点——美国人宗教信仰和参与宗教活动之间的相关性。他们发现："通常，有更多朋友的人相比与社会隔绝的人更愿意给予，更愿意参加志愿服务和公民活动。从这个意义上讲，朋友群对于参与公民活动起着重大的作用，其部分原因是朋友们很可能会相互询问。可是，虽然有宗教信仰的人确实比没有宗教信仰的人有更多的朋友，但是这个总体社交能力上的差别太小，不足以解释在慷慨、睦邻关系和参与公民活动等方面宗教信仰体现的巨大优势。"你觉得他们观察到的现象符合你和你的朋友吗？

你如何能够充分利用你的社交和宗教活动，以提升你对公民活动的参与度呢？

警句

- 社会需求的增长将表现在两个方面。首先是传统意义的**慈善**领域：帮助贫困、残疾、无助或受难的人们。另外，旨在**改变社区**和**改变人**的相关服务领域，增长将更为迅猛。在转型期，有需求的人数总是会持续增加。

- 在过去 40 年中，美国所有试图通过政府行为解决社会问题的项目都没有取得突出的成果，但是独立的非营利组织反而**已经**取得了骄人的成绩。
- 尽管社会部门努力实现的公民权利并非医治后资本主义社会和后资本主义整体弊端的万应灵药，但可能是解决这些弊端的前提条件。

注释

31. 教育政策中心，"私立学校在学术上优于公立学校吗？" 2007 年，第 6 页。
32. 德鲁克与班福德的录像笔录，1998 年 8 月。

第 17 周
A Year with Peter Drucker

美国面临艰难的转型期

引言

在德鲁克生命的最后阶段,看着美国和世界其他文明国家面临的难题,他变得悲观起来。首先是由于实力的天平偏离美国所导致的动荡。一些国家作为经济强国开始崛起,再加上南美和欧盟的新经济贸易联盟,这些因素正在改变着世界经济和军事格局。此外,恐怖主义、环境污染等全球性重大问题,还必须依靠政府之间稳定的联盟和有效的合作才能解决。对美国的公民和组织来说,这将意味着局势大变。由此带来的新的经济、军事和安全问题,必须由个人、机构、美国政府以及各国政府之间的有效联盟来共同应对。

这个转变已经发生在我们周围,我们面临的挑战在于要认清这个转变,并且开始在各个层面制订解决方案。

阅读

汤姆·艾希布鲁克⊖

"世界在走向何方"这个问题令很多人感到不安。你觉得世界在往哪个方向发展?

彼得·德鲁克

嗯,我认为一个人如果不是对世界视而不见、充耳不闻,就一定会对世界的走向感到不安。我们从18世纪继承下来的对于进步的信条已经不复存在,西方主宰世界的信条也正在消失。新兴的大国——中国和印度——无论怎样想象也算不上西方,而且它们也不会像150年前的日本那样自我西化。我们无法理解这个新世界。我们不知道欧盟将会成为一个关系较为紧密的联盟,还是只保持一个松散的联合体。

我们不知道南方共同市场⊜(拉丁美洲的"欧盟")的走向。与拿破仑战争⊜之前的18世纪相仿,我们正处在一个彻底转变的时代。我们非常明白,世界不会再由任何单一的超级大国主导。这对美国人来说很难接受。大多数美国人还在用20世纪60年代的观点看世界,即美国是唯一的强国,也是唯一运行良好的经济体。今天,欧盟比美国大,中国正在努力建立一个在制造和消费两方面都超过美国的自由贸易区。因此,美国人必须认识到将会有一个非常不同的世界,一个**不同的价值体系**必须共存的世界。在那个世界中还会有西方的产品和西方的竞争力,但连接的纽带将是信息,而不是强权。这

⊖ 汤姆·艾希布鲁克(Tom Ashbrook),美国全国公共广播电台(NPR)"On Point"节目主持人。——译者注

⊜ 南方共同市场(MERCOSUR),由巴西、阿根廷、乌拉圭和巴拉圭4个成员国以及智利和玻利维亚两个联系国组成,是南美地区最大的经济一体化组织,也是世界上第一个完全由发展中国家组成的共同市场。——译者注

⊜ 拿破仑战争(1803~1815年)。——译者注

就是世界的走向。今后大约 30 年会是一个艰难的转型期。

"管理大师彼得·德鲁克",全国公共广播电台 NPR 波士顿台
2004 年 12 月 8 日

思考

- 当我们正在亲历这个动荡的年代时,与其试图预测全球各种势力的较量结果,不如努力去创造我们自己的未来。无论如何,我们都要在努力创造自己未来的同时,密切关注并直面德鲁克描述的新现实。本周将对此进行说明。

变革的引领者

"成功管理变化的最有效的方法就是去创造变化。"

我们不可能管理变化,我们只能走在变化的前面。处在我们目前这样的剧变年代,变化是常态。毋庸置疑,变化会有痛苦,也会有风险,更需要我们做大量艰苦的工作。但是,组织机构如果不以**引领变革**为己任,就根本无法生存。在快速的结构变化中,唯有**变革的引领者**才能得以生存。变革引领者将变化看作机会。他主动寻求变化,不仅知道如何去发现正确的变化,还知道如何让这些变化在组织内外都产生效果。创造未来的风险很高,但是不去努力创造未来的风险更高。在尝试创造未来的人中,不成功的肯定会占相当的比例。但实际上,不去尝试的人根本就没有机会成功。

彼得·德鲁克,3 月 1 日,"变革的引领者",《德鲁克日志》,2004 年

- 今天,信息技术使得你几乎瞬间就可以获取全球范围内的知识。关于外部环境的信息——行业的、国家(包括监管机构)的、国际的——可能是管理者赖以成功,特别是在动荡时期赖以成功的最重要的信息。但是企业不应该仅仅收集这些数据,还必须整理出它们所需的信息,

并从现有的众多工具中选择出符合组织需求的工具。需要跟踪的最重要的信息，是那些与组织运营有关的各种环境因素，其中包括竞争产品及替代品的价格和质量、影响流程和产品产生的技术、竞争中的创新途径，以及所在国家的相关法规。

动荡：威胁还是机会

"天降吗哪[一]时，有人撑起雨伞，有人拿出一把大勺。"

管理者必须审视自己的任务并自问："为了防范危险、抓住机会，尤其是应对变化，我必须做好什么样的准备？"首先，此时一定要确保组织机构足够精简，并且能够迅速行动。因此，必须进行有系统的放弃、抛弃不合理的产品与活动，同时确保真正重要的任务能获得足够的支持。其次，管理者必须学会用好最昂贵的资源——**时间**，尤其是在那些时间是人们**唯一**资源的领域，比如重要的高薪人群，像研究人员、技术服务人员和所有的管理者，而且每个人都必须设定生产率的提升目标。再次，管理者必须学习管理成长，并学会区分成长的不同类型。如果伴随着成长，你的所有资源的生产力提升了，那就是健康的成长。最后，人才的开发和培养在未来将更加至关重要。

因此，对管理者的要求会不断提高，但是机会也将不断增加。这些要求带来的是机会还是威胁，将取决于你的能力。提升自己的管理能力才能成功。

彼得·德鲁克，3月8日，"动荡：威胁还是机会"，《德鲁克日志》，2004年

- 1991年，乔治·布什总统为了反击伊拉克入侵科威特而召集的主权国家联盟，或许正是我们防止核扩散、打击跨国恐怖主义和应对环境恶化所需要的模式。这些领域的问题显然不能依靠市场力量，或者仅靠某一个主权国家来解决。

[一] 吗哪（manna）：《圣经》故事所述，古以色列人经过荒野所得的天赐食物。——译者注

跨国需求：环境与恐怖主义

对真正的跨国机制的需求正在不断增长……这些机制能够……跨越国家间的统治壁垒，直接影响所在国的公民和组织，在广泛的领域内做出决定并采取行动……首先是环境。防止破坏性污染肯定需要采取局部行动，但对环境威胁最大的不是局部污染……最大的威胁是对人类栖息地、大气、堪称地球之肺的热带雨林、地球上的海洋、水资源、空气——对这些全人类赖以生存的环境的破坏……仅次于环境的，是要阻止私人军队的复活和根除恐怖主义，这方面对跨国行动及其机制的需求也在不断增长。1991年冬春对伊拉克的军事行动可能就是一个开端……在有记录的历史中，这实际上是第一次，几乎所有国家联合行动，打击伊拉克对科威特入侵所代表的恐怖主义。

彼得·德鲁克，《后资本主义社会》（1993年），2009年，第7章

实践—提示

彼得·德鲁克所指出的正在影响着美国的这些挑战和变化，将对你和你所在的组织产生什么影响？

你能否预期在未来五年中，你的组织将面临的最大的变化和挑战来自哪里？如果它们真的发生，你准备好从这些变化和挑战中取得成功的替代策略了吗？

为了提升自己应对动荡时期的管理能力，你正在采取什么措施？

你的组织机构足够精简吗？它能迅速行动以应对变化吗？

你有没有一个成系统的、放弃的计划去摆脱那些没有生产力的项目？

你把最有能力的人才用于最具前景的新机会了吗？

你在用什么措施来持续地发展和培养人才？

警句

- 我认为一个人如果不是对世界视而不见、充耳不闻,就一定会对世界的走向感到不安。我们从 18 世纪继承下来的对于进步的信条已经不复存在,西方主宰世界的信条也正在消逝。
- 成功管理变化的最有效的方法就是去创造变化。
- 天降吗哪时,有人撑起雨伞,有人拿出一把大勺。
- 为了防范危险、抓住机会,尤其是应对变化,我必须做好什么样的准备?
- 对真正的跨国机制的需求正在不断增长……1991 年冬春对伊拉克的军事行动可能就是一个开端……在有记录的历史中,这实际上是第一次,几乎所有国家联合行动,打击伊拉克对科威特入侵所代表的恐怖主义。

| 第 18 周 |
A Year with Peter Drucker

社会和个人的重大转型期

引言

1980年罗纳德·里根竞选美国总统时，曾在克莱蒙特大学的洪诺德图书馆前进行竞选活动。作为两任加州州长，他对克莱蒙特大学并不陌生，此前他也曾多次以不同的身份来到这所大学。

竞选活动现场聚集了大批学生，大部分是想来嘲笑这位共和党候选人的。里根让他们哄闹了一段时间，然后突然发表了一段令人难忘的演讲，这段演讲使人群迅速安静了下来。他说他的确是在很早之前上的大学，属于另一代人。他回忆道，在他那个时候，学生没有电视、电脑，也没有其他娱乐设施和让人省力的设施，他们也没有目睹太空探索、美苏太空竞赛，以及1969年阿姆斯特朗的月球漫步。在他上大学的年代，人们甚至都无法想象会有这么便利的设施、取得那么大的成就。他停顿了一下，接着说："我们这一代人虽然不曾拥有这些东西，**但是我们发明了它们**。"学生们顿时一片寂静。之后，他的讲演再也没有被打断过。

阅读

我认为我们正处在一个重大的转型期，我们需要发展出很多新的东西——不仅需要新的结构、新的组织，更需要全新的观念、全新的看待世界的方式，以及个人、组织和国家之间全新的相处方式。我曾尝试为我们的时代寻找历史上相似的阶段，我发现了两类标记。大约在新教改革运动㊀的10年前，1506年，达·芬奇移居法国，他的一个侄子写信给他说："亲爱的叔叔，给我讲讲你出生的时候世界是什么样子吧。"当时达·芬奇50岁。他回信说："亲爱的侄子，1460年以后出生的人，几乎不可能理解我出生时世界的样子。"

现在是1992年11月，我们也已经到了这样一个历史节点：如果我们尝试给一个聪明的十七八岁的年轻人解释第二次世界大战以前的世界是什么样子，他会愿意相信还有一个没有电视机的世界吗？他肯定也不可能相信有过一个没有橡皮筋的世界吧？如果你现在80岁，你就知道曾经有过一个没有橡皮筋的世界，但对他说来这很难想象。我们也曾有过没有电视机或其他一些东西的世界。

大概一个8岁的孩子会比18岁的年轻人更难想象一个没有电脑的世界。那是一个不同的世界，而这些还只是外在的东西。我认为我们正处在一个具有巨大不确定性和危险的时代。在上次大选中，有一些积极帮助布什竞选的朋友找到我说："请给我们解释一下，经济现在不错，比好多其他经济体都好。"这的确属实，"但大家还是很担忧，为什么？"我回答说："哦，因为他们比你们略微聪明一点。"使大家担忧的是不确定性，是你脚下的大地在摇晃，而你却不知道是应该退回去，还是应该径直迈过去的那种感觉。它和经济数据关系不大，而是感觉……你所衡量的东西不再有意义了。

㊀ 新教改革运动（Protestant Reformation）：开始于欧洲16世纪基督教自上而下的宗教改革运动，该运动奠定了新教基础，同时也瓦解了罗马帝国颁布基督教为国家宗教以后由天主教会所主导的政教体系，为后来西方国家从基督教统治下的封建社会过渡到多元化的现代社会奠定基础。

没有什么比这更令人恐惧的了,我想我也没能说服他们。这是一个很危险的时期,一个蛊惑人心的政客非常活跃的时期。这又是一个令人兴奋的时期,一个无论是个人、大大小小的组织,还是各个国家和政府,其所作所为都真正具有重要影响的时期。因此,我认为这是一个非常危险、非常令人不安,然而又是一个非常令人兴奋的时期。

彼得·德鲁克,对德鲁克非营利基金会顾问委员会的讲话,1992 年 11 月 8 日

思考

- 重要的是要坚持经过时间考验的价值观和制度体系,在目前我们正在经历的经济和社会动荡变化中,它们将起到引领作用。

转变

在西方历史上,每隔几百年就会经历一次剧变。我们正在跨越一个我在以前出版的书(《管理新现实》,第 1 章,1989 年出版)中提到的所谓的"分水岭"。在短短几十年内,社会重新自行调整——它的世界观、基本价值观、社会和政治结构、艺术以及重要的制度。50 年之后就是一个新的世界了。那时出生的人们将无法想象他们的祖父母曾经生活过,而他们自己的父母生于其中的那个世界。我们现在所经历的正是这样一个转变,它正在创建后资本主义社会。

彼得·德鲁克,《后资本主义社会》,1993 年

- 如果你发自内心地对一个或几个社会部门的组织感兴趣,这将帮助你应对知识型社会的竞争压力,帮助你在我们正在经历的转变中找到方向。

知识社会中成功的代价

"知识社会中弥漫着对失败的恐惧。"

知识社会里向上发展需要付出高昂的代价：激烈竞争带来的心理压力和情感创伤。只要有赢家，就一定会有输家，这种情况在过去的社会中是看不到的。

日本的年轻人患有睡眠缺乏症，因为他们为了通过考试，晚上都去上强化训练的补习学校，否则他们就无法进入心仪的顶尖大学，更无法找到一份好工作。其他的国家，比如美国、英国、法国也允许学校进行激烈的竞争。这些都仅仅是在短短三四十年间发生的，这个现象表明在知识社会中，人们是多么害怕失败。因为竞争如此激烈，越来越多相当成功的知识工作者——企业的管理者、大学老师、博物馆馆长、医生——在40多岁时会进入"停滞期"。如果工作就是他们的全部，那么此时他们就会陷入困境。因此，知识工作者需要在他们的本职工作以外发展真正的兴趣。

彼得·德鲁克，《下一个社会的管理》(2002年)，2011年，第15章

企业中决定性的资源是知识

结果和资源都不存在于企业的内部，两者都存在于企业的外部……成果并不依赖于企业内部的任何人或者企业能够掌控的任何事情，而是依赖于企业外部的人。企业努力所产生的是经济成果，还是一堆废品和垃圾，总是由企业外部的人来决定的。对于企业唯一的一项独特的资源——知识——来说，也是一样。其他的资源，比如金钱或者设备，并不能赋予企业任何独特性。真正让企业具有独特性、成为企业特有资源的，是它运用各种知识的能力——从科学和技术的知识，到社会、经济和管理的知识。企业只有运用知识才能与众不同，也才能生产出对市场有价值的东西。但是知识并非某一个企业的资源，它是全社会共享的资源，任何时候它都不可能被据为私有。"一人能做之事，众人皆可效仿"是一个古老而深刻的智慧。因此，就像成果一样，知识这个唯一的决定性资源同样也在企业的外部。实际上，可以这样定义企业的经营：它是一个把外部资源（知识）转化成外部成果（经济价值）

的过程。

彼得·德鲁克,《成果管理》(1964年),2014年,第1章

- 一个组织运用各种类型的知识——技术的、社会的、经济的、道德的、人文的——通过员工生产产品、提供服务,向客户交付经济价值。因此管理显然不仅仅是技术,它是一种博雅艺术。
- 年轻人的迫切需求是掌握市场需要的技能——因此教育需要强调技术。但是管理者的任务,尤其是在转型期特别重要的任务,是在保持他们自己专业性的同时,整合自己管理所需要的所有知识。为了让管理有效,他们必须对自己和他人都有相当多的了解。

管理和博雅艺术

"管理是一门博雅艺术[⊖]。"

管理是一种过去传统上称为博雅的艺术,之所以称其为"博雅",是因为它涉及知识的基本原理,涉及自我认知、智慧和领导力;之所以称其为"艺术",是因为管理涉及实践和应用。管理者会运用所有人文科学和社会科学的知识及真知灼见,包括心理学、哲学、经济学、历史学、自然科学和伦理学。但是他们必须把这些知识聚焦于有效性和成果上——聚焦于如何治愈病人、教导学生、建造桥梁、设计和销售"方便用户"的软件上。

彼得·德鲁克,《管理新现实》(1989年),2009年,第15章

- 知识型社会的到来,是导致美国社会收入不均和不确定性的因素之一。它正在造就赢家和输家,创造机会与危险。持续学习和继续教育是在知识经济里赢得竞争和取得成功的前提。因此,这样的社会转型的确既令人兴奋又令人不安。

⊖ liberal art 多数翻译为人文科学。德鲁克认为:管理,在德语中称为"社会科学"(geisteswissenschaft),尽管"道德科学"可能是这个不大容易懂的术语的一种更为贴切的翻译。实际上,较为老式的术语**博雅**倒可能是最好的一个术语。——机械工业出版社,《现代管理宗师德鲁克文选》英文版,第104页。——译者注

- 在与乔治·哈里斯的一次访谈中，德鲁克建议，我们要担当起管理自己职业生涯的责任，而不是依赖任何组织机构来为你设计和管理你的职业生涯。

为自己的职业生涯负责

不仅向上爬的梯子已经不复存在，连原本在行业中隐含的层级的绳梯都没有了。眼前你看到的更像是一团藤蔓，你要自己带上镰刀。你不知道下一步将做什么，也不知道你会坐在一间私人办公室，还是在一个巨大的露天竞技场，甚或根本不需要走出家门。但是你必须承担起认识自己的责任，这样才能随着你个人的发展，以及当家庭成为你的价值观和选择的影响因素时，找到适合自己的工作。

乔治·哈里斯，"后资本主义时期的管理者：德鲁克访谈"，《哈佛商业周刊》，
1993 年 5 月，原版第 114～122 页

实践—提示

在从事自己喜欢、能够充分发挥自己长处的活动时，我们通常都会做得很好。因此，你要继续在能给你带来激情的领域内不断地运用和开发你的特长，通过系统的继续教育计划，时刻关注你所在领域的最新进展。

在本职工作之外，培养一个与工作没有竞争的爱好，你能通过这一爱好为某个社会组织的使命做出贡献，也能从中发展自己的才干。了解某个社会部门组织的使命和价值观，能够让你用"全新的视角"来观察你所在行业的人和工作。

在开发自己人力资本的同时要把握好自己的职业生涯。你的职业生涯多半会比你正在服务的机构寿命更长，所以你仍然可以争取留在原机构，但同时也要做好必要时离开的准备。

知识正在变得更加专业化。当知识的分支越来越细，你要努力了解同事的知识领域。弄明白哪些事情是你在自己知识领域内所做的，但可能对同事的工作有影响的，这些你都要向他们说清楚；同时还要明白你的同事在做的事情，哪些会对你的工作产生影响，也要向他们打听明白。这就是你与同事之间应该交流的信息。不过，我得警告你：这件事做起来比听上去要困难得多，因为每个领域往往都有一些只有业内人士才能理解的术语。因此，你在讲到自己专业领域的时候，一定要简明扼要，以便使其他领域中聪明的知识工作者也能理解。同时，请要求向你提供信息的同事，也用这样的方法对你讲解他们的专业。

警句

- 我认为我们正处在一个重大的转型期，需要发展出很多新的东西——不仅需要新的结构、新的组织，更需要全新的观念、全新的看待世界的方式，以及个人、组织和国家之间全新的相处的方式。
- 我认为我们正处在一个具有巨大不确定性和危险的时代。……使大家担忧的是不确定性，是你脚下的大地在摇晃，而你却不知道是应该退回去还是应该径直迈过去的那种感觉。
- 这又是一个令人兴奋的时期，一个无论是个人、大大小小的组织，还是各个国家和政府，其所作所为都真正具有重要影响的时期。
- 知识社会里向上发展需要付出高昂的代价：激烈竞争带来的心理压力和情感创伤。
- 可以这样定义企业的经营：它是一个把外部资源（即知识）转化成外部成果（即经济价值）的过程。
- 管理是一种过去传统上称为博雅的艺术——之所以称其为"博雅"，是因为它涉及知识的基本原理，涉及自我认知、智慧和领导力；之所以称其为"艺术"，是因为管理涉及实践和应用。
- 不仅向上爬的梯子已经不复存在，连原本在行业中隐含的层级的绳梯都没有了。眼前你看到的更像是一团藤蔓，你要自己带上镰刀。

| 第 19 周 |
A Year with Peter Drucker

找出已经发生的未来：美国正在发生的社会和人口结构的变化

引言

1991年1月29日和1991年6月15日，德鲁克和班福德召集了两次会议，目的是识别和充分利用美国正在发生的**社会和人口结构的变化**。汤姆·帕特森是一位曾与德鲁克、华理克及班福德合作的战略规划顾问，他请德鲁克讲一讲美国正在发生的变化趋势。

这是一项"找出已经发生的未来"的练习。这个练习本身，就是德鲁克的社会生态学方法的实际应用。德鲁克在授课、咨询和写作中，经常运用这个方法。社会生态学的方法论，以及德鲁克识别出的具体趋势，对于建立战略规划的假设非常有用，而这也正是这两次会议的目的。

德鲁克先是概括了会议期望达成的结果，然后开始指出人口结构的变化趋势，这些趋势可能不仅会影响牧养型教会，而且会影响美国所有的组织。

阅读

我认为这些会议的最终结果是为组织机构提供一个规划指南，我觉得这不仅是一个绝好的主意，而且是组织迫切需要的。我所知道的指南，一般只是做出被动反应，而非主动行动，当一个组织快速发展时经常是这样做的。

要找出已经发生的未来，总是从**人口结构**开始，这是唯一可靠的、没有太多争议的地方。如果你仔细观察 10～15 年——我认为这可能是一个人能够看到人口结构变化的最长时间段了——你就会发现，在过去二三十年里不参与教会活动的人数一直在增加。

我想你可以看看这一个机会：现在很多年轻人搬到城市或者市郊。对一位面向青年人的牧养型教会的牧师来说，这个年龄段的人很容易感到迷茫，他们需要一种"觉醒"（用这个词最合适）。第二个要看到的是将有越来越复杂的种族构成。人口增速最快的已经不是非裔美国人（他们的增长已经很有限），而是**拉丁裔和亚裔**。**不仅在南加州这个地区，而且在整个国家都是这样，我认为这将会带来相当大的冲击**。在人口结构上，还应该注意的是：有一群人曾经是促进牧养型教会发展的主要推动者，而如今他们正**逐渐老去**。我认为这些都**必然会发生**。你能感觉到这将是全球性的动荡时代。

德鲁克-班福德-华伦-帕特森对话，1991 年 1 月 29 日及 1991 年 6 月 15 日

思考

- 识别正在出现的趋势不同于试图预测未来。前者不做精确的预测，而是关注其方向和模式。社会生态学家尝试从正在出现的趋势中辨别出模式，并把流行的时尚与真正的变化区别开来。因此，社会生态学家的工作与未来学家完全不同，未来学家是试图在没有确凿证据的情况下去预测未来的。

- 管理者可以利用新出现的趋势，为他们的组织创造一个新的未来，从而在快速变化的时代赢得竞争优势。这是主动的响应，而不是被动的反应。

识别未来

"重要的事情是识别'已经发生的未来'。"

未来学家总是根据他们预测的事件有多少成为现实，来衡量他们预测的平均成功率。那些已经发生的、非常重要的，但是他们并没有预测到的事情，从来不在他们的计算范围之内。他们预言的每一件事都有可能发生。然而，对于那些刚刚出现的最有意义的现实，他们却可能并没有找到，甚至更糟糕的是，他们根本就没有注意到这些情况。当然，在预测中，无法避免这种偏差，因为重要的和独特的方面都是由于**价值观**、**观念**和**目标**发生变化所带来的结果，这些只可领会，不可预测。

但是，管理者更重要的工作是识别已经发生的变化。在社会、经济和政治上的主要挑战，是如何利用已经发生的变化，并把它们当作机会。重要的是如何识别"已经发生的未来"，并发展出一套有效的方法，去认识和分析这些变化。在我1985年出版的《创新与企业家精神》一书中，有不少关于这个方法论的内容，里面详细阐述了我们如何系统地研究社会、人口结构及其意义、科学和技术等诸多方面的变化，并将其看作创造未来的机会。

彼得·德鲁克，1月2日，"识别未来"，《德鲁克日志》，2004年

- 德鲁克所提到的方法，包括搜寻创新机会的7个"窗口"，并选择其中的一项或多项，作为创新战略进行实施。创新的7个来源是：①意料之外的成功或失败；②不协调现象；③程序的需要；④行业或市场结构的变化；⑤人口结构的变化；⑥认知的变化；⑦新知识。在德鲁克1985年出版的《创新与企业家精神》中，这7个来源是第3～9章

的主题。德鲁克所使用的方法，包括了从这些来源中寻找创新的机遇，并根据已经发生的变化做出推断。这样，他就能够识别"已经发生的未来"，即已经发生但还没有被人充分认识的变化。德鲁克 1969 年的著作《断层时代》于 1992 年再版时，他在导言中写道："这本书初次出版的时候，它的每一个断言都是全新的，与那个时代公认的常识完全相反。然而读者的反应却是：'当然了'，而且至今他们还都这么认为。这正是社会分析所期望的反应，也是分析得到认可的反应……每一本经得住时间考验的社会分析类书籍——不管是马克斯·韦伯[一]，还是托斯丹·凡勃伦[二]的著作，都具有这种既是全新的，又是'当然了'的双重特点。"

- 人口结构的变化趋势既有用又可以预测，因为根据当前的年龄分布情况，就能够预测未来年龄分布对消费模式的影响（比如，新家庭的形成会影响住宅和其他耐用消费品的购买）。

人口结构变化的影响最容易预测

在所有的外部变化中，有关人口结构的变化，包括人口数量、年龄结构、人口组成、就业情况、教育状况以及收入情况等，最为清晰、明确，其影响也最容易预测。人口结构的变化，会对"谁会买、买什么以及买多少"产生重大影响。而且，这种变化是已知的，你几乎可以准确预测它们发生的时间……在发达国家，所有将在 2030 年达到退休年龄的人，现在都已经加入劳动力大军，并且绝大多数会留在本行业，直至退休或者去世。

彼得·德鲁克，《创新与企业家精神》，1985 年，第 7 章

[一] 马克斯·韦伯（Max Weber，1864—1920），德国著名社会学家、政治学家、经济学家、哲学家。——译者注

[二] 托斯丹·凡勃伦（Thorstein Veblen，1857—1929），美国经济学家，制度经济学鼻祖。——译者注

- 在描述已经发生的未来时，社会生态学家就应该讲得这样清晰，让读者以他的"常识"就能理解。社会生态学家的目的是行动，也只有当那些应该采取行动的人理解了这些已经发生的未来，他们才会采取行动。

社会问题将主导今后的二三十年：《商业2.0》杂志主编杰姆斯·戴利的采访

戴利：《断层时代》是你具有重大影响力的著作之一。在这个变化越来越快的时代，如果今天你要重写这本书，你会写什么？

德鲁克：我会更多地强调人口结构……在过去四五十年中，经济占据主导地位。在今后二三十年里，社会问题将成为主导。老年人口在快速增长，同时青壮年人口迅速减少，这些都意味着将会产生社会问题。

彼得·德鲁克，《下一个社会的管理》（2002），2006年，第5章

- 现在普遍认可的说法是，德鲁克的《公司的概念》（1946年）一书把管理确立为一个学科。这本著作的内容源自对通用汽车的策略和组织结构一项为期两年的研究。阿尔弗雷德·斯隆《我在通用汽车的岁月》一书于1990年出版时，德鲁克在导言中向斯隆致谢。他说斯隆"可以当之无愧地感到自豪，他第一个在大型公司里研究出了系统化组织、规划和战略、业绩衡量、分权式管理原则——简而言之，研究出了管理这个学科的基本概念"。德鲁克做了研究，并在研究中发现了新的知识。之后在1946年出版的《公司的概念》及1954年出版的《管理的实践》中，德鲁克创造性地界定了管理学的原理与实践。其中大部分，已经在他曾提供咨询服务的两家公司——通用汽车和通用电气——普遍运用。这也证明了下面的观点："实践先行""理论是新现实的条理化"。

实践先行

"理论是新现实的条理化,而极少能创造新的现实。"

无论是政府、大学、商业机构、工会还是教会,决策者在做出当前的决定时,都需要考虑**已经发生的未来**这个因素。为了做到这一点,他们需要了解发生了哪些不符合当前假设的事件,从而去创造新的现实。

知识分子和学者往往认为,首先是出现了一种新的理念,然后才会导致政治、社会、经济、心理等方面出现新的现实。这种情况确实有,但只是例外。一般来说,理论不会先于实践而发生。理论的作用,是把已经验证的实践加以归纳整理;是把孤立的、"非典型的"事物,从例外转变为"规律"和"系统",因而成为可以学习和传授的东西,更重要的是,转变为可以普遍应用的东西。理论只是把新的现实条理化,而极少能创造新的现实。

彼得·德鲁克,《新现实:政府与政治、经济与企业、社会与世界》,
再版前言,2003 年,第 9~10 页

实践—提示

德鲁克看到了环境中不断发生的、剧烈的变化,这些变化会为组织带来挑战和机会。现在,我们正面临这些变化。它们为你的组织创造了哪些机会,又为你自己创造了哪些机会?

变化之一,是千禧年之后成熟起来的年轻人大幅增加——他们被称为千禧一代。原来推动组织发展的主力军正逐渐老去,这些人大多是出生于第二次世界大战之后婴儿潮时代⊖的人。这些代沟将会对你的组织产生什么影响?

正如德鲁克所预言,我们目前正在经历一个全球范围的动荡。如果你不能把其中的一些变化转化为机会,你和你的组织就可能在这个动荡中变得不

⊖ 婴儿潮时代指的是于第二次世界大战之后(1945~1960 年)出生的人。——译者注

堪一击。你要采取什么措施，才能使动荡变得有利于自己？

正如德鲁克在他的著作《创新与企业家精神》中所说的，为你的组织寻找创新机会的来源。寻找"已经发生的未来"，并把它转化为创新的机会。如果这样做，你就能够成为变革的引领者，使得你和你的组织在竞争中立于不败之地。

警句

- 重要的事情是识别"已经发生的未来"。
- 在社会、经济和政治上的主要挑战，是如何利用已经发生的变化，并把它们当作机会。
- 在所有的外部变化中，有关人口结构的变化，包括人口数量、年龄结构、人口组成、就业情况、教育状况以及收入情况等——最为清晰、明确，其影响也最容易预测。
- 老年人口在快速增长，同时青壮年人口迅速减少，这些都意味着将会产生社会问题。
- 理论是新现实的条理化，而极少能创造新的现实。

| 第 20 周 |
| A Year with Peter Drucker |

找出已经发生的未来：教育的混乱

引言

2009 年夏天，我有幸拜会了诺贝尔奖获得者肯尼斯 G. 威尔逊（Kenneth G. Wilson）⊖和他的同事康斯坦斯·巴斯基。威尔逊在 1988 年离开康奈尔大学后，对于把德鲁克的系统创新理论应用于教育产生了浓厚的兴趣。1988～2008 年，他在俄亥俄州立大学花了 20 年的时间，研究将学习理论应用于教育，希望建立一种新的教育范式。威尔逊与班尼特·戴维斯合著了《重新设计教育》（*Redesigning Education*）（师范学院出版社，纽约，1994 年）一书，呼吁在美国的学校里推行系统化的创新。

20 世纪 80 年代，玛丽·克雷曾与俄亥俄州立大学的教职员合作，她的著作《重建阅读计划：教师培训指南》（1993 年）销量超过 800 万册，对教育产生了巨大的影响。这本书帮助"重建阅读计划"⊜快速培养新的培训师和

⊖ 肯尼斯 G. 威尔逊（Kenneth G.Wilson）美国物理学家，因建立相变的临界现象理论，获得了 1982 年度诺贝尔物理学奖。——译者注

⊜ 重建阅读计划，开始于 20 世纪 70 年代，由新西兰教授玛丽·克雷设计，针对五六岁、阅读能力较低的一年级儿童进行短期干预，通过针对性的个别辅导，帮助他们将独立阅读和写作能力提升到同龄人水平。——译者注

教师，大大提高了该计划的执行力度。威尔逊把"重建阅读计划"看成是"意外的成功"的一个实例，这正是德鲁克在他的《创新与企业家精神》（1985年）中所谈到的7个创新机会之一。威尔逊和玛丽·克雷一起，把"重建阅读计划"传播到了整个北美，乃至全世界。

但是，威尔逊对美国教育机构的当权者感到失望，他认为他们忙于重启"阅读战争"⊖，并对证明有效的教育项目减少支持，从而阻碍了"重建阅读计划"的推广。

"重建阅读计划"的中心主旨是个别辅导。通过与威尔逊和巴斯基的交流，我才理解为什么德鲁克"聚焦于强项"这一观点正好切中个别辅导的核心。在德鲁克对美国教育体系的忧虑中，我看到了一缕曙光，本章将对此进行详细描述。后来，我根据威尔逊和巴斯基在俄亥俄州立大学的研究工作，又写了一篇专题研究报告——"德鲁克论学校改革"。[34]

阅读

可以非常肯定的第二件事是，很多我们（不仅限于美国，也包括其他发达国家）过去一直靠不断修修补补来对待的东西（从内城学校到卫生保健），可能将会"完全失控"。

我认为，不管你是否愿意，都不得不接受这个事实。可以预料，到这个时期结束时，我们现在努力所做的一切，会像过去10年中我们所做的修修补补一样，都将是无效的。我们也将不得不接受这样的事实——无论我们认为传统体系有多么差强人意，由于它仅聚焦于学习少数几个关键技能，在一定范围内，它还是可以发挥作用的。

如果在山中迷了路，你绝不会耍小聪明。你一定会尽力退回到你所知道的你最后离开正确道路的那一点上；我想你会看到，很可能会采用教育券⊖，

⊖ 阅读战争，指阅读中关于应该强调拼读还是强调整体语言的争论。——译者注
⊖ 教育券是指政府把教育经费折算成一定数额的有价证券发给学生。家长和学生可自主选择收费标准不同的学校就读，不足部分自己支付，不再受学区或学校类别的限制。——译者注

这就意味着更多的人会选择大型教会学校，而不一定会选择公立学校。[35]

所以，我想你会看到教育的混乱，因为现行的教育体制已经明显不能发挥作用了。

德鲁克-班福德-华理克-帕特森的对话，1991年1月29日，及1991年6月15日

思考

- 我们尝试过各种弥补中小学系统不足的项目——**一个也不能少，力争上游，核心课程计划**等。但这些项目并没有产生使一个国家能在全球经济中赢得竞争所需要的结果。《经济学人》杂志的智库收集并发表于2012年9月刊的数据表明，在39个国家及中国香港特别行政区的排行中，美国在认知能力（阅读、数学和科学）和受教育程度（读写能力和毕业率）方面名列第17，而香港在受教育程度一项排名第三。[36]

- "也许现在是让创业家根据我们对学习的了解来创办学校的时候了，而不是根据古往今来代代相传的那些老故事里的方法来办学了。"[37]

教育必须传授学习方法

"文化"传统上指学科知识，比如能做乘法运算或了解一点美国历史。但是知识社会需要的是对知识进行加工和处理——这个东西学校几乎没教过。**在知识社会里，人们必须学会如何学习**。事实上，在知识社会里，学科知识的重要性，可能远比不上学生继续学习的能力和愿意继续学习的动力。知识社会要求终身学习。因此，我们需要**学习方法**。

彼得·德鲁克，《管理》（修订版），2008年，第14章

- "重建阅读计划"是帮助有困难的一年级学生，使他们跟上同级的阅读水平，并在随后的几年里保持相应的年级达标水准。阅读当然是终身

学习所必备的基本技能。38

我们知道如何教授学习方法

实际上，我们确实知道（为了创建学习方法）需要做什么。事实上，在几百年甚至几千年的历史中，我们一直都在创造持续学习的动力和所需要的方法。优秀的艺术老师这样做；优秀的体育教练这样做；管理发展类文献中近来常常提到的那些优秀企业的"导师"也这样做。他们引导学生取得了连当事人自己都感到吃惊的成功，由此产生了兴奋和动力，特别是能够严格地、有章法地、坚持不懈地进行工作与实践的动力，这恰恰是持续学习所需要的。

彼得·德鲁克，《管理》（修订版），2008年，第14章

- 玛丽·克雷聚焦于以每个学生阅读水平的评估结果和个人优势为依据的个性化教学。她发现孩子在学习阅读时会遇到不同的问题，他们的学习模式也各不相同。为了使学生达到年级达标水平，并在随后的几年里保持相应的达标水准，老师必须学会如何"开启"这些模式。"重建阅读计划"为教授学习方法提供了一个成功的案例。

成就会激发新的成就

成就，不是指在不擅长的事情上做得勉强过关。能激发人的成就，是把原本擅长的事情做到极致。成就必须基于学生的优势——几千年前我们就知道这个道理……事实上，发现学生的优势，并将优势聚焦于成就，这是对教学目标最好的定义。这个定义源于最伟大的西方传统教师之一——圣·奥古斯丁⊖的"关于教师的对话"。

彼得·德鲁克，《后资本主义社会》，1993年，第10章

⊖ 圣·奥古斯丁（Saint Augustine of Hippo，354—430），天主教神学家，出生于罗马统治下的北非，中世纪早期被尊为教会权威神学家。——译者注

实践—提示

威尔逊和巴斯基在德鲁克去世前不久见到了他。威尔逊和巴斯基希望继续推进他们在中小学教育上的创新研究，并就此寻求德鲁克的建议。德鲁克与他们谈了一会儿教育的创新之后，把注意力转向威尔逊，就他在物理学方面的工作问了许多问题，这占了这次见面很大一部分时间。德鲁克是天才，也是一位谦逊的人，总是留意向同事和学生学习。他是一位成功的终身学习者，是一个谦虚、不断追求知识的榜样。请为你自己制订一个终身学习的计划吧。

从对"重建阅读计划"的研究以及大量其他的研究中，我们知道每个人都以不同的方式学习。但是，多数学校和大学的安排，却基于"只有一种正确的学习方法"这样的假设。这种假设并不存在。如果想做快速进步的终身学习者，就请留意找到对你最有效的学习方式。你也许可以从回答这个问题开始："对我而言，是读还是听能让我最有效地学习？"

弄清楚你的孩子或其他家庭成员是怎样学习的。要让他们知道，有效的学习是个性化的，否则就可能是折磨。

"重建阅读计划"实际上是一个辅导的过程。你的组织有导师制度吗？导师能不能有效地引导人们取得突出的成就、获得巨大的动力？从本周的学习中你学到了什么，可以使你和你的组织成为他人更好的导师？

警句

- 也许现在是让创业家根据我们对学习的了解来创办学校的时候了，而不是根据古往今来代代相传的那些老故事里的方法来办学了。
- **在知识社会里，人们必须学会如何学习。**事实上，在知识社会里，学科知识的重要性，可能远比不上学生继续学习的能力和愿意继续学习的动力。
- 能激发人的成就，是把原本擅长的事情做到极致。

注释

34. 彼得·德鲁克和约瑟夫·马恰列洛,《德鲁克经典管理案例解析》(修订版),案例49,"德鲁克关于学校改革的想法",哈珀柯林斯,纽约,1999年,第230～38页。

35. "在美国的28 000所私立学校中,超过19 000所是教会学校……在美国的教会学校中,天主教学校占大部分,大约8250所中小学,所有的宗教学校合起来是13 000所。"哈罗德G.安格,《美国教育百科全书》,第3版,InfoBase,纽约,2007,第230页。

36. 认知技能和教育素质的皮尔森指数,http://thelearningcurve.pearson.com/index/index-ranking,2013年12月16日浏览。

37. 德鲁克,《创新与企业家精神》,1985年,原著第110页。

38. "重建阅读计划在北美:一段具说服力的历史",北美重建阅读委员会,俄亥俄州哥伦布市,2000年,原著第8页。

| 第七部分 |
A Year with Peter Drucker

变革时代的组织管理

第 21 周　连续性与变革
第 22 周　系统地抛弃和创新
第 23 周　通过使命宣言凝聚组织
第 24 周　非客户市场调研的领先者
第 25 周　组织成长和变革中的相变

| 第 21 周 |
A Year with Peter Drucker

连续性与变革

引言

在华理克牧师的畅销书《标杆人生》(*The Purpose of Driven Life*,2002 年)出版以后,华理克和彼得·德鲁克在 2003 年 1 月 22 日进行了一场不同寻常的谈话。那段时间里,马鞍峰社区教会和一些同样提倡目标驱动的小型教会受到华理克的著作和"标杆人生 40 天计划"(40 Days of Purpose)的鼓舞,正快速成长。这种快速成长给教会管理带来了挑战,华理克就领导力和组织结构的发展等问题请教了德鲁克。

本周讲述面对快速成长所引致的组织和管理问题时需要采用的原则。这些原则包括:进行创新和变革;防止组织官僚化的自然倾向;传递核心价值观;开展良心活动,即那些关乎高标准和价值观的活动。

这些原则的实施应该有利于坚持组织的使命和价值观、保持组织的连续性,同时也促进变革。

阅读

华理克

彼得，多年前你曾教导我：快速成长的组织，其结构必须保持不断变化。没有永远适用的东西。我们的目的不会改变，但我们的方法和策略必须不断变化。一个成功的组织从开始下滑到变得平庸，其速度之快真是令人吃惊。

彼得·德鲁克

的确，组织不断地需要新东西，但同时也需要**连续性**。因为使命或目标保持不变，所以你需要那些坚持使命的人。但有时候你也需要彻底的**变革**。例如，早期的循道宗⊖（Methodism）是一个根本性的创新，因为它们与英格兰国教会完全不同，他们允许女性担任牧师。英格兰国教会认为女性应该少发表言论，多向教会捐款。所以当循道宗开始发展壮大时，吸引了很多低阶层的女性加入。但是当它发展成为一个大规模的运动之后，它想得到别人的尊重，不再用女性牧师。因为有些因循守旧的人看到女性牧师很不爽。他们最终不再使用女性，并在随后的20年内，变成了一个教派官僚机构。

理克，我不能预测你的未来。我只能说你将会成功地制造出新的问题。

德鲁克和华理克的对话，2003年1月22日

思考

- 一次，当我表示连续性和变革是相互对立的时候，彼得·德鲁克严肃地纠正了我。他大声说："不！它们是一个统一体！"后来我才发现，这正是他对组织和社会进行研究的核心理念，所以他才有这种超乎寻常的反应。连续性和变革的主题渗透在他所有的著作中。实际上

⊖ 循道宗（Methodism），又称卫斯理宗（Wesleyans）和卫理公会等，是基督教新教主要宗派之一。——译者注

从他最早的专题论文——1933年在德国发表的《弗里德里希·朱利亚斯·斯塔尔（Friedrich Julius Stahl）：国家与历史发展的保守主义理论》——就开始了。[39] 斯塔尔是19世纪中期的一个教会律师，试图为德国创造一个由多种组织组成的社会，以求在维护连续性的组织和促进变革的组织之间取得平衡。路德宗㊀是斯塔尔所信赖的维护连续性的机构；政府也是维护连续性的。而经济机构和大学都是为了促进变革而设计的组织。一直到第一次世界大战，斯塔尔都在努力为德国创建有效的组织型社会。

- 如果一个组织不进行**变革**，它也许会停滞不前并消亡，也就失去了**连续性**。因此，一个组织为了保持其连续性，也必须是变革型的。连续性和变革是一个统一体，而不是彼此对立的，这在一开始你可能感觉有点违反人的直觉，我也曾有过这种感觉。

平衡、连续性和变革

"正因为变化是常态，所以其基础必须格外牢固。"

变革和连续性是一个事物的两个方面，而不是对立的两极。越是能够领导变革的机构就越需要保持内部和外部的连续性，就越需要取得快速变革与连续性之间的**平衡**。……一个方法就是把**变革上的合作**当成**持续伙伴关系**的基础……要想维系变革和连续性之间的平衡，就需要在沟通上不断地下功夫。低质量或不可靠的信息是保持连续性和维护良好关系的第一杀手。对于每一个即使是最小的变化，企业也都必须要问："都有哪些人需要知道这个变化？"这需要成为一个惯例。这一点会变得日趋重要，因为越来越多的企业依靠不在**同一地点**的人们协同工作——人们依靠信息技术进行沟通并一起工作……最重要的是，在使命、价值观、对绩效和结果的界定等根本的问题上，企业

㊀ 路德宗（Lutheranism）是以马丁·路德的宗教思想为依据的各教会团体之统称。——译者注

都需要保持连续性。在能够引领变革的企业中，变革是一种常态，正是因为这个原因，它的基础必须格外的牢固。

最后，企业必须制定相应的薪酬、奖励和奖金制度，才能取得变革和连续性之间的平衡。我们必须认识到，组织对连续性也要进行奖励，例如，与真正的创新者相比，能够持续提供改进措施的人对组织同样有价值，同样值得认可和奖励。

彼得·德鲁克，《21 世纪的管理挑战》(1999 年)，2007 年，第 3 章

- 持续的逐步改善最终会带来巨大的变化。因此，组织应该发现并奖励那些持续改进性的活动。
- 在快速变革中保持连续性，需要与包括员工和供应商在内的所有主要利益相关者不断地沟通。管理者必须问这样的问题："这些变化必须要告知哪些人？"一个组织的变化越多，就越需要它的员工和供应商成为变革中的伙伴。
- 组织的规模越大，改变其方向所需的时间就越长，因此必须制订计划并且严格执行。

组织的敏捷性

"跳蚤可以跳得超过身高很多倍，但大象不能。"

大型组织不可能面面俱到。大型组织实现效率靠规模，而不是靠敏捷。规模能够让大型组织比任何个人或小型组织拥有更多种类的知识和技能。但是规模也有局限，一个组织，无论它的意愿如何，同一时间只能聚焦于为数不多的任务。即使是更好的组织或更"有效的沟通"也于事无补。专注是组织的法则。

然而，现代化的组织必须具有变革的能力，它应该具备引领变革的能力，也就是创新的能力。它要能够把稀缺和昂贵的知识资源从低效和无结果的领域转向能带来成就和贡献的机会上。但是，这需要有能力阻止浪费资源的活动。

彼得·德鲁克，《断层时代》，1969 年，第 9 章

- 组织中的变革可能会有两种形式：通过创新创造出新的财富，或通过把资源从生产率低的地方转移到生产率高的地方而创造出新的财富。把资源从低效领域转移到高效领域，要求管理者抛弃某些活动、产品或流程。
- 持续的竞争将导致行业的经济结构发生变化。约瑟夫·熊彼特（Joseph Schumpeter）所描述的[40]这个创造性的破坏过程，需要变革、持续的改进和创新，才能保证组织的生存："这是资本主义的内涵，也是每个资本者所关注和必须承受的。"这个过程在动荡时期会更加快速。官僚、变化缓慢的组织通常会成为创造性破坏过程的牺牲品。

动荡时代的管理

如果用一句话贯穿本书的要义，那就是"不要自作聪明，要认真负责"。

预测未来只能给你带来麻烦。你的任务是要管理现有的，创造可能的和应有的。没有灵丹妙药……没有快招。本书只是在问"什么事情必须要做"，主控词是"必须"。管理者并不比其他人更有能力控制宇宙，但是他们要为自己所掌管的组织的生存、绩效能力和结果负责。

彼得·德鲁克，《动荡时代的管理》（1980 年），2006 年，前言

实践—提示

组织的未来不会像它的过去或者现在一样。变革是不可避免的，尽管变革的方向或许难以预测。因此，你的任务不是预测未来，而是着手创造给未来客户的新产品、新流程和新服务。你是否已经有了创造"新"未来的策略？

你的组织所面临的变革越大，就越需要强有力的价值观。你的价值观是否足够有力，即便在快速变革的时期也能保持组织的凝聚力？

你的组织越是依靠不在同一地点的人们协同工作，你越是要确保他们完

全了解可能影响他们的任何变化。你是否与组织内外的关键人员保持连续不断的信息沟通？

成为一个变革的领导者并尝试创造未来是有风险的。但是倘若你和你的组织无所作为、任由竞争对手超越，则风险更大。基于这样的现实，你和你的组织打算怎样做呢？

警句

- 的确，组织不断地需要新东西，但同时也需要**连续性**。因为使命或目标保持不变，所以你需要那些坚持使命的人，但有时候你也需要彻底的**变革**。
- 正因为变化是常态，所以其基础必须格外牢固。
- 一个大型组织通过它的规模来实现效率，而不是通过敏捷性。规模能够让大型组织比某个人或某个小组织拥有更多种类的知识和技能，但是规模也是一种限制。
- 预测未来只能给你带来麻烦。你的任务是要管理现有的，去创造可能的和应有的。

注释

39. 专题论文《弗里德里希·朱利亚斯·斯塔尔（Friedrich Julius Stahl）：国家与历史发展的保守主义理论》已经被 Martin Chemers 翻译成英文，它发表在 Society, Vol. 39, Issue 5, July/August 2002, p.46。英文版请见 http://www.druckersociety.at/files/p_drucker_stahl_en.pdf, 2013年12月16日浏览。
40. 约瑟夫·熊彼特（Joseph Schumpeter）用一个非常容易理解的方式描述了这个过程。请参见他的《资本主义、社会主义和民主》一书的第7章, 1942, pp.81-110, 引用的部分出现在本书原著第83页。

第 22 周
A Year with Peter Drucker

系统地抛弃和创新

引言

社会的三大部门都难以抛弃旧的产品、服务、政策和流程。

为了刺激经济,政府经常会使用财政措施来引进一些新的项目。代表着工业、环境、公共政策和社区服务等组织利益的游说者往往会大力支持这些项目,以便维护或扩大自己的组织。因此,即使其设立的初衷已不复存在,联邦政府的项目也往往被保留下来。但是不抛弃现有的项目就无法把资源投入为保持美国国家竞争力所必需的新举措中。

社会部门总是致力于做好事。这个部门中的机构通常试图**最大**限度地提供服务(例如,它们试图"完全消除贫困"),而不是根据自己的使命和资源来**优化**服务。有时,这些机构已经完成了它们原来的独特使命,但是它们没有因为完成了使命而解散该机构,而是从其他机构抄来一个使命,并把它当成自己的新使命。例如,出生缺陷基金会(March of Dimes)这个机构由罗斯福总统在1938年成立,原本是为了找到医治小儿麻痹症的方法并向患者提供帮助。随着1955年沙克疫苗和1962年口服脊髓灰质炎疫苗的使用,脊髓灰质炎在发达国家已几乎绝迹，并在全世界基本得以根除。

出生缺陷基金会最初的使命已经出色完成。但是，该组织没有解散，又开始寻找新的使命。1958 年，它找到了自己的新使命："帮助母亲足月妊娠和研究威胁婴儿健康的问题"。虽然这个使命非常重要，但在美国已经有很多致力于同类项目的机构。这类机构如此之多，以至于《美国新闻与世界报道》在过去三年里都提供了儿科医院的新生儿科学排行前 50 的名单[41]。我们不禁要问：出生缺陷基金会还有存在的必要吗？

商业组织因为有盈亏的约束，所以有所不同。但商业组织的项目也会发展出一些支持者，他们经常拒绝从自己青睐的项目中撤出投资。对这类项目的持续投资通常被称为"管理者自大的投资"。与一些政府和社会部门的项目一样，只要企业有利润，这些项目或许就会持续，尽管它们已经远离原来想要达成的目的了。

鉴于政府在放弃方面的窘境，罗伯特 N. 安东尼提出了一个可行的方案。安东尼曾是哈佛商学院管理控制领域的教授，1965～1968 年他请假离开哈佛，在罗伯特·麦克纳马拉（Robert McNamara）担任部长时出任了国防部的审计官。他的方案在《华尔街日报》作为社论发表，其中提出了一条建议："聘请外部专家进驻机构，研究其存在的理由、运作方式和费用"。[42] 对于各级政府以及社会部门和企业来说，这都是条很好的建议。

阅读

抛弃旧的东西对非营利组织尤为重要，因为它相信，而且也必须相信其追求的目标的正当性。这使得创新非常困难，因为创新的第一个关键就是愿意抛弃旧的业务，以便留出空间迎接新的业务。在医学界有一句古老的谚语：如果你不能排出废物，你就很快会被淹没在你自己产生的废物中。这句话适用于所有的组织。但对于一个非营利组织来说，抛弃原有的事情非常困难，特别是当你对某个事业的目标坚信不疑的时候。

组织的最终目标可能是长远的，而手段可能是短期的。我来举个例子，我正在合作的朋友是一个天主教大主教区的神父，这个教区神父奇缺，教区学校里孩子的数量前所未有的多，但是没有一个是天主教徒。

因此，不得不好好想想这个机构的目的了。我跟他意见不同，因为他真的想关闭这些学校。我说，虽然学校并没有让更多的孩子信教，但是你看，《圣经》说："如今长存的有信、有望、有爱，其中最大的是爱。"我们几乎是在争论中做出了最终的决定。但这是一个非常严肃的问题——什么是**贡献**？

我很想对他说，不要再办教会医院了。因为现在有很多的好医院，所以不再需要教会医院，它也不再有贡献了。150年前，美国的医院都是天主教会办的，今天不一样了。它的消失也许会令人感到遗憾，但教会将会继续生存下去。为了决定抛弃什么，我们必须不断调整任务的优先级，然后通过系统性的规划去寻找新的机会，做出有计划的抛弃和创新。

我们知道如何抛弃一些项目，和商业组织一样，非营利组织也需要抛弃。我刚和三个服务社区的组织讨论过这个问题：其中两个在卫生领域，一个在社区服务领域。这三个组织都在进行系统的创新。卫生领域的两个组织最初集中在为没钱治病的穷人筹集资金，后来因为心血管药物方面的巨大进步，转型成为教育机构而重新获得了活力，受到美国心脏协会的认可。第三个组织把自己的方向由传统教育转向针对受过高等教育人群的持续专业教育，焕发了生机和激情，变得更加有效。如果你只是等待运气，等待灵感，或等待时下流行书中经常说的那种创业精神，也就是说你在街上走着走着，突然灵光乍现了……那你会等很长时间。你最好认真筹划一下，去寻找组织内外的变化，以尽可能地接近机会。**我们知道如何去做**[43]。

彼得·德鲁克与大卫·哈伯德的对话，1988年2月22日

思考

- 在上述短文中，德鲁克力劝该教区的首席神父抛弃教会医院而保留教会学校。教区在这两方面都有**能力**，但是为贫困人群提供高水平的学校这一**需求**更加迫切。在与首席神父的讨论中，为了在**能力**和**需求**这两个重要准则中做出选择，德鲁克把讨论的重点从推进该教区的福传使命，转向推进慈善的使命，尽管这两者都是天主教会的**美德**。

抛弃的实践

"如果我们原来没有做这件事，我们现在还会开始做吗？如果答案是否定的，那么'我们现在该做些什么呢？'"

这个问题必须要问——并且严肃地问——"如果我们原来没有做这件事，根据现在知道的情况，我们现在还会开始做吗？"如果答案是否定的，那就必须问"我们现在该做什么呢"。

在以下三种情况下，正确的选择一定是彻底抛弃。当某个产品、服务、市场或流程"还有几年活头"，正确的举措就是抛弃。垂死的产品、服务或流程往往需要很多的关注和大量的工作，会牵累那些最高效、最能干的人才。同样，如果保留某个产品、服务、市场或流程的唯一理由是"这笔资产已经从财务上完全注销了"，那么就应该选择抛弃。从**管理**的角度上看，没有"无成本资产"，只有"沉没成本"。第三种情况最为重要，就是为了维护衰落的旧产品、服务、市场或流程，阻碍或忽视了成长中的新的产品、服务或流程的发展。这时，正确的决策就是抛弃。

彼得·德鲁克，《21世纪的管理挑战》(1999年)，2013年，第3章

- 因为非营利组织对其所追求目标的正当性有着强烈的信仰，所以让它抛弃任何一个项目都很困难。有时营利组织也很难选择放弃，因为项目本身可能代表着参与启动和培育它的相关人员的心血。所以一定要警惕，不要让盲目自大成为维持现状的借口。

系统性抛弃过程的实例

有家向很多发达国家提供外包服务的大公司，规定每个月的第一个星期一都例行开会专门讨论抛弃。从公司的最高管理层到各部门的主管，各级管理层均如此。每次例会都要仔细审查公司业务的一个部分……一年之中，通常会基于公司的服务业务到底是"什么"而做出三四项重大决策，而基于"如何"服务所做的决策数量也许要多一倍。而且，这些例会中每年都会就公司应该做的**新事情**产生三五个好主意。

彼得·德鲁克，《21世纪的管理挑战》(1999年), 2013年, 第3章

- 建立一个系统性抛弃的流程，并使之成为企业常规文化的一部分，这是吐故纳新的最有效的方法。

知道近期将抛弃某现有产品并释放出资源有助于集中精力创新

有时，抛弃并不是答案，甚至不可能实现，但至少可以避免更多的投入，并且保证人力和财力等生产资源不再被昨天所吞噬。为了保证组织的健康，这样做在任何情况下都是正确的：每个生物体都需要排除自身的废物，否则就会受其毒害。然而，企业若希望有能力创新并接纳创新，抛弃则是绝对必要的。"最能把人的注意力集中于创新的，莫过于已知现有的产品或服务会在可见的将来被抛弃。"

彼得·德鲁克，《创新和企业家精神》, 1985年, 第13章

实践—提示

你若不得不在两个项目之间选择其一时，就要保留对组织和社会的使命更有贡献的那一个。

你的组织在实践系统的抛弃吗？如果没有，找出目前在组织中阻碍抛弃的力量。你准备如何消除这些障碍呢？

你是否计算过新产品和服务在年销售额和利润中的百分比？如果没有，为什么？从评估创新管道是否有效开始吧！这将促使你建立一个系统抛弃的流程。

你有没有针对当前的某个产品、服务或流程，问过德鲁克这个尖锐的问题："如果我们原来没做这件事，现在还会开始做吗？"你是否针对问题的回答采取了行动？这个问题可以纳入你所在组织的系统性抛弃的流程。

警句

- 在医学界有一句古老的谚语：如果你不能排出废物，你就很快会被淹没在你自己产生的废物中。这话适用于所有的组织。但对于一个非营利组织来说，抛弃原有的事情非常困难，特别是当你对某个事业的目标坚信不疑的时候。
- 如果我们原来没有做这件事，我们现在还会开始做吗？如果答案是否定的，那么"我们现在该做什么呢？"
- 知道近期将抛弃某现有产品而释放出资源有助于集中精力创新。

注释

41. 请参见 http://health.usnews.com/best-hostitals/pediatric-rankings/neonatal-care?page=5，2013 年 12 月 18 日浏览。
42. Robert N. Anthony，"零基预算就是欺诈"，《华尔街日报》，April 27，1977. 美国通用会计办公室，"零基预算"，July 1977，pp.5-6，http://archive.gao.gov/otherpdf1/093985.pdf，2013 年 12 月 18 日浏览。
43. 在德鲁克的《创新和企业家精神》一书中被称作"系统性创新"，1985 年版，原著第 1～11 章。

第 23 周
A Year with Peter Drucker

通过使命宣言凝聚组织

引言

确定一个大家都认可并有效的使命宣言能给组织带来很多好处，使命宣言能够促使动机与行动保持一致，并回答"结果是什么"这个特别难以回答的问题。

许多使命宣言只不过是座右铭，对参与者的行为并没有影响。这是对使命这一极好的管理工具的极大浪费。使命宣言可以用来有效地分配组织中所有人的时间、才干和资源。

好的使命宣言能够让大家把劲往一处使，步调一致，这在快速变革的时期尤其重要。它也可以成为员工招聘、评价和留住员工的工具，并确保整个组织都专注于做正确的事。

确定有效的使命宣言需要一种文化，这种文化允许在界定和解决问题时提出建设性的异议。建设性的异议可以激发持异议者本人以及其他参与者的想象力，有利于决策。异议应该尽可能地集中到探讨"什么是正确的"上面，而不是"谁是正确的"上面。真正要做到这样是相当不容易的。

总之，一个经过充分审视后达成共识并且随着变化而更新的使命宣言，为整个组织提供了一个提高凝聚力的工具。确定使命宣言是一项艰巨的工作，但是一旦确定，它就能不断指导组织的决策和行为。

阅读

彼得·德鲁克

使命宣言是一个工具，用来强迫——我是有意用这个有些过分的词——你们去思考这些问题，"我的目标是什么？我的最终目标是什么？我的贡献意味着什么？"如果你不这样做，你就放弃了一个最好的沟通工具和最好的发展工具；不但如此，你还会使得员工像银行柜员一样，认为他拿薪水就是来做文字工作的，而把那些在窗口等待办理业务的顾客当成了阻碍他成功的因素。

德鲁克最喜欢的使命宣言：你的工作不是销售，而是采购

西尔斯百货公司（Sears）的朱利叶斯·罗森堡（Julius Rosenberg）大约在1917年说的这话令他的经理震惊：你们的工作不是销售，而是采购。我发现只有那些把自己当作买家而不是卖家的商户才能做得好。如果商品不对路，你做什么都无济于事。当然，你下周来个清仓大甩卖应该有些不错的效果，但也许就无以为继了。

接着罗森堡又问每个门店经理：这对你意味着什么？其中一个经理回答：就是说只有商品还不够，你还要知道如何展示，更关键的是还要向顾客解释怎么使用。当时正处于经济萧条时期，而西尔斯百货公司却取得了令人瞩目的成功。在所有公司都在崩溃的时候，西尔斯却繁荣兴旺起来。

彼得·德鲁克与大卫·哈伯德的对话，1988年2月22日

思考

- 询问每个门店经理"这对你意味着什么",这个问题帮助罗森堡把经理的努力融入西尔斯的总体使命中。
- "做正确的事"就是把整个组织的使命当成自己的个人使命。
- 工匠手艺人关注的是"用正确的方法做事",这个虽然重要,但是更加重要的是"做正确的事",就像下面提到的第三个石匠那样。

工作必须和整体的需求相关

有一个古老的故事,讲的是三个石匠在干活,有人问他们在做什么。其中一个回答说,你没看到吗?我在凿石头;另一个回答,我正在凿建筑用的石块,而第三个人回答,我正在盖一座大教堂。这就是差别……把自己的努力看作对总体使命的贡献,并设立你做这件事的目标。这里的关键在于,第三个石匠往往是——肯定是——把石块凿得最好的,因为这些石块必须互相契合,才有可能成就一个伟大的建筑。所以你要从使命宣言入手,然后用它来激发自己和员工,问所有人这个问题:"为了遵守和支持这个使命,你的个人目标是什么?"

彼得·德鲁克与大卫·哈伯德的对话,1988年2月22日

技艺

上面的故事里,麻烦的是第二个石匠。技艺是至关重要的,没有技艺也成就不了伟大的作品。实际上,如果不要求每个成员展现自己最出色的本领,组织的士气就会低落。但是太强调个人的技艺,总会有危险。一个真正的工匠、真正的专业人士,经常自以为有成就,而其实他们仅仅是在打磨石块,或者打杂而已。虽然企业必须鼓励员工精益求精,但是再精益的技艺也必须与企业的整体需求一致。

彼得·德鲁克,《管理的实践》,1954年,第11章

- 确定使命宣言并使之真正指导组织的工作是一个高风险的决策,但它值得关注,也值得你去听取建设性的意见。

通过异议达成统一和承诺

最近,一个非营利组织管理基金会召开了一次董事会——这个基金会是我的几个朋友于 11 年前创建,并且用我的名字命名的。我的妻子也是董事之一。她非常不高兴:"我们还非要再次审视我们的使命宣言吗?我们还要把会议第二天这一整天的时间花在这上面吗?"我试图说服她,我们这样做的目的不是重写一个使命宣言,而是为了**统一意见**。我们邀请了六七位没有和我们一起工作过的新成员。我们的确会修改使命宣言里的个别字眼,还会花上三个小时或更多的时间去辩论。我妻子认为没有必要这样做,她这样想是有道理的。但是她没有看到这样一个事实:使命宣言(就是那个文件本身)也许并不是重点,但是那些新加入的人,甚至包括董事会原有的成员,都必须强迫他们仔细地思考组织的使命。对使命宣言中的某个词是用"应该"还是用"将要"之类的讨论,其实是通过让人们一起思考使命建立统一认识的一种方法。

彼得·德鲁克,《摘要:与彼得·德鲁克论领导力和组织发展的对话》,
2002 年,第 9 页

- 包含在使命宣言中的假设必须符合实际情况。你应该经常审查使命宣言,否则你所在组织的活动可能会过时。鼓励建设性的异议可以防止组织的老化陈旧。

需要异议

如果决策失误,组织就会有危险,决策一旦形成后也就不容易收回。做决策时,人很容易情绪激奋。明智的做法是把异议当成建设性的意见和促进互相理解的契机。

如果能够通过各抒己见，用发表异议和不同意见促成对决策内容的共同理解，你就会统一行动、建立起相互之间的信任。信任需要开诚布公地提出异议，把异议看成不同的意见。

这对非营利机构尤其重要，这些机构比商业机构更容易有内部冲突，因为每个人都对共同的美好事业非常投入。不同意见不是关乎你我的观点，而是关乎你我的美好信念。非营利机构必须格外小心，不要陷入关系不和与相互猜忌的困境。对不同意见必须开诚布公并认真对待。

彼得·德鲁克，《非营利组织的管理》，1990年，第3章

对使命的承诺

当你违背了一个机构的价值观，你的工作很可能就做不好……从某种意义上说，使命也是有感情色彩的。我还从来没有见过有人不全心投入就能把事情做好。

我们都知道伊泽尔（Edsel）汽车的故事，大家认为其失败是因为福特公司没有做好功课。但事实上这是一款具有最佳设计、最佳研发、各方面都最佳的汽车。问题只有一点：福特汽车公司里没有人相信它会成功。它确实经过精心设计，但它的设计只是基于研发，而不是基于承诺。因此，一遇到一些小问题，就没有人支持这个"孩子"了。我并不是说它本来可以成功，而是说，没有参与者全身心的投入，它绝不可能成功……所以，一个好的使命宣言需要三个要素：机会、能力和承诺。每个使命宣言都要包括这三个要素，否则就不能实现最终目标、最终目的，也通不过最后的检验，它也不能调动起组织中的人力资源去做该做的事。

彼得·德鲁克，《非营利组织的管理》，1990年，第1章

实践—提示

组织的使命是否能够得到组织中上上下下所有人的共同承诺？如果是，

是如何得到的？如果不是，怎样才能得到？

在组织中找出那些分别代表三个石匠的态度的人，有没有第一和第二个石匠那类的人？怎样才能让这些人既发挥技艺，又贡献于组织的使命？靠奖励奏效吗？积极的评价奏效吗？

在你的职责范围内，为某项决定有意安排不同意见的讨论。挑选很可能对决定提出不同观点的人来参加讨论。

做决定时，确保自己关注于"什么是正确的"，而不是"谁是正确的"。努力建立这样一种文化：在做重要决定时，让这种解决问题的方法成为**常规**，并被大家**遵守**。

如果在激烈的辩论之后确定了使命宣言，但是实际情况达不到使命宣言的期望，这时候需要问，当时激辩的内容里是否包含了，如果出现结果与期望不相符的情况，应该怎么办。对使命宣言进行调整，让它更准确地反映组织的环境、能力以及对实现使命的承诺。

警句

- 使命宣言是一个工具，用来强迫——我是有意用这个有些过分的词——你们去思考这些问题，"我的目标是什么？我的最终目的是什么？我的贡献意味着什么？"
- 通过异议达成统一和承诺。
- 一个好的使命宣言需要三个要素：机会、能力和承诺。

第 24 周
A Year with Peter Drucker

非客户市场调研的领先者

引言

德鲁克的主要贡献之一是他始终认为"市场营销是企业显著而独特的功能"(《管理的实践》,1954 年,原著第 37 页)。而且,"市场营销是一切的基础,它绝不仅仅是建立起一个强大的销售部门并由营销部门统管所能够做到的。营销的范围不仅比销售广泛得多,而且也完全不是一种专门的活动,营销涵盖了企业的全部活动。从企业的最终结果,也就是从客户的观点来看,市场营销就是全部业务。因此,企业的所有部门都必须关注营销并负起营销的责任"(原著第 38 页)。

比尔·海波斯㊀(Bill Hybels)很早就在社会部门实践德鲁克的营销方法。海波斯应用德鲁克倡导的市场调研的概念,在 1975 年创办了第一家大型的教会[44]。1988 年,德鲁克与海波斯有一次谈话,讨论对非客户进行市场调研等

㊀ 比尔·海波斯是柳溪社区教会(Willow Creek Community Church)主任牧师兼柳溪协会董事会主席。柳溪社区教会是全美最知名和最大的教会之一,并且是一家在全球具有强大影响力的标竿教会。——译者注

方面的话题。

鉴于比尔·海波斯的营销工作在当时处于前沿，我把他和德鲁克谈话的一部分命名为"非客户市场调研的领先者"。在我为这个谈话做的纪要中，德鲁克的四个主要问题之后都有他对海波斯的回答的小结。在第一节的最后有德鲁克对整个谈话的总结。这个5000字的完整谈话记录收录在《德鲁克谈非营利机构管理》系列（1988年）的第二卷。德鲁克和海波斯之间这个内容广泛的谈话，涉及了柳溪社区教会的历史和管理，包括市场调研的核心作用。从整个谈话中，我选取（并编辑）了海波斯对市场调研的新贡献。

海波斯评估客户价值时采用的原则正是德鲁克数十年来所写到和讲授的。这些原则证明，一个组织的所有活动都应该从市场角度出发。这个原则对社会各个部门的领导者仍然有帮助。德鲁克的《成果管理》（1964年）的第6章——"客户就是企业"，可能是对这个话题的最好诠释。

阅读

（比尔·海波斯挨家挨户地询问人们是否参加了教会。如果他们参加了，他会在表示感谢后离开；如果没参加，他会问为什么。他所在的区域，参与教会活动的人相对比例较高。他随后整理出一份清单，罗列出住在芝加哥富裕郊区的人们不参加教会活动的理由。德鲁克把这些人称为"慕道友"。德鲁克把海波斯的回答进行了系统化的重述，以便使更多的读者从中受益。）

彼得·德鲁克

1. 你问慕道友，"你为什么不去教会？"

比尔，你实际上是对伊利诺伊州南巴灵顿的潜在新机会做出了反应。你去询问并且研究了那些本该是客户却不是客户的人。这是最重要的事情之一。

我们不去询问，而你询问了，并且聆听了。你听到人们说，"这些教会总说，'我们需要你的钱'，而不说，'你需要教会吗？'"

2. 你问，"对慕道友的**价值**是什么？"

比尔，如果你能做好这点，就不用筹钱了。我们要告诉大家：我们为你做这些，这是结果。反复强调教会的需求令人厌倦。首先，这没有止境（教会的需求没有止境），绝对没有。但我们所有人的资源是有限的，无论是时间还是金钱，都必须合理分配以产生结果。我认为这是我们能向你学习的最重要的一点——不要去讲我们的需要——**我们需要的就是你所需要的**。

3. 你接着问自己，"我们如何为慕道友提供切身的教会体验？"

（基于慕道友的回答，海波斯决定围绕他们的需求设计一个教会，并严格测试看是否优先满足了慕道友的"能感受得到的需求"，然后再提供其他的教会服务。例如，他把精力先集中在布道上，等有了更多额外的资源后再提供其他的服务。）

彼得·德鲁克

比尔，你专注于最擅长的领域，专注于市场的真正需求和反应，你首先追求卓越而不是急于扩张。有太多的创业者一旦发现市场机会就立即开始全面铺开，因为他们没有足够的资源把所有的事情都做到一流水平，于是就开始走捷径、凑合做，因此很快就失去了那种在营销中称为"产品差异化"的东西，没有了特点。而你避免了这个错误。

（海波斯清楚地认识到，必须提供非金钱的奖励，才能吸引志愿者来服务。德鲁克在他的文章"企业可以从非营利组织学到什么"（《哈佛商业评论》，1989 年 7～8 月）中为企业如何吸引和激励知识工作者提供了来自非营利组织的建议。这和非营利组织招募志愿者的流程非常相似。）

彼得·德鲁克

4. 当普通基督徒义工具备了领导能力，你就把他们培养为新牧师。通过培训和绩效反馈,你把普通基督徒义工培养成专业牧师。

所以从一开始,比尔,**你就致力于从普通基督徒义工中培养专业牧师。**这些普通基督徒义工与正式牧师的唯一区别是他们没有被按立圣职,不用付报酬,他们也不是全职工作,但通过提供培训和绩效反馈对他们提出同样高的绩效要求。

比尔,让我来把你告诉我的归纳一下。首先,你对那些应该是但还不是客户的人群进行了非常广泛而深入的市场调研,并把你的策略建立在这个基础之上。因此,你不仅了解了他们的需求,还得到了一份很好的潜在客户名单,这些潜在客户会对你的工作做出回应。接着,你非常努力地工作,为潜在客户提供了他们真正需要的产品。你先是专心把这个产品做好,直到具备了合适的人力资源(那些投入极大的热情去培训、指导并打造高质量项目的人)后才进入其他的领域。

彼得·德鲁克和比尔·海波斯的谈话,1988 年

彼得·德鲁克是《经济学人》杂志的长期撰稿人。在该刊物印刷版的悼念文章"特别报道:彼得·德鲁克——可信赖的穿灰色法兰绒的大师"(2005 年 11 月 7 日)中,编辑特别提到了德鲁克对比尔·海波斯的影响:

或许,一个德鲁克主义(Druckerism)意想不到的例子是现代大型教会运动。他建议福音派牧师为客户创建一个更加友好的环境(避免过多的宗教符号,提供充足的设施)。比尔·海波斯,一位在伊利诺伊州南巴灵顿的柳溪社区教会拥有 17 000 名信众的牧师,把德鲁克下面这句话悬挂在他的办公室外:"我们的业务是什么?我们的客户是谁?客户的认知价值是什么?"

德鲁克先生不但把企业管理技巧应用到非营利组织的管理中,而且认为非营利组织也有许多值得企业学习的地方。非营利组织更善于激发志愿者的积极性,也很善于把自己的"客户"转化为组织的"营销者"。如今,企业有许多值得教会学习的地方,教会也有很多值得企业学习的地方。[45]

思考

- 没有找到客户的真正需求,就一厢情愿地认为自己提供的服务就是客户所需要的,这种错误信念,不仅教会有,很多其他机构也都有。

"客户很少购买企业想卖给他的东西"

首先,这是最有可能面对的市场营销现实:

企业内部的人对客户和市场需求的认识多半是错误的。除非一个人真正了解了这些需求:客户自己。只有通过询问客户、观察客户、试图理解客户的行为,才能知道他是谁、他做什么、他如何购买、他如何使用所购买的商品、他有什么期望、他如何看待价值,等等。

客户很少购买企业想卖给他的东西。当然,其中一个原因是没人会为一个"产品"掏钱。客户付钱购买的是满意度。但是没人能生产和供应这种满意度——能够被出售和交付的充其量只是让客户获得满足感的载体而已。

彼得·德鲁克,《成果管理》(1964 年), 2014 年,第 6 章

- 一个潜在客户对生产者的逻辑不感兴趣就说他不理性,这是错误的。应该说,了解客户所认可的价值所在是生产者的职责。

为什么客户有时看起来表现得非理性

必须假设客户是理性的。但是他们的理性未必与制造者的理性一致,那是客户出自自身情况的理性。假设客户是非理性的(这种说法最近大行其道),与认为客户的理性应该与制造商或供应商的理性一致,是危险而错误的……

了解为什么客户的行为看起来是非理性的,这是制造商或供应商的职责。要么让自己去适应客户的理性,要么去努力改变客户的理性,这是制造商或供应商的工作。但是首先必须了解并尊重客户的理性。

彼得·德鲁克,《成果管理》(1964 年), 2014 年,第 6 章

- 如果先询问非客户："你认可的价值是什么？"然后，认真努力地去提供他所渴望得到的价值，非客户就可以转化成客户。

如何才能为非客户服务

谁是非客户——那个即便在市场里也不买我们产品的人？能找出他为什么是非客户吗？什么样的产品或服务——我们现在提供的或者能够提供的——给客户带来真正有意义的满意度呢？

彼得·德鲁克，《成果管理》(1964 年)，2014 年，第 6 章

- 通过了解如何激励志愿者，我们可以学习到如何去激励知识工作者。志愿者没有任何薪水，却因为把服务本身作为回报而提供服务——"服务的回报是更多的服务"。[46]满足感来自把自己的专业能力用在了有意义的目的上。

管理知识工作者

"人的管理是一项市场营销的工作。"

要想在新兴的经济和技术领域中保持领导地位，关键可能是对知识专业人士的社会身份及其社会价值的认可。然而，今天我们却试图两者兼顾——既保持"资本是关键资源，财务至上"的传统思维，又通过奖金和股权来贿赂知识工作者，让他们满意并继续留下来。这种方法即使能够奏效，那也只有在新兴行业享受股票市场繁荣的时候，就像互联网公司一样。

对知识工作者的管理是一项"市场营销工作"。在市场营销中，人们不会首先问"我们想要什么"，而是会先问"对方想要什么？对方的价值观是什么？对方的目标是什么？对方如何考虑结果"。能够激励志愿者的动机，也能够激励知识工作者。相比有收入的员工而言，正因为志愿者没有收入，所以才需要从工作中获得更多的满足感。他们需要的首先是工作的挑战性。

彼得·德鲁克，"管理知识工作者"，5 月 1 日，《德鲁克日志》，2004 年

实践—提示

询问你的客户,"在我们提供的产品和服务中,你认为的价值是什么?"你得到的答案和原本想象的一样吗?

你是否知道非客户所希望得到的价值?

你认为非客户的购买行为是非理性的吗?请在了解了非客户真正需要的价值后重新考虑一下这个问题。你应该怎样做才能把至少部分的非客户转变成客户呢?

思考一下什么才能真正激励你组织中的知识工作者。综合考虑他们全方位的动机,而不仅仅限于金钱方面的报酬。

警句

- 你专注于你最擅长的领域,专注于市场的真正需求和反应;你首先追求卓越而是不急于扩张。有太多的创业者一旦发现市场机会就立即开始全面铺开,因为他们没有足够的资源把所有的事情都做到一流水平,于是他们就开始走捷径,凑合,因此很快就失去了那种在营销中被称为"产品差异化"的东西。
- 客户很少购买企业想卖给他的东西。
- 必须假设客户是理性的,但是他们的理性未必与制造者的理性一致,那是客户出自自身情况的理性。
- 对知识工作者的管理是一项"市场营销工作"。在市场营销中,人们不会首先问我们想要什么?而是会先问对方想要什么?对方的价值观是什么?对方的目标是什么?对方如何考虑结果?

注释

44. 罗伯特 D. 普特南(Robert D. Putnam)和戴维 E. 坎贝尔(David E. Campbell)在《美国的恩典,西蒙 & 舒斯特,New York, 2010》(*American Grace*, Simon & Schuster)中认可了比尔·海波斯和柳溪社区教会的先驱地位。海波斯于1975年创办的柳溪社区教会是"美国第一个主要的大型教会"。那些慕道友,或那些没有参加任何宗教机构的非客户，在普特南和坎贝尔的研究中得到了特别的关注。作者把这个群体称为 nones，指没有加入任何宗教联盟的人。

45. 特别报道，http://www.economist.com/node/516460，2014 年 1 月 31 日浏览。
46. 切斯特·巴纳德（Barnard）《经理人员的职能》（*The Functions of Executive*）1971 年，第 256 页。

第 25 周
A Year with Peter Drucker

组织成长和变革中的相变[⊖]

引言

当组织成长时，可能由于过多关注组织内部的需求而忽视了客户，从而失去自身的活力。比如，这种情况经常发生在，由明星率领的组织里，这种组织通常由公司创始人领导，而且经历了快速增长。到了某个环节，管理上就需要一种"**相变**"（phase change）：创始人要么成为一个管理者，要么外聘其他人来运营这个组织。

例如，曾在康奈尔大学学习的威尔森·格雷特巴奇（Wilson Greatbatch）后来到水牛城大学研究生物医学工程。他和几位科研人员一起研究心脏跳动与电子脉冲之间的关系。格雷特巴奇希望通过电刺激把不规则的心跳变得正常。有一次，他在用一个装置监听心跳声音时，意外地装错了一个电阻。这个新电阻比旧电阻要大 100 倍，结果整个装置发出了与心跳相似的节奏。这

⊖ 相变（phase change），在自然科学中，指物质存在状态的改变。在本周，用来表示一个组织的创始人随着组织的成长和发展，在组织中所扮演的角色与功能的改变，以及一个组织在它发展的不同阶段，采用的管理方式的不同。——译者注

反而帮他解决了一个他多年未能解决的问题，并导致了 1960 年在纽约布法罗的米勒德·菲尔莫尔医院，成功植入查尔达克 – 格雷特巴奇（Chardack-Greatbatch）心脏起搏器。

紧接着，格雷特巴奇就把起搏器的技术授权给了美敦力（Medtronic），一家总部设在明尼阿波利斯市的医疗器械公司。这使得起搏器能够快速、大规模地推向市场。格雷特巴奇这样描述这个授权协议以及他与美敦力公司的关系：

这份授权协议非常严格。我负责美敦力公司所有关于植入式起搏器的设计控制。每张图纸、每个修改都需要我签字，我还要批准每个采购渠道……质量控制部门由我直接管理了十年。我成了董事会成员，对公司的所有事务、起搏器的销售，特别是决定停止生产心脏监视器和交流除颤器等不能盈利的产品等事项起到举足轻重的作用。美敦力公司的财务状况在 1960 年岌岌可危，但两年后就完全扭转并成为排名第一的起搏器厂商。[47]

1970 年，格雷特巴奇离开了美敦力公司，在纽约水牛城外的克拉伦斯创立了自己的公司威尔逊·格雷特巴奇公司（Wilson Greatbatch Ltd.，WGL）。这家公司开发了首个用于起搏器的锂碘电池，用以代替原来的锌汞电池。锂碘电池将植入式起搏器的寿命从几个月延长到了几十年。至今，这种新电池依然是黄金标准电源，用于 90% 的起搏器。

格雷特巴奇职业生涯的最后一次相变发生在 1995 年，他让他毕业于罗切斯特大学 MBA 的儿子沃伦（Warren）管理 WGL 公司。格雷特巴奇认识到他自己的真正追求、真正的兴趣和专业技能是做一个研究者和发明者。他以后也一直在做这样的工作，直到 2011 年去世。他的结论很正确：公司需要专业的经营管理者，而他并不是合适的人选。这个决定对他和公司来说都是明智的。[48]

阅读

我本人就见过不少这样的企业：一个明星创立了企业，在没有继任者、自己也无法坚持下去的情况下，企业最终变成了一个官僚机构。凭借我对企业和非营利组织的经验认识，我认为这里实际上存在两个问题。一个问题是创始人拒绝接受这样一个事实：这个组织与他开创时的组织状况已经大不相同了；另一个问题是创始人拒绝甚至是害怕任何有能力的继任者。无论你是管理一个企业，一个教会，或是一个学校，都是如此，没有太大区别。

在我的工作中，无论在企业还是非企业，我发现……创办组织的人需要面对这样一个事实：这已经不再是原来他创办时的那个组织了，**他必须改变自己的行为**。他必须心甘情愿地努力**找到继任者来接管他的孩子**。

<small>德鲁克–班福德–沃伦–帕特森的对话，1991年1月29日及1991年6月15日</small>

思考

- 当管理者把自己的角色**从创业者转向管理者**时，他们应该继续做一些专业性的工作，以保持与组织、员工以及工作流程的联系。
- 安迪·格鲁夫是德鲁克的一个私人朋友。他帮助罗伯特·诺伊斯（Robert Noyce）和戈登·摩尔（Gordon Moore）在1968年创建了英特尔公司。1986年，德鲁克询问格鲁夫如何从一名创新者转变成为一名管理者。我把他们之间的部分谈话内容放在第一篇阅读材料中，其中格鲁夫谈到他从创新者到管理者的转变，当时他开办新公司已经有17年了。

英特尔的安迪·格鲁夫：从创业者到管理者

安迪·格鲁夫

我现在做的事情与以前明显不同了。17年前，我自己购买设备，自己做实验，自己处理数据。我和硅晶片之类的东西近在咫尺。现在，我离那些东西很远了。现在，我做的事情不是那么具体了，但仍然是和大家一起做的。人是管理中永恒的主题……我的思想经历了一个逐步演变的过程。事情变得更加复杂了。刚到一家新公司的时候，你头脑里有很多想法。我的认识经历了逐步的变化，工作内容也在慢慢变化。我较早就明确了自己的角色，我是组织者，是个统管式的人物。早期的团队成员几乎都立即找到了适合自己的工作岗位。团队差不多是自然形成的。每个所需要的角色都吸引到了合适的团队成员。如果你没有在早期就通盘考虑好关键人物应扮演的角色，组织内就会产生帮派，进而引发权力斗争，这在企业开创的初期是致命的。新员工、下属和我的运作方式不一样，我和其中有些人也发生过一些冲突。他们并没有进入角色，他们与早期成员发生冲突，他们的行为方式不同。他们坚持认为自己的做法更胜一筹，并试图对其他人施加压力，结果我们卷入了权力斗争的漩涡，浪费了大量的精力。这是我初期遇到的那些必须要处理的责任问题，尽管我并不情愿，却别无选择，一定要处理的。

我们的早期团队经过一点小摩擦和小争论，十分乐意做出改变。我们大多具有一种学生心态，如饥似渴地学习，我们更热衷于进入一个新领域，而不愿意固守旧的领域。也正是出于这个原因，我们并不排斥走出去接触客户。我的角色倒并不是"走出去"，而更像是"新来者"的"大总管"。这个从很早就开始了。我是一个有自尊的搞半导体设备的人，要为各大公司的代表提供一种产品。但是他们当时最大的顾虑不是技术，而是英特尔这家公司能活多久。我马上开始工作。我们在行业中承诺要为大家提供前所未有的各种产品。我们的客户对此非常怀疑，所以，我们用"英特尔说到做到"（Intel Delivers）作为公司的标识语。

彼得·德鲁克和约瑟夫·马恰列洛，《德鲁克经典管理案例解析》（修订版），2009、2010年，第8篇，案例39

- 组织中普遍存在着领导层的**过渡**和**继承**问题，这个问题通常不容易解决。如果董事会中有成员曾经有解决这类问题的经验，这将会给组织

- 一个组织在成长和发展中失去活力的情况并不少见；丧失活力可能会致命，特别是在环境和客户行为都快速变化的时期。

管理是一种"相变"

一家企业，从老板兼创始人带领"助手"经营过渡到团队管理，需要经过一种像物理学上从水转化成冰那样一种**相变**。这是物质从一种状态到另一种状态、从一种基本结构到另一种基本结构的突然变化。斯隆的例子表明，在同一个组织内部是可以完成这种过渡的。但是，斯隆对通用汽车公司的重组也表明，只有在**基本概念、基本原则以及个人愿景发生根本变化**时，这种过渡才能实现。

亨利·福特不想要管理人员，结果是误导了经理。管理工作安排不合理，引发了怀疑和沮丧的情绪，使公司陷入混乱，妨碍甚至伤害了管理人员。事实上，管理人员在这些领域里的唯一选择就是：管理工作完成得好坏。但是这些管理工作本身总是要做的，因此，企业需要管理。管理工作完成得好坏，基本上决定了这家企业是能够继续生存发展，还是走向衰落并最终灭亡。

彼得·德鲁克和约瑟夫·马恰列洛，《管理》(修订版，2008年)，2012年，第22章

- 当一个组织成长和发展时，很容易把目光转向组织内部，而没有意识到当一个组织的规模、工作量和复杂程度发生变化时，管理者就需要把自己的角色从**创业者**转变为**管理者**。

福特的兴衰与再生：一个管理不当的对照实验⊖

亨利·福特从1905年白手起家，15年后建成了世界上最大的、最赚钱的

⊖ 对照实验（controlled experiment）：经常是用在自然科学实验中设置比较对象（对照组）的一种科学方法，目的是与进行实验的对象（实验组）进行对照，减少实验中不确定的变量带来的影响，以之来显示出实验的结果。这里，德鲁克用来与原书中后面讲到的通用汽车公司作为正面的实验加以对照。——译者注

制造企业。20世纪20年代早期，福特汽车公司主导并几乎垄断了美国的汽车市场，在全球大多数主要汽车市场中也处于领先地位。此外，它还从经营利润中积累了大约10亿美元的现金储备。

然而就在几年之后的1927年，这个看上去坚不可摧的商业帝国变得摇摇欲坠了。它丧失了市场中的领先地位，勉强维持在可怜的第三位。它在之后的20年间几乎年年亏损，一直到第二次世界大战结束都无法与对手进行有力的竞争。1944年，创始人的孙子、年仅26岁的亨利·福特二世，在没有任何培训和经验的情况下接管了公司。两年后他以一场"宫廷政变"式的方式罢免了他祖父的亲信，引入了全新的管理团队，从而拯救了公司。

然而，很少有人意识到，这个戏剧性的故事远远超出了个人的成败得失，它首先可以被称为一个**管理不当的对照实验**。

老福特的失败是因为他坚信企业不需要经理，也不需要管理团队。他认为，企业只需要老板兼创始人以及一些"助手"。老福特和大多数同时代商界人士的唯一不同是，他无论做什么事情，都恪守自己的信念。他坚决奉行这些信念，对那些胆敢像"管理者"那样行事、做出决策或者没有老福特的命令就擅自行动的"助手"，不管这个人多么能干，他都会将其解雇或者让他坐冷板凳。老福特应用自己理论的方式只能称为是一种测试，而测试结果完全证明了他的理论是错误的。

事实上，福特这个案例之所以既独特又重要，是因为福特**可以**测试他的假设。这一方面是因为他的寿命很长，另一方面因为他有10亿美元可以用来支撑自己的信念。老福特的失败不在于其个性或脾气，而首先在于他拒绝承认经理和管理团队是必不可少的，是基于任务和职能而必须要有的，也不是由"老板""授权"就能做到的。

彼得·德鲁克和约瑟夫·马恰列洛，《管理》(修订版，2008年)，2012年，第22章

- 高层管理的对照实验很难开展。亨利·福特为我们提供了一个难得的管理不当的对照实验。他测试了这样一种假设：随着组织的成长，组

织并不需要专业的管理：相反，组织的管理只需要老板和一些助手，不用管理者。他的实验以失败告终，我们可以从中吸取很多教训。

实践—提示

你的事业是否也面临着一种"相变"？你是否在准备接班人？

你有没有成功地经历过类似过渡的专家可以请教？

你的组织有没有一个培养经理和管理团队的正式项目？

你和你的组织是否可以借鉴安迪·格鲁夫的经验？

你和你的组织可以从威尔森·格雷特巴奇和亨利·福特的案例中学到什么？

警句

- 我本人就见过不少这样的企业：一个明星创立了企业，在没有继任者、自己也无法坚持下去的情况下，企业最终变成了一个官僚机构。
- 如果你没有在早期就通盘考虑好关键人物应扮演的角色，组织内就会产生帮派，进而引发权力斗争，这在企业开创的初期是致命的。
- 一家企业，从老板兼创始人带领"助手"经营过渡到团队管理，需要经过一种像物理学上从水转化成冰那样一种"相变"。

注释

47. 威尔森·格雷特巴奇（Wilson Greatbatch），《起搏器的诞生：一个拯救生命的发明》，Prometheus, Amherst, NY, p.35。
48. 有关起搏器的发明及其后续发展的整个故事请参见约瑟夫·马恰列洛（Joseph A. Maciariello）著 "Innovation and Management for the Common Good: Drucker's Lost Art of Management" 中 Entrepreneurial Management——Challenges and Perspectives: Festschrift for Prof. Peter Gomez, Haupt Berne, 2012年10月, 第325～344页。

| 第八部分 |
A Year with Peter Drucker

构建你的组织

第 26 周　集权、联邦、分权
第 27 周　网络型组织：21 世纪的管理模式

| 第 26 周 |
| A Year with Peter Drucker |

集权、联邦、分权

引言

本周我们将从政府历史根源的角度探讨组织的整体性问题。在不同的政体中，我们都能看到集权、联邦与分权的例子，它们也被直接应用到了社会三大部门的组织管理中。[49]

美洲的殖民地最初是英国为了获取更大的商业利益而建立的。由英国国王任命殖民地的官员，并且由国王做大部分的重要决策。这是一个典型的**集权化**或**一元化**的组织形式。在这样的形式下，大部分的自治权及其他权力都被置于组织的顶层。

1774 年，为了抗议英国推行的一系列税法，美国各殖民地成立了大陆会议㊀，以联合对抗英国的殖民统治。各殖民地根据章程拥有自己的司法权。1774 年 10 月 20 日，会议通过了联合条款，开始了从大不列颠争取独立的进程。1776 年 7 月 4 日，第二届大陆会议通过了《独立宣言》。自此，大陆会

㊀ 大陆会议是 1774 ~ 1789 年英属北美 13 个殖民地以及后来美利坚合众国的立法机构，共开了两届。——译者注

议成为中央政府。独立战争期间,13 个殖民地政府采用了邦联制,各殖民地政府享有《邦联条例》中规定的最大自治权,但由大陆会议行使统一协调的职责。

1787 年,为了解决由松散的中央政府导致的一系列问题,各州代表召开了制宪会议。1789 年,批准美国新宪法,确立了行政、立法、司法三权分立的联邦制政府。根据《宪法第十修正案》,所有未特别授权给联邦政府的权力属于各州政府及人民。通常,人们认为美国根据宪法建立的政府体系为**联邦分权制**。

阅读

2004 年 12 月 8 日,德鲁克在与汤姆·艾希布鲁克的一次内容广泛的访谈中指出,世界将基于西方经济,但将朝着非西方政治和文化体系的方向发展。因此,以知识为基础的组织将会是发展趋势。

汤姆·艾希布鲁克

对于当前世界的发展趋势,你是怎样看待的?

彼得·德鲁克

我们对这方面的了解很多……这个世界将会具有西方的生产力和竞争力,并且**由信息而非权力**而联结在一起。这就是当前世界的发展方向。

"管理大师德鲁克",波士顿公共广播电台(WBUR),
为全国公共广播电台准备的节目,2004 年 12 月 8 日

公司向联邦或辛迪加转型时,更加需要一个独立的、强有力的、负责任的高管层。高管层的责任将涵盖整个组织的发展方向、规划、战略、价值观和原则;组织的结构以及组织中各成员单位之间的关系;组织的联盟机构、合作伙伴和合资机构;组织的研发、设计和创新。高管层必须负责管理组织

中各个部门共有的两种资源：**关键员工**和**资金**。高管层对外代表着公司，还要处理好与政府、公众、媒体和工会之间的关系。

彼得·德鲁克和约瑟夫·马恰列洛，《管理》（修订版），2008年，第6章

思考

- "我只知道控制得越紧，增长就会越少。20世纪给我们的教训是中央计划失效"——华理克（德鲁克与华理克的谈话，2003年1月22日）。

中央计划失效

"教会快速发展所需要的领导力和组织。"

华　理　克

我们不仅将教会的会众分散成若干小组，还要在同一教堂的不同地方、不同时间为他们提供多次的礼拜服务。**我们觉得这样能引起指数增长**。我们采用电影院在不同小厅内放映不同电影的模式，在同一教堂内的不同地点、用不同的形式、在不同的时间提供服务。我不喜欢竞技场或者运动场大小的教堂，原因有以下几点：首先，提供做礼拜的场地越大，则参加者越会成为被动的旁观者。其次，历史数据表明，年轻人不愿意都挤进他们的前人盖的大教堂里。伦敦的司布真会幕（Spurgeon's Tabernacle）现在的规模仅为其鼎盛时期的1/4。最后，要建造一个有7000个座位但是每周只有一天能坐满、其他时间都空着的建筑既是一种浪费，也不好管理。

我有一个牧师，我经常派他到现场去考察一些标杆教堂，然后回来跟我汇报。我经常思考的是那些教会尚未顾及的人，而员工与义务牧师关注的是那些已经进入教会的人。

彼得·德鲁克

我刚才说的就是这个意思，你需要有一个牧师做这些事情，这样你就能腾出时间来仔细思考。这么大的一个系统，如果不想让它成为官僚机构，就需要有一个人来做你在做的事情。这个人要能够相对摆脱这个大系统的具体行政事务，但是又不能脱离这个系统。在我和太太去的小教堂里，夫妇俩都是按立的正式牧师。丈夫担任主任牧师，妻子担任副职。但是妻子才是教堂的主心骨，因为她能摆脱繁杂的行政工作，有时间与活动小组或查经小组交流。每个周三的晚上是我们这个小组的活动之夜。每个星期，他的妻子都会参加40个小组中一个小组的活动。她称赞小组的活动，但她也做质量控制，她也提出小组的主持人哪些地方有所欠缺，可以做出改进，等等。

现在再来谈谈你这边的情况。10年内，你的教众会增加到50 000~60 000人。这样，就不能用小教堂的管理方法了。你必须有时间去培养会众的自发精神。这是你的任务。因此，不能用"分权"这个词来形容你做的事情。分权是指各部门经营时要有一个规则的概念。但这里我们实际上说的是联邦。你希望这些教会能够独立自主但是要有同一种精神，对吗？这就是联邦。

德鲁克与华理克的谈话，2003年1月22日

通用汽车：联邦分权制的典范

通用汽车公司不能像控股公司那样，每个分部都好像是一家独立的公司，中央只有松散的财务控制。中央管理层不仅必须知道分部各种管理的细节问题，也必须行使管理者的权力、权威和影响力。另外，通用汽车也不能像集权组织那样运行，由公司首脑制定所有的决策，分部经理只能像监工一样工作。分部的管理者也必须拥有真正老板的自主权和实际的管理权。

因此，通用汽车公司采用了**联邦制组织形式——总体说来，这是一种非常成功的组织形式**。它通过分公司自治的方法在全公司实现最大的统一，反

过来，又通过全公司的统一促进分公司的自治。这就是通用汽车公司分权的目的所在。

彼得·德鲁克，《公司的概念》，1946 年，第 2 章

- 联邦制公司中的每个单位都是独立的，它们在母公司大方向的管理下运作。联邦制公司通过价值观、战略以及信息相互联结。

丰田模式：联邦的典范

另一家以联邦形式经营的公司，则与通用汽车公司大相径庭。自 20 世纪 80 年代以来一直最成功的丰田汽车公司如今成了全球第一大汽车公司。目前，丰田正围绕其在制造上的核心竞争力重组它在世界各地的供应商，最终使每种零部件和配件产品只保留一两家供应商。同时，它也运用自己在制造上的核心优势来管理这些供应商，使得这些供应商名义上仍是**独立的公司**（着重号为作者标注），但是从管理的角度来看，它们已经成为丰田（联邦）的一部分。

彼得·德鲁克，《管理》(修订版，2008 年)，2010 年，第 6 章

实践—提示

你的组织是否因为严格的控制而限制了它的成长？如何才能释放你组织内各成员单位的潜能？

探索如何使用联邦的方式激发组织的想象力，促进组织的成长。

你的组织里是否有人负责维护员工的自发精神和成长？如果没有，是否需要这样的人呢？

你的组织是由信息还是由权力凝聚起来的？如果是权力起的作用，它是否会限制组织的成长呢？

警句

- 我只知道控制得越紧,增长就会越少。20世纪给我们的教训是中央计划失效。
- **分权**是指各部门经营时要有一个规则的概念。但这里我们实际上说的是**联邦**。你希望这些教会能够独立自主但是要有同一种精神,对吗?这就是联邦。

注释

49. 美国国务院历史文献办公室的网站上对此有更详尽和更权威的解释,http://history.state.gov/milestones/1776-1783,2014年1月2日浏览。在马恰列洛和林克莱特的《失落的管理艺术》(2011年)第4章中,对联邦分权制在网络、联盟、联邦和辛迪加中的应用进行了更广泛的讨论。

| 第 27 周 |
| A Year with Peter Drucker |

网络型组织：21 世纪的管理模式

引言

彼得·德鲁克探讨了网络型组织的本质，以及在社会和机构中如何使这种组织形式有效运作所必须满足的先决条件。这是一种要求相当高，但同时也是社会越来越需要的组织形式。华理克和彼得·德鲁克一起讨论了马鞍峰社区教会是如何应用这种组织形式的。

网络型组织是指在一个组织系统内各个相互依存的机构为完成共同认可的目标和目的而运作的一种组织形式。我们出版的调查报告考察了得州仪器公司（Texas Instruments）管理的 23 个组织之间的网络。凯伦·希金斯（Karen Higgins）从研究结果中发现了网络型组织取得最佳绩效的 7 个因素[50]。

做得好的、复杂的网络型组织需要各机构的领导之间有足够的**信任和共同价值观**。同一网络组织中各机构成员的领导必须**正直**并且信守在网络成立时的**承诺**。

领导者必须让网络型组织各机构之间的**目标一致**，而目标一致必须要有不断的沟通和良好的工作关系。最后，各机构内部和各机构之间必须有一种解决冲突的程序。因为并不是所有冲突都能得以解决，因此从一开始就要有一个开除不遵守承诺的机构的程序。

阅读

"发达国家正快速步入网络型社会。"

100多年来，所有的发达国家都在逐步转向组织型的雇员社会。今天，以美国为首的发达国家正在加速转向网络型社会。网络型社会注重组织与为组织工作的个人之间的关系，注重不同组织之间的关系。

美国劳动力大军中的多数成年人确实都在某一个组织内工作，但他们不都是某一个组织的固定雇员，他们越来越多的是合同工、兼职人员或临时工。而组织之间的关系也像组织与雇员之间的关系那样正在发生迅速的变化。"外包"就是一个最明显的例子。"外包"是指公司、医院或是政府的办事机构，将整项工作交给某个专门处理此类业务的公司来完成。更重要的是要看到这种"联盟"的趋势。独立的专业人员与管理者都必须学会他们要担负起自我定位的责任。这意味着，他们要首先明确自己的长处，并将他们自己看成是可以在市场上营销的"产品"。

彼得·德鲁克，5月2日，"网络型社会"，《德鲁克日志》，2004年

思考

- 在一次校友研讨会上，德鲁克问与会者，应该如何称呼这种新型的组织及其所处的社会。开始的时候，与会者说："称它为自由形式吧！"后来他们想了想，又说："称它为网络型社会吧！"

伙伴关系与联盟的要求

合作伙伴和联盟的形式对联盟和联盟内各机构相互关系的管理同样提出了新的要求。管理者习惯于下**命令**。他们习惯于考虑他们要什么，随后就要求他们的下属接受他们的想法。即使是日本的"共识管理"也是让组织接受高管层决定要做的事情，而广为渲染的"参与式管理"亦是如此。但在伙伴关系中——无论是对一个外包的合同机构，一个合资企业的伙伴，还是对你只拥有少量股份的一家公司——管理者就不能下命令了。方法只有一个，就是赢得**信任**。具体来说，这意味着你绝不能从问"我们要干什么"这样的问题开始。正确的问题是："他们的目标是什么？他们的价值观是什么？他们做事的方法是什么？"再说一遍：这些都与营销相关。在营销过程中，要从顾客的角度出发，而不是从你自己的产品角度出发提出问题。

彼得·德鲁克，《巨变时代的管理》（1995年），2006年，第6章

- 网络型组织对管理提出了相当高的要求，并且需要建立和维护各成员组织间牢固的关系，命令和权力在管理网络型组织中不会起作用。

系统组织：把不同的文化、价值观和技能整合成统一的行动

系统组织是团队设计原则的一种扩展，只不过团队是由个人组成的，系统组织则是由多种不同类型的组织所构成的团队。这些构成单位可以是政府机构、私营企业、大学和独立的研究人员，以及母公司内外的组织……使用系统结构的组织之间有一个共同点，那就是它们必须把不同的文化、价值观和技能整合成统一的行动……对系统结构的要求极为严格。它要求目标十分明确……系统结构的另一个要求是人人承担沟通的责任。系统结构的每一个成员组织，特别是各个组织管理层中的每一名成员，都必须确保每个人都充分理解组织的使命、目标和战略，都必须确保尊重、聆听、透彻思考、理解和解决每一名成员的困惑、疑问和意见……它需要

明确的目标，需要所有人的高度自律，并且需要高层管理者亲自为相互关系和沟通承担责任。

彼得·德鲁克和约瑟夫·马恰列洛，《管理》(修订版，2008年)，2012年，第41章

- 华理克认为目标驱动型的战略应该是网络导向，而不是命令导向的。这些组织通过价值观或目的而联结在一起。华理克的工作是开展良知活动和维护其价值观——通过目的驱动的"芯片"去"感染"那些教会。

网络型教会

2004年5月27日，彼得·德鲁克最后一次为华理克咨询，讨论哪种组织形式适合马鞍峰社区教会。德鲁克一开始就提到了在以前与华理克的通信中，华理克告诉德鲁克，他努力避免把马鞍峰社区教会变成一种教派。他们之前曾讨论过马鞍峰社区教会用哪种教派的组织形式，也讨论过如何建立标杆教会。华理克倾向于用具有很多联邦特点的网络型组织的形式。德鲁克曾发表过很多关于网络型组织的观点。我们可以从这次谈话中看到，华理克把这种组织形式更加具体化了。

彼得·德鲁克

你的方法隐含着一个意思，强调教派的做法在15或16世纪也许行得通，但现在过时了，你正在抛弃它。首先，你可以去问问我们的那位邻居，他是个虔诚的天主教徒，非常相信教宗，但是他可能对教派一无所知。而且，教宗与他也相距甚远。记得我曾经跟你说过，美国天主教的主教对我说："你不清楚。美国没有罗马天主教会，只有爱尔兰教派的新教教会。"其次，你强调会众是教会，而非教派。然而必须要维护贯穿整个网络的价值观——这是你的主要工作。

华理克

教派成了装不得新酒的旧皮袋了。我的21世纪教会的模式是网络型教会。它不用教派中所采取的那种控制，而是分享**共同的价值观**。我努力把价值观解释得通俗些，努力去传播这种价值观。我正在将价值观注入不同的教派。我反对用"教派"这个称呼，也反对被叫作"教派"。因为一旦被称为某一"教派"，我将与包括路德宗、天主教、浸信会、五旬节派在内的其他教派竞争。我希望人们能够保持他们的教派标签，但要改变其内涵。

可以把网络这个概念比喻成一家销售各种品牌电脑的商店。如果我走进一家电脑商店，看到各种品牌的电脑：苹果、IBM、戴尔、惠普等。它们的大小、形状、甚至运行的程序都不一样，但是每一台电脑都有一块英特尔芯片。是这块芯片在使电脑运行。我不在意教会的标签是路德宗、浸信会、五旬节派、天主教或者其他教派，也不在乎教堂的大小、建筑的颜色，不管它是黑色的、西班牙风格还是亚洲风格，或者其他风格的。标杆教会是21世纪教会的操作系统，标杆教会就是英特尔芯片。标杆教会是处理器，由它指导教会吸引人们成为会员，帮助他们成长，培养他们成为牧师，然后让他们去完成使命。

彼得·德鲁克与华理克的谈话，2004年5月27日

实践—提示

网络的概念在组织间有很广泛的运用，但它在组织内部，从内部市场到很小的利润中心都有应用。你该如何应用网络这一概念呢？

为什么你和你的网络型组织能够吸引合伙人？请列出原因。

在网络型社会中，你采取哪些步骤来学习如何管理组织、如何自我营销？

在网络型社会中，组织间交易大量使用电子商务。亚马逊充分证明我们不仅可以销售自己制造的产品，而且可以销售我们有能力分销的产品。这种

利用互联网进行交易的能力可以使我们在网络型组织中更好地经营。你的公司是更接近亚马逊电子商务还是更接近实体书店呢?如果是后者,考虑一下怎样运用电子商务进行突破。

警句

- 发达国家正快速步入网络型社会。
- 但在伙伴关系中——无论是对一个外包的合同机构,一个合资企业的伙伴,还是对你只拥有少量股份的一家公司——管理者就不能下命令了。方法只有一个,就是赢得**信任**。
- 系统组织是团队设计原则的一种扩展,只不过团队是由个人组成的,系统组织则是由多种不同类型组织所构成的团队。

注释

50. 凯伦·希金斯,约瑟夫·马恰列洛,《一种多维的方法:在网络型组织中领导复杂的合作》,迈克尔·拜尔莱恩等,《复杂的合作:提高跨边界工作的能力》(2004 年),爱斯维尔出版社,纽约,原著第 203~241 页。

| 第九部分 |
A Year with Peter Drucker

管理你的员工

第 28 周　管理超级明星
第 29 周　给失败者第二次机会
第 30 周　一个健全的美国社会需要什么样的组织

第 28 周
A Year with Peter Drucker

管理超级明星

引言

明星员工为管理者提供了独特的机遇与挑战。一方面，只有发挥人的长处才能取得绩效，而组织的目的就是使人富有生产力。因此明星员工增强了组织实现目标的能力，这种影响无疑深受欢迎。它帮助每个人聚焦于其长处，以求能够提升整个组织的绩效。

另一方面，管理明星员工却极具挑战性。"有高峰必有深谷"，[51]必须谨慎地管理明星员工，不让他们通过其行为和要求去破坏组织精神。然而，非常重要的是，即使管理者需要付出巨大的努力以尽量减少明星员工的负面影响，管理者也必须确保明星员工为组织做出贡献，并认可他们的贡献。这样做的目的，不仅可以促使明星员工达成自身的绩效目标，而且还可以通过他们的正面示范作用，提高其他人的绩效标准，帮助其他人成为明星员工。

在知识工作领域，明星员工的贡献常常大于他们的直接上级。由于他们对直接成果、绩效、价值观以及人的发展所做出的贡献可能更大，因此，明星员工的薪水和奖金高于向其直接上级的情况也并不罕见。比如，在专业竞技体育领域，这几乎成了一种惯例，专业运动员的薪水要高于他们的管理人员。

阅读

超级明星综合征

请记住：

明星是昂贵的。 我经常不得不提醒他们的经理，《圣经》中说："牛在场上踹谷的时候，不可笼住它的嘴（《申命记》25：4）。"让它踹谷（同时获得相应的报酬）！

明星是片面的。 当你打造明星的时候，你必须记住明星是片面的。要经常说服明星，因为每个明星都想做一些他并不擅长的事情。如果他们是明星，其领域往往非常窄，性格也有局限性。实际上，这是性格使然，而不是他们擅长的领域狭窄所造成的。

明星几乎毫无例外都不是全面发展的。 世界宣明会就不得不面临这一问题。又比如，圣巴巴拉有位推销证券股票的女士，她从未接触过女性顾客，也从未接触过退休的人，而实际上圣巴巴拉有非常多的退休人员。她所接触的仅限于一些小商人——拥有一两家店面的杂货店老板，食品店的店主，他们并非很富有，但每年有 50 000 美元可用于投资——她也只接触这些人。他们都买股票；他们本不该买股票的，却都在买。那是他们自己的钱，并且他们已经是成年人了。另外，宣明会在圣巴巴拉还有 80% 的市场没有占领。我曾花很多时间试图说服他们（她和她的分会）在圣巴巴拉增加两个人以扩展市场，但是说服她非常非常困难，因为她认为这是对她的威胁。

世界宣明会有很多类似的问题。当你开始后，你每年接受的大学生会开发他们自己：开发他们所擅长的、热爱的，还有他们能够成功做到的。这不是需要总部来解决的，而是你要应对的问题。

彼得·德鲁克，《摘要：与彼得·德鲁克论领导力和组织发展的对话》，
2002 年，第 15 页

思考

- 管理超级明星往往很烦人，然而超级明星对组织的贡献可能是巨大的。他们确实给管理者带来独特的问题，因此管理者需要学习如何管理超级明星以及善用他们的长处，同时又不破坏组织精神。这通常意味着不要总盯着他们难辞其咎的擦边球行为，或至少要尽力降低这些行为对组织中的其他人造成的间接伤害。

用人是为了产生绩效

有效的管理者知道他们用人是为了取得绩效，而不是取悦其主管。他们知道只要一位红得发紫的女明星能带来票房，她发发脾气又有什么关系呢？如果女明星需要发发脾气才能表现更出色，或许剧团经理之所以受聘为经理，就是为了承受她的脾气。一流的教师或杰出的学者是否讨校长喜欢或在教务会议上态度是否友善，又有什么关系呢？校长之所以受聘，就是为了使一流的学者能够有效地工作，即使在行政事务管理方面有些不愉快，也是值得的。

彼得·德鲁克，《卓有成效的管理者》，1967 年，第 4 章

- 组织给予我们这样的机会，可以使人的长处富有生产力，而使其短处与工作无关。其中的奥秘就是利用某个人的长处，来弥补其他某个人的短处。
- 管理者无法避免人们的短处，能力越强的人，其短处往往也越多。因

此，正确的问题永远是："这个人能做些什么？"与其长处相比，一定不要使他的短处凸显出来。

集中精力将能力强的人发展成为明星员工

人们不应该花精力去提升自己能力薄弱的领域，而应该将精力集中于你拥有较高能力和技能的领域。从没有能力提高到中等以下水平，要比从优秀到卓越需要付出更大的精力和努力。然而大多数人——包括大多数的老师和大部分组织——总是试图集中精力将没有能力的人提升到中等水平。其实，这些时间、精力和资源应该投向那些有能力的人，使他们成为明星员工。

彼得·德鲁克和约瑟夫·马恰列洛，《管理》(修订版)，2008 年，第 45 章

- 如果管理得当，超级明星能够帮助提升整个组织的绩效。这就需要强调他们树立的绩效典范，并且让需要他们帮助的同事能够找到他们。

发挥明星员工的作用，提高组织取得绩效的能力

绩效标准应该定得足够高，目标也要具有挑战性，但它们又必须是切实可行的，至少组织中的明星员工可以达到……但是管理者也需要利用明星员工来提升整个组织的视野、愿景、期望及取得绩效的能力。**管理者应该发挥明星员工的作用。**最好的方法——也是能够最大限度地传递认可、激发自豪感的方法——是让明星员工为其他同事当老师。最能影响销售团队的事情，莫过于让一个成功的销售人员站在他的伙伴面前告诉他们："这就是我行之有效的方法。"这对明星员工的影响更大，没有什么比这种认可更让人愉悦的了……任何组织的职能都是要有效发挥人的长处以取得绩效，同时使人的短处不起作用。这是组织职能的最终检验标准。

彼得·德鲁克，《非营利组织的管理》，1990 年，第 3 章

- 1862年4月6日，尤里西斯·辛普森·格兰特将军在田纳西州西部的夏伊洛意外地陷入约翰斯顿将军和博雷加德将军的包围圈。夏伊洛战役持续了两天，伤亡人数总计约23 000人：其中联邦军队13 000人，南部联邦10 000人。获得增援后，格兰特在4月7日取得了胜利，有人却根据战役给北军带来的威胁及战役伤亡的粗略估计要求林肯总统撤换格兰特。这时，林肯站出来为格兰特说话："我不能撤掉他，因为他能打仗。"这让我们看到，虽说格兰特有他的局限性，但是林肯清楚地知道他能做什么。事实也证明林肯对格兰特长处的评估是正确的，赢得战争需要他的长处，即使要付出伤亡惨重的代价。对林肯而言，格兰特的缺点相对于其长处来说是次要的。[52]

实践—提示

你的组织里有超级明星吗？他们是否得到了有效的管理，使他们的长处能够充分发挥，而短处变得不重要？还是对他们管理不善，而且妨碍了组织的绩效精神？

如果目前组织对超级明星管理不善，管理者怎样才能使超级明星对组织的贡献最大，同时又使他们的负面影响最小？

你和你的组织是否将超级明星放到能够发挥他们长处的位置上了？你们是否会保护他们而不受自身明显的短处和失误的伤害？

警句

- 要经常说服明星，因为每个明星都想做一些他并不擅长的事情。如果他们是明星，其领域往往非常窄，性格也有局限性。
- 有效的管理者知道他们用人是为了取得绩效，而不是取悦其主管。他们知道只要一位红得发紫的女明星能带来票房，她发发脾气又有什么关系呢？

- 集中精力将能力强的人发展成为明星员工。
- 发挥明星员工的作用，提高组织取得绩效的能力。

注释

51. 德鲁克《卓有成效的管理者》，1967 年，原著第 72 页。
52. http://www.whithouse.gov/about/presidents/ulyssessgrant/，2013 年 12 月 17 日浏览。

第 29 周
A Year with Peter Drucker

给失败者第二次机会

引言

人事决策——录用、晋升和解聘——是组织所做的最重要决策。坚持正确的程序有助于管理者做出人事安排的决策。正确的程序包括：

（1）认真思考工作的任务。

（2）同一职位面试多位候选人。

（3）找出每位候选人曾经确实做得好的地方。

（4）向曾经和候选人一起工作过的人了解他的绩效。

（5）确保 候选人非常清楚自己的具体工作任务，直至候选人能向其主管重复自己的任务。

这些程序有助于减少人事安排的失误。然而，失误仍然在所难免。因此，无论对组织还是在新职位上失败的个人而言，做出晋升决定的管理者都有责任纠正错误。

对于内部晋升，如果一开始就给予选定的候选人"可以回到他原先岗位"的权利，那么纠正错误就不会非常困难，但相关的负责人应该尽可能找出错误的原因。

最常见的失误发生在把人员晋升到需要承担重大管理和决策责任岗位上的时候。优秀的员工可能非常擅长分析，能够为组织做出突出的贡献，但是他们可能是糟糕的管理者，因为他们的性格而无法做出艰难的决定。这样的人必须调离，因为性格是无法改变的。

如何判断失败者会不会成为潜在的问题，尤其是把人员晋升到一线管理岗位的时候。在这种情况下，很重要的是要征求多方面的意见以消除可能存在的偏见。美国第34任总统德怀特 D. 艾森豪威尔将军的例子就能说明这一点。20世纪30年代，艾森豪威尔到菲律宾担任"军事顾问助理"，授受时任陆军参谋长的道格拉斯·麦克阿瑟将军的指挥。两人风格迥异，麦克阿瑟发表了很多贬低艾森豪威尔的言论。在第二次世界大战快结束的时候，麦克阿瑟对艾森豪威尔的实际潜能几乎都不认可，用他的话说："艾森豪威尔是我见过的最好的公司职员。"[53]麦克阿瑟认为虽然艾森豪威尔被尊为军事战略家，却并不具备管理和指挥能力。在这件事上，麦克阿瑟大错特错，幸运的是他的上级推翻了他对艾森豪威尔的评价。这份来自上级的第二个意见，充分说明了完全依靠一个人的意见就判断某人是不是失败者是很危险的，也说明了给予第二次机会是很有必要的。艾森豪威尔显然不是失败者，但根据麦克阿瑟的观点他就是。

后来艾森豪威尔成为第二次世界大战期间美军的五星上将。陆军参谋总长乔治·马歇尔将军，是军队中最能慧眼识珠的人物之一，他从"400位高级军官"[54]中，选拔任命艾森豪威尔为欧洲盟军的最高指挥官，领导诺曼底登陆。

如果把一个人晋升到了一线管理岗位，但他并不胜任，应该在另外的职位上给他第二次机会，同时提供必需的培训帮助他获得成功。虽然没有确切的数据，但有很多成功故事支持采取这一行动。本周讲的就是为失败者提供获得成功的第二次机会。

阅读

如果人们在第一个职位上表现不佳,他们能胜任第二个职位吗?我曾经学习过计算人们在第二个职位上的成功率(或者重新培训的失败率)。

如果你的标准定得高,失败率肯定就会高。但如果标准不高,就会伤害你的组织。平庸的标准会破坏组织精神。

经历第一次失败后,第二个职位的成功率是人员培训最好的检验指标。如果在第二次机会中有60%的成功率,说明你们对人才的培训和选拔都是非常不错的。因此,"第二次机会"的成功率是衡量组织培训体系是否健全的很好的指标。

在重新培训时,还有第三个测量指标:你愿意让其中的多少人当老师去培训其他人?可以让这成为一种惯例:将经过重新培训并已经在(第二次机会)岗位上工作了三四年的人请回来,让他们去教其他人。

彼得·德鲁克,《摘要:与彼得·德鲁克论领导力和组织发展的对话》,2002年,第4页

思考

- 彼得原理(劳伦斯 J. 彼得的观察所得)声称"每个人最终都趋向于晋升到他不能胜任的层级"。彼得原理是不成立的,这是在为管理者将人们晋升到不胜任的位置所犯的错误找借口。对人们过去的经历以及新职位要求具备的能力没有进行准确的评估,才会导致这种错误的晋升。
- 如果组织能给人第二次机会,并给予恰当的新职位培训,人们在第二个职位上的成功率还是相当高的。

对表现不佳的员工,适合的工作是什么

一个人在他被安排的岗位上表现不佳并不意味着他就是公司需要解聘

的差员工，这仅仅意味着他不适合做这项工作。那么，什么才是合适的工作呢……当给予他们能发挥自身长处的第二次工作机会，也就是安排到了本来应该将他们安排的岗位上的时候——很多人表现良好，这个比例相当高，但很少有管理者相信这一点。

彼得·德鲁克，约瑟夫·马恰列洛，《管理》(修订版，2008年)，2012年，第29章

美国援外合作组织

美国援外合作组织（Cooperative for American Relief Everywhere，CARE）在它开展工作的每一个国家都会派驻一位国家代表——通常是大学毕业没几年的年轻人。他们受过精心培训并做好了各种准备，但他们要在异国他乡独立工作，比如柬埔寨或肯尼亚，因此失败率非常高。

有很多年，每当遇到一个表现不佳的国家代表，CARE就会召他回国，说声"谢谢你"，然后将他解聘。但因为CARE找不到足够的优秀人才去填补所有国家的职位空缺，因此，尽管面临着组织内部的极大疑虑和许多反对意见，**CARE决定把其中一些优秀的但失败过一次的人员安排到另外一个国家担任国家代表。** 结果出乎所有人的意料，这些人绝大部分都获得了成功——事实上，还有不少成为明星员工。

彼得·德鲁克和约瑟夫·马恰列洛，《管理》(修订版)，2008年，第29章

- 对得到第二次机会的人来说，最好的培训师就是那些完成了从失败到成功转变的人。

救世军㊀

詹姆斯·奥斯本是一位在救世军工作了40年的老兵，在美国佐治亚州首府亚特兰大担任美国南部地区的指挥官。在一次谈话中，彼得·德鲁克问他：

㊀ 救世军（The Salvation Army），一个世界性的基督教慈善组织，有着严格的军事化结构和管理。其宗旨是以基督教为背景，开展教育、扶贫和其他慈善项目，以益于全人类及全社会。该组织成立于1865年，总部在英国伦敦，分部遍及全球100多个国家。——译者注

"对表现一贯不佳的人,你们会怎么办呢?"奥斯本回答说:"我们指出他们的缺点,并用一切可能的方法帮助他们提升:让他们去学习额外的课程,对他们进行严密的监督。如果这一切都不能奏效,我们就让他们进入察看期,并告诉他们:'除非你能达到标准,否则就必须离职。'"德鲁克追问:"你给予第二次机会的人有多少成功了?是大多数吗?""我真希望我能回答'所有人都成功了',"奥斯本说,"但实际的数字是60%。"

改编自彼得·德鲁克与詹姆斯·奥斯本的谈话,1988年

- 对反复失败的人来说,适合他的工作可能在另一个组织里。

重点应该是绩效

失败后获得第二次机会的人往往能够成功。如果一个人很努力,那就应该给他第二次机会。如果再次努力仍然不能取得绩效,那他可能不适合这个岗位。这时候就需要问:"他应该在哪里?"或许他应该在该组织的另一个职位上,也许应该在其他组织中。但如果一个人根本不努力的话,就应该鼓励他尽快参与竞争性的工作。

彼得·德鲁克,《非营利组织的管理》,1990年,第4章

实践一提示

在你的组织中,第一次任命的失败率是多少?你会给这些人第二次机会吗?如果不给,又是为什么呢?

如果你和你的组织会给这些人第二次机会,他们会接受新岗位所需的足够的培训吗?

你有没有统计过你们组织中获得第二次机会并接受了重新培训但是再次失败的比例?

如果你不降低获得第二次机会的人的绩效标准,再次失败率可能就会很

高。但如果你不保持高标准，就会伤害你的组织。平庸的标准会破坏组织精神。如果有人在获得第二次机会后仍然失败，你就不应该容忍平庸的绩效。

第三个指标是你愿意启用多少二次机会的成功者去培训其他人。让这种做法成为一种惯例：把已经在第二个岗位上工作了三四年的人请回来，请他们去培训那些失败者，这样就能建立起一所成功的"失败者培训学校"。

如果一个人明显不适合你的组织，你能否帮助他在其他组织中找到一个更适合他的职位？

警句

- 一个人在他被安排的岗位上表现不佳并不意味着他就是公司需要解聘的差员工。这仅仅意味着他不适合做这项工作。
- 失败后获得第二次机会的人往往能够成功。如果一个人很努力，那就应该给他第二次机会。如果再次努力仍然不能取得绩效，那他可能不适合这个岗位。这时候就需要问："他应该在哪里？"

注释

53. 麦克阿瑟对艾森豪威尔的评价。经再次观看沃尔特·古德曼《纽约时报》档案馆 1999 年 5 月 17 日纪录片《麦克阿瑟》确认。www.nytimes.com/1999/05/17/arts/television_review_the_general_at_center_of_the_stage.html，2014 年 7 月 18 日浏览。
54. 《艾森豪威尔担任指挥》，1942 年 6 月 25 日，http://www.history.com/this-day-in-history/eisenhower-takes-command，2014 年 1 月 28 日浏览。

| 第30周 |
| A Year with Peter Drucker |

一个健全的美国社会需要什么样的组织

引言

彼得·德鲁克在管理方面所做的工作，是为了创建和维持一个由成功运作的组织所组成的社会。在这样的社会中，个人既能够找到自己存在的意义和目的，又能同时为公众利益做出贡献。在我们这个由不同组织组成的多元化社会里，每一家机构都承担着不同的角色，只有社会的每个部门都根据其使命很好地运作时，我们的社会才能繁荣昌盛。本周讲的就是美国所需要的组织应该具备什么样的特征。

德鲁克在尝试处理社会问题的时候强调，领导者更应该关心组织的使命、客户以及发展组织中的人，而不是级别和权力的"光环"。与他的朋友、倡导"仆人式领导"的鲍勃·格林利夫不同，德鲁克不是一位"道德家"或传教士。相反，他是一位讲究实际的人，一位注重结果的导师。他说："鲍勃总是试图改变每一个人，使他成为更好的人。我感兴趣的是让人们用他们的行动和表现去做正确的事。鲍勃对动机感兴趣，而我对结果感兴趣。"[55]

作为导师，德鲁克讲授服务型领导的方方面面。他从良师益友阿尔弗雷德·斯隆身上学到了，领导者是他们机构的仆人。他也赞同他的多年好友麦克斯·蒂普雷（赫曼·米勒公司㊀前任 CEO 及董事长）的教导，对待组织中的人应该像对待负债一样，对人负责是管理者的责任。"像对待负债一样对待人"可以用资产负债表来解释：在资产负债表中，资产列在左边，负债列在右边，资产减去负债得出资产净值。当需要管理的人数增加时，管理者的责任或负债就增加了。

领导者如何才能在他的组织中做到这些呢？首先，领导者通过像仆人一样为组织的使命和组织内的人服务来清偿他们的债务。服务为权力与权威的**合法性**提供了基础——这是德鲁克著作中的一个重要内容。其次，领导者应该设法为组织的成员提供**社会身份**。这就意味着，应该认可组织中的每一个人都在实现组织使命的过程中承担着某种重要角色，这种认可赋予了个人在组织中的**身份**。最后，应该依照组织所处社会的基本理念来对待每一个体，这样就会赋予每个个体以**功能**。换句话说，每个个体在各自的工作场所从事着各种活动，组织所在的社会也有着一种有效的哲学，这两者之间应该有一种功能性的联系。这种功能性的联系是如何发挥作用的呢？在美国，我们的有效哲学或者说国家精神通常可以用《独立宣言》中的第二段话来描述："我们坚持这个不言而喻的真理，即人人生而平等，造物主赋予他们一些不可剥夺的权利，其中包括生命权、自由权和追求幸福的权利。"

将这些权利放到组织层面来看，德鲁克将它们解释为人人有权利享有**负责任**的**自由**、享受**机会平等**的权利以及《独立宣言》赋予所有人的**尊严**。这些权利为个体在工作场所营造了一种**目的**和**意义**，并在工作的个体和社会的基本信仰之间建立了一种功能性的联系。

有一个具体的例子有助于我们厘清这些术语以及它们与个人、组织和社

㊀ 赫曼·米勒公司（Herman Miller）始于 1905 年，从一家生产传统家具的公司演变形成美国现代家具设计与生产中心。它是美国最主要的家具与室内设计厂商之一。——译者注

会之间的关系。杰基·罗宾逊㊀在黑人联盟㊁打了两年球之后，成为美国职业棒球大联盟史上第一位非洲裔美籍球员。黑人联盟有许多优秀的棒球选手，但是直到布鲁克林道奇队总经理布兰奇·瑞基选中了罗宾逊，非洲裔美籍球员才第一次进入职业棒球联盟。瑞基了解罗宾逊的才能，他既希望罗宾逊能帮助道奇队获得冠军，又希望能够打破职业棒球界的肤色界限。他选择罗宾逊，并不仅仅因为他是一名全能运动员、曾在加利福尼亚大学洛杉矶分校（UCLA）打棒球，还因为他个性坚强，在受到侮辱和人身威胁时能忍辱负重。道奇队给予他与其能力相称的"身份"，以及在《独立宣言》中承诺给予所有公民的自由权利。这样，他与美国的理想之间就有了一种"功能性的联系"。与此同时，通过做出与国家基础文件一致的决定，道奇队的领导者也向人们展示了"合法权威"。在杰基·罗宾逊和布兰奇·瑞基的故事中，身份、功能和权威的合法性——得到证实，这个例子也说明了德鲁克关于一个组织型的社会正常运作所必备的条件。

最后，一个由组织组成的社会，需要社会中既有能够保持社会连续性的机构，又有能够使社会不断变革的机构。德鲁克对正在经历着快速变革的美国社会及其机构的发展方向有些担忧。"保持连续性的"机构，包括政府、最高法院、宗教机构及家庭，意在**保持**与过去的**连续性**。所谓"保持连续性"的机构是相对于比如企业和大学这样一些不断变革的机构而言的，因为企业与大学这类机构就应该推动**变革**。在快速变革时期，保持连续性的机构必须用价值观来保持社会的凝聚力。因此，德鲁克认为基督教会、犹太教会和伊斯兰教会在社会中有着重要的作用。

㊀ 杰基·罗宾逊（Jackie Robinson，1919年1月31日—1972年10月24日）是美国职业棒球大联盟史上第一位非裔美国球员，在1947年4月15日罗宾逊穿着42号球衣以先发一垒手的身份代表布鲁克林道奇队上场比赛之前，黑人球员只被允许在黑人联盟打球。虽然美国种族隔离政策废除已久，但无所不在的种族偏见仍强烈左右着社会各个阶层，因此杰基·罗宾逊踏上大联盟舞台的这段时日，被公认为近代美国民权运动最重要的事件之一。——译者注

㊁ 黑人联盟（Negro Leagues）是主要由非裔美国人队伍所组成的美国职业棒球联盟。——译者注

每一个机构都需要领导权威的合法性,每一个个体都需要身份和功能。

阅读

如果权力没有合法性,就没有任何社会秩序可言。一个成功运作的社会必须总是能够组织起切实可行的社会秩序。它必须成为物质世界的主人,成为社会秩序中真正现实的主人。它必须成为物质世界的主人,使它变得对个体有意义而且容易理解,同时它还必须建立合法的社会和政治权力。如果社会不能给予社会中的个体以社会身份和社会功能,如果决定社会权力的不是合法的权力,那么任何社会都无法正常运作。个体的社会身份和社会功能构成了社会生活的基本框架:社会的目的和意义。合法权力在这个框架内塑造空间:它使社会变得更加具体和实在,构建起各种机制。如果个体没有被赋予社会身份和功能,那就不存在真正的社会,有的只是大量在空间中漫无目的地游荡的社会原子。如果权力不是合法的,那就不可能有社会结构,有的仅仅是由奴性或惯性连接在一起的社会真空。

彼得·德鲁克,1月31日,"成功运转的社会",《德鲁克日志》,2004年

思考

- 领导层的合法权力要求管理者承担起对组织中的人、财、物的管理责任,并履行促成企业使命的职责。

社会身份和功能

个体的社会身份和功能是群体和个体相互作用的产物,它象征着个体和群体的相互融合。它从社会的意义表达了个体的目的(社会功能),同时也从个体的意义表达了社会的目的(个人身份)。这样,从群体的角度看,个体的存在

变得容易理解和合理，同时从个体的角度看，群体的存在也容易理解和合理。

如果一个个体没有社会身份和功能，对个体说来就等于没有这个社会。只有当社会的目的、目标、信念和理想对个体的目的、目标、信念和理想是有意义的，社会对他才有意义。在个体生活和群体生活之间，必定存在着某种明确的功能性联系。

彼得·德鲁克，《功能社会》，2003 年，前言

- 在如今这个动荡的时代，对个体的要求在不断变化。因此，宗教组织及社会部门中的相关组织应该为个体提供重建并维持其社会身份和功能的机会。

美国教会是有助于整个社会重建的组织

你（鲍勃·班福德）已经为美国新教教会的重新定位和振兴建立起了一个机构，他们尊重教派却不局限于某个教派。从根本上说，你是从这样一个假设出发的：美国教会是有助于整个社会重建的组织。我不是说教会"肯定会"成为这样的组织，人们只能希望它成为这样的组织并为之祈祷，但是它"可能会"成为这样的组织，并且也已经证明它有能力成为这样的组织。这在牧养型教会已经得到了证明，而且这种教会的数量还在不断增加。你也已经使这些教会的健康成长成了被关注的焦点。

我读过施卡勒（莱尔·施卡勒，作家，教会顾问，富勒神学院名誉教授）的书，我认为他说明了教会是社区和日常生活中一股有效的、强劲的动力，不仅是在周日的 10～12 点的礼拜中。他说得非常清楚，这并不仅是指大型教会，所有一定规模的教会都这样。当然，也不是指那些小教会，小教会正在从这个世界逐渐退出，它们对社会没有什么影响力，它们只是某些人逃避社会、逃避责任的庇护所。这些小教会与那些较大规模的教会完全不一样。对它们可能仍有需求、它们甚至可能受追捧，但它们同时又充斥着失败主义的气氛。与这些小教会一起工作时，要特别注意，如果只

关注问题，就非常危险。

德鲁克和班福德的对话，科罗拉多州埃斯蒂斯帕克，
1993 年 8 月 9 日

- 加入教会或某个社会部门的组织可以使个体有机会去发现自己生命的意义和目的。
- 现在流行在企业或商业院校中讲授的"正念"（mindfulness）[56]，正是认识到了静思冥想为组织和员工带来的好处：缓解压力，以及其他有益的结果，例如提高工作中的生产力和创造力。

工作与人性

管理总是存在于组织中、在组织中起作用、在组织中践行，并且为组织而服务。组织是一个人类社区，它由一种仅次于家庭的、人类最强有力的纽带紧密地联系在一起，这就是工作的纽带。正因为管理的对象是为了一个共同的目标、被工作的纽带联系起来的人类社区，所以管理总是需要面对人性，以及（正如我们有些实践经验的所有人都了解的）人性中的善与恶。我在管理咨询顾问中所了解的神学知识比教授宗教课程时所理解的更多。

彼得·德鲁克，《教授管理工作》，1988 年，第 2～5 页

实践—提示

你的组织是否能使组织中的每一个人得到尊严、自由和平等的机会？你的组织是否以此来推动美国的理想？你的组织是怎样让组织中的人得到尊严、自由、平等这些积极属性的？

"通过目标与自我控制进行管理"⊖是德鲁克在 20 世纪 50 年代发展出来

⊖ 原文是"Management by Objectives and Self-Control"，旧译"目标管理与自我控制"，经常简化为"目标管理"。这个翻译流传很久，但并不恰当。根据原意，应翻译为"通过目标和自我控制进行管理"。——译者注

的管理哲学，它在赋予员工自由和自治的同时，要求他们对结果负起责任，这是一种员工在与上司沟通后达成一致认识的结果。你的组织是如何在给员工自治权利的同时要求他们对结果负责的？

德鲁克相信，滥用权力是组织领导者积重难返的恶习。要战胜这种恶习，只能实施各种核查和制衡。你的组织中有没有为控制滥用权力而进行的核查和制衡机制？这些核查和制衡起作用吗？你们组织中的权力合法吗？权力是否服务于组织的使命和利益相关者的福祉？

在你们的社区中，你和你的组织做出了什么样具体的贡献，使自己成为推动社区进步和变革的动力？要成为推动变革的正面力量，你们需要什么样的鼓励或准备工作？

警句

- 一个成功运作的社会必须总是能够组织起切实可行的社会秩序……如果社会不能给予个体以社会身份和社会功能，如果决定社会权力的不是合法的权力，那么任何社会都无法正常运作。

注释

55. 彼得·德鲁克，前言，唐·弗里克和赖瑞·斯皮尔斯编著《成为一名服务型领导者》，Jossey-Bass 出版社，旧金山，1966 年，第 xi～xii 页。
56. 《赫芬顿邮报》健康生活版，"企业界的心智正觉：商业如何与东方实践相结合"，发表于 2012 年 8 月 29 日，2013 年 1 月 7 日更新，http://www.huffingtonpost.com/2012/08/29/mindfulness-businesses-corporate-employees-meditation_n_1840690.html，2014 年 3 月 3 日浏览。

第十部分

A Year with Peter Drucker

继任决策

第 31 周　继任决策：保持组织精神
第 32 周　组织内的继任计划

第 31 周
A Year with Peter Drucker

继任决策:保持组织精神

引言

决定一个组织最高职位的接班人是个艰难的决策,正如德鲁克所说,有时甚至是"孤注一掷的赌博"(《管理:使命、责任、实务》,1973 年,第 51 章)。一个人在以往较低职位上的业绩并不能保证他在担任最高职位时能够成功。

美国政治历史上有一个很好的例子,即美国第 15 任总统詹姆斯·布坎南⊖。他毕业于狄金森学院,在宾夕法尼亚州担任了五届众议员和两届参议员。他还出任过驻俄国公使和驻英国公使。1856 年出任总统之前,他是美国第 17 任国务卿,当时的总统是波尔克。从表面上看,他的背景和经验都为他担任总统做了很好的准备。但是历史学家和政治学家都认为布坎南是美国最差的总统之一。

而布坎南的继任者亚伯拉罕·林肯则是自学成才,在伊利诺伊州议会中当过多届议员,还代表伊利诺伊州担任过一届国会议员。他两次竞选参议员

⊖ 詹姆斯·布坎南(1791—1868),于 1857~1861 年任美国总统。——译者注

都失败了。然而，历史学家和政治学家却都认为林肯即使不是美国最好的总统，也是最好的总统之一。布坎南有着显赫的国内和国际相关经验，却失败了，而林肯在国内和国际都没有什么经验，反而成功了。这与那些对总统政治了如指掌的观察家的期望正好相反，事实证明他们错了。如果这些经验丰富的观察家问一下这个问题："今后几年里最大的挑战是什么？"他们可能就不会那么低估林肯了。伊利诺伊州那些熟悉林肯的人，包括他的强大政敌史蒂芬·道格拉斯参议员，以及那些竭尽全力支持林肯竞选的朋友都没有低估他的能力。

从就任的第一天直到去世，林肯解决了一个又一个的难题，但是事先谁也不知道在那段非常时期里，林肯在人格力量和能力上有了多么大的成长。

阅读

不能够说我是这方面的专家，但是我确实从18岁起就涉猎政治学和政治理论。接班人的问题深深吸引了我："怎样才能保持或维持创始人的智慧、策略和榜样，但又不会绑住接班人的手脚？"

有一天，我和我的老朋友德里克·博克[57]（他现在是哈佛校长）坐在一起聊天。那时他在休假，他曾经当过哈佛法学院的院长。博克主持的一个研究项目发现，在美国顶尖大学那些最辉煌的年代里，几乎每一位精明能干的校长都来自校外，而不是校内。一部分原因是强势的人一般不会鼓励他的下属发挥他们的长处，另一部分原因是这些领导者本身太强势了，在他们离任后多年，还继续影响着这个机构的治理，就像阿尔弗雷德·斯隆离任后还在影响着通用汽车的管理一样。

斯坦福大学自从1891年创建以来，在许多方面一直是大学中管理中的佼佼者。其校长总是来自校外，而教务长总是由内部提拔。

但是，在有些情况下，前任首席执行官依旧能够发挥作用。现在人们的寿命很长，在考虑接班人问题的时候，创始人在很多方面可能还处于他的巅峰状态，还会以为自己处于最好的时候。但是一旦雄心不在，不再追求自我，尽管经验丰富，人却变得宁静而超然，这是他需要退出的时候。

怎样能为前任首席执行官保留一个角色或者说怎样去平衡？你也许会从一个极端走到另一个极端。在通用电气公司就严格到不允许前任首席执行官进入公司。甚至几年前通用电气管理学院成立25周年的庆祝活动也在最后一分钟被取消了。因为有人指出只有两三个选择。第一个选择是告诉前任首席执行官们，包括学院的创建人，不欢迎他们参加。第二个选择是打破规则。第三个选择是到通用电气管理学院外面去举办庆祝会。最后庆祝会被取消了。这做得有点过了。要是我，我会建议为这个庆祝晚宴破一次例。

还有另外一个极端，就是创始人像一直咧着嘴笑的柴郡猫那样无处不在。㊀所以问题是，"怎样才能让创始人带来积极的成效？"如何让创始人既能够产生有意义的影响，使他能够做出贡献、继续发挥作用，同时又不会影响组织精神？西班牙的查尔斯五世在1556年退位后，让位于他的儿子菲利普二世，自己进了修道院。他留下了许多信件——他那可怜的儿子，因为老爹无事可做，就是静静地坐在那里写信，他干预每一个事情的细节，总是虔诚地申明他非常快乐，唯一担心的是儿子以后怎么办。好几千封信，每天都写，你怎么能让这样的事情不再发生呢？

继任决策应该关注如何维护能够使组织保持活力的精神。而解决方案必须要适合这个组织，保持它的绩效精神。

德鲁克与班福德的对话，1987年2月24日

思考

- 德里克·博克担任哈佛大学校长20年，成绩斐然。他是从内部提拔

㊀ 柴郡猫是童话《爱丽丝梦游仙境》中的虚构角色，形象是一只咧着嘴笑的猫，拥有能凭空出现或消失的能力，甚至在它消失以后，它的笑容还挂在半空中。——译者注

的，此前曾任哈佛法学院的院长。前美国财政部部长劳伦斯·萨默斯是德里克·博克的继任者。他在 2001～2006 年的 6 年任期中饱受争议，最后因哈佛教职员投了对他的不信任票而下台。萨默斯与博克不同，他来自校外。对这个具体的继任决策来说，内部候选人的表现要比外部的好。两个人不一样的地方可能就在于萨默斯没有能够维护学校的精神。

"组织的精神来自顶层"

毫不妥协地强调人品的正直是管理层的诚挚与严肃的有力证据。这种人品的正直，首先体现在管理层的"人事"决策上。正是通过人品，领导力才得以实现；人品树立了榜样，并为他人所效法。人品是糊弄不了人的。与一个人共事几个星期后，众人，特别是下属，就知道他是否正直。人们也许可以原谅一个人的很多缺点，如能力不足，缺乏知识，缺乏自信，或者没有礼貌。但是他们不会原谅这个人的不正直，**人们也不会原谅更高的管理层选择了这样不正直的人。**

对于企业最高层的人更是如此。因为一个组织的精神是在顶层确立的。如果一个组织拥有伟大的精神，那是因为位于其顶层的人具有伟大的精神。如果它衰败，则是因为顶层的腐烂；正如谚语所说，"鱼死头先烂"。如果一个人的品格不能成为其下属的榜样，最高管理层就不应该任命他担任高级管理职务。

彼得·德鲁克，《管理：使命、责任、实务》，1973、1974 年，第 36 章

- J. 克米特·坎贝尔于 1992 年成为赫曼·米勒公司第一个由公司外部人士担任的首席执行官，他接替了麦克斯·蒂普雷。蒂普雷则继续担任董事会主席，直至 1995 年到了 70 岁董事会规定的退休年龄。坎贝尔在赫曼·米勒公司经历了一段艰难时期之后，于 1995 年被迫离职。这

段时间公司出现了很多变化，包括一些重要的人事变更，也出现了一些混乱局面，其中有些违背了公司传统的价值观，威胁到了组织精神。迈克·沃柯马接替坎贝尔从1995～2004年任首席执行官。他是从公司内部提拔上来的，并在麦克斯·蒂普雷的辅导下，恢复了赫曼·米勒公司的传统价值观，包括强调人的重要性。但他也改变了公司的一些惯例，包括曾经许诺过的终身雇用制。很显然，沃柯马使赫曼·米勒公司回到了长期以来坚持的价值观和组织精神上[58]。

组织的风格

麦克斯·蒂普雷：还有一个重要方面是领导者必须具备的：判断领导品质的方式，我称为组织的风格。这不是领导者的个人魅力，也不是公司能获得多高的知名度，或是诸如此类的东西。组织调整自己适应变化的能力如何？组织处理冲突的能力如何？组织是否有能力满足利益相关者或者客户各种各样的需求？那才是你最终判断领导品质的方式。

彼得·德鲁克：你会把老领导离开后组织的发展趋势也列入你的组织的风格中吗？

麦克斯·蒂普雷：选择接班人是领导者的主要责任之一。

彼得·德鲁克，《非营利组织的管理》，1990年，第1章

- 在赫曼·米勒公司和哈佛的案例中，我们都看到新任首席执行官以不受欢迎的方式破坏了组织的精神。在赫曼·米勒公司，坎贝尔的前任麦克斯·蒂普雷仍然主持董事会。在哈佛，劳伦斯·萨默斯辞职后，德里克·博克重返校园，从2006年7月1日到2007年6月30日担任临时校长。另外，美国南北战争期间⊖，林肯任命尤利西

⊖ 美国南北战争（1861～1865），是美国唯一的一次内战，参战的双方为北方美利坚合众国和南方的美利坚联盟国。——译者注

斯·格兰特⊖为联军总司令接替亨利·哈勒克。事实证明，这项任命对产生必胜的精神、赢得内战起到了决定性作用。尽管格兰特有一些个人缺点，但他贯彻执行了林肯的战略。林肯坚信这种战略能够赢得战争的胜利。战争中双方都有大量的伤亡，但是林肯知道，预算、人员和军需等方面都对联军有利。格兰特将军执行了林肯的战略，在多个地点同时出击——其他联军的将军或者做不到，或者不愿意这样做——在与李将军⊜的战斗中赢得了一些大型战役的胜利。结果，联军的士气大涨。

根据长处而不是最少缺点来选择继任者

当林肯总统（一位禁酒主义者）听说他新任命的总司令格兰特嗜酒贪杯难当大任时却说："如果我知道他喜欢的品牌，我倒想给其他将军也送上一两桶。"在肯塔基和印第安纳州边远地区度过童年的林肯不会不知道酗酒的危害。但是在联军所有的将军中，对格兰特将军的任命是整个内战的转折点。这是一个非常英明的决定，因为林肯根据久经证实的、有打胜仗的能力来选择将军，而不是根据他是否贪杯，也不是因为他一点缺点也没有。

彼得·德鲁克，《卓有成效的管理者》，1967 年，第 4 章

- 这些例子并不想说明应该从内部还是外部选人，但它们确实说明了选择继任者的决定有高度风险。当你需要新任命的首席执行官用他们的独特长处来改变无效的惯例、迎接紧迫的挑战，同时又要维护或重振组织的精神时，理解和重视上述风险会很有帮助。

"有高峰必有深谷"

不管是谁，如果以避免短处为出发点而选人、用人的话，得到的最好结

⊖ 尤利西斯·格兰特（Ulysses Grant，1822—1885），美国第 18 届总统（1869～1877），在美国内战期间率领北方联邦军打败了南方同盟军。——译者注
⊜ 李将军（General Lee），美国内战期间南方军队的将军。——译者注

果也只不过是平平庸庸。所谓"样样精通"的人，只有长处而没有缺点的人（不管所用的词是"完人""成熟性格""八面玲珑"，还是"通才"），即使不算是无能，也只能说平庸。能力越强的人缺点也越明显。有高峰必有深谷。没有人能精通所有的领域。在人类浩瀚的知识、经验和能力面前，即使最伟大的天才也只能算作彻底的失败者。根本就没有什么"全能的人才"。"能"在哪里？这才是问题所在。

彼得·德鲁克，《卓有成效的管理者》，1967 年，第 4 章

实践—提示

你的组织在选择继任者时做得好吗？如果做得好，是怎么做到的？如果结果一般或不好，又是什么造成的？

你认为你的组织是具有高绩效精神的组织吗？是什么造就了高绩效精神？

如果你的组织绩效不高，你能够做些什么来改善组织精神？对那些能对组织精神有更大影响力的人，你有什么建议？

格兰特将军的例子告诉我们，有缺点的人经常具有非凡的优势，而这种优势可以导致成绩斐然。你的组织在任命最高管理者时，是否在寻找样样精通的人？还是像林肯一样，寻找具备优势去解决组织所面临的问题的人，并同时认识到，这样的人往往带有显著的缺点？

警句

- 怎样才能保持或维持创始人的智慧、策略和榜样，但又不会绑住接班人的手脚？
- 继任决策应该关注如何维护能够使组织保持活力的组织精神。而解决方案必须要适合这个组织，保持它的绩效精神。
- 毫不妥协地强调人品的正直是管理层的诚挚与严肃的有力证据……正是通过人

品，领导力才得以实现；人品树立了榜样，并为他人所模仿。
- 一个组织的精神是在顶层创建的。如果一个组织拥有伟大的精神，那是因为位于其顶层的人具有伟大的精神。如果它衰败，则是因为顶层的腐烂；正如谚语所说，"鱼死头先烂"。如果一个人的品格不能成为下属的榜样，最高管理层就不应该任命他担任高级管理职务。
- 根据长处而不是最少缺点来选择继任者。
- 所谓"样样精通"的人，只有长处没有缺点的人……即使不算是无能，也只能说是平庸。能力越强的人缺点也越明显。有高峰必有深谷。

注释

57. 德里克·博克从 1971～1991 年任哈佛大学第 25 任校长。从 1968～1971 年任哈佛法学院院长。摘自 http://www.harvard.edu/history/presidents/bok，于 2013 年 9 月 9 日浏览。
58. 摘自 http://www.hermanmiller.com/about-us/who-is-herman-milller/company-timeline/ 1990.html，2014 年 2 月 1 日浏览。

第 32 周
A Year with Peter Drucker

组织内的继任计划

引言

对所有的组织来说,最高管理层的继任问题都是一个高风险的决策。计划接班人的最好方法是制订好一个系统的培养计划,让所有重要的管理职位都有一个符合条件的候选人名单。这样,当一个职位空出来时,人力资源部门就可以根据名单向决策人举荐多个符合条件的候选人,从中选择接班人。

继任决策最安全的方法之一是在做出决策之前能够考察一些位于重大责任岗位上的人。然而,即使在这种情况下,一个成功而富有魅力的领导人也很难被替代,所以必须要确保选中的接班人能够把自己独特的优势带到这个最高职位。被选中的候选人在了解和尊重过去传统的同时,要让他作为有自己优势的一个人,而不是让他试图重复前任的风格和方式。这是因为:第一,前任肯定犯过一些错误,虽然当时没有人指出,但是现在必须纠正;第二,两个人不可能完全一样,试图让接班人去克隆他的前任注定要失败。

在做继任决策的时候,富有经验的董事会能够给你提供非常有价值的建议。董事不仅能够给继任决策带来自己过去的经验,他们还能从同行那里带来其他组织机构的经验——不论这是做出正确选择的经验，或者没有做出正确选择的教训。指派某些董事会成员担任新任命的首席执行官的教练和参谋也会很有帮助。

阅读

2009年11月13日，华理克牧师应邀参加在华盛顿特区佩尤研究中心召开的宗教和公共生活论坛。马鞍峰社区教会的接班人问题是论坛的议题之一。对此，华理克牧师解释说，因为他打算在教会当40年的资深牧师，随后就把领导责任转交给年轻一代。开研讨会的时候，华理克牧师已经奉职30年了，因此有人请他详细阐述一下接班人计划。

华理克牧师

因为还有10年我就要退出了，我希望能有一个顺利的交接。所以一年半以前，我们在马鞍峰社区教会做了件我不知道其他教会是不是曾经做过的事。在一个星期内，我们把教会领导团队的年龄降低了16岁。我们有一群差不多从一开始就跟我一起、被尊称为长老的牧师。他们大部分已经50多岁了，55岁左右。这些年来都是我们这些人在领导教会。但是我们也始终都在辅导下一代，我也正在做这件事。我要把我的余生都用在辅导下一代的工作上。我们有一群30多岁的年轻人，其中有一两个将近40岁，我们在一个星期内就把领导责任移交了。我们把所有领导团队里的长老都请了出来，包括我在内——我现在只是一个指导牧师——我们把那些30多岁的人放到领导团队里，我们称为"牧师管理团队"（Pastors' Management Team，PMT），我们把这样一个大型教会的领导责任交给了9个年轻人，让他们去运营这个大型教会，我们则做其他的事情。所以移交工作现在已经进行了。

后来，有人问华理克牧师他是否知道他的接班人是谁。他回答说："我不知道。但是我可以告诉你这一点：我的导师彼得·德鲁克说过，你绝不要自己选择自己的接班人。我认为，那是因为你通常都会选择与你相似的人，而组织此刻通常需要与你完全相反的人。你们明白我的意思吧？"

华理克牧师，佩尤研究中心，宗教与公共生活，《福音派的未来：
与华理克牧师的交谈》，2009年11月13日

思考

- "没有接班人就没有成功"，这是华理克牧师对德鲁克观点的理解。德鲁克认为，培养接班人对于任何要保持健康状态的组织都是至关重要的。

接班人问题是组织成功的关键

一个不能自我延续的组织注定要失败。所以，一个组织今天就要准备好明天的管理人才，它必须更新自己的人力资本，使它的人力资源稳定升级。

一个组织如果只能在今天的愿景、声誉和成就的水平上延续自己，就会失去适应能力。对与人有关的事情来说，唯一确定的就是变化；如果故步自封，组织就无法在变化了的明天生存。

彼得·德鲁克和约瑟夫·马恰列洛，《卓有成效管理者的实践》，2006年，第3章

- "第五级领导者帮助他们的下一代接班人准备好取得更大的成功，而以自我为中心的第四级领导者为他们的接班人安排的则是失败"（吉姆·柯林斯，《从优秀到卓越》，2001年，原著第39页）。

- "把HR（人力资源）提升到组织里有权力的重要地位，确保人力资源人员拥有能够将管理者培养成领导者、发展成功职业生涯所需的专业素养。事实上，最好的人力资源人员既像牧师又像父母"（杰克·韦尔奇，《赢》，2005年，原著第98页）。

- 彼得·德鲁克非营利组织管理基金会（Peter F. Drucker Foundation for Nonprofit Management，1990～2003）后来更名为领导力学院（Leader to Leader Institute）。2005 年，领导力学院为庆祝成立 15 周年，出版了一份名为《领导者：光芒闪耀》(*Leader to Leader, Shine a Light*) 的专刊。为了撰写专刊的卷首语，编辑要我就美国所有的非营利组织所关注的问题采访德鲁克。采访中关于非营利组织中管理层接班人的部分收录见下文。

彼得·德鲁克谈非营利组织的继任决策

约瑟夫·马恰列洛

彼得，主要的非营利组织中许多高层主管（很快）将要退休……但似乎在准备接班人方面没有做什么，很缺乏后备领导者。这是不是一个很严重的问题呢？

彼得·德鲁克

正如你所指出的，组织机构面临的一个重大挑战是领导人的更替，而社会部门还不像企业那样对交接班有所准备。非营利组织现在还处于企业刚刚开始培养高层主管的那个阶段。

目前的非营利组织高层主管大约是在越南战争时期进入管理层的，那时他们才 30 多岁。现在他们要退出了，然而几乎没有任何非营利组织准备好了接班人。

事情可能会很难办。很少有人仔细思考过关于接班人的问题："我们需要什么样的人来接班？他们应该有什么样的背景？我们怎样培养他们？怎样考察他们？怎样筛选他们？"我们现在选人的方式是让董事会到处打电话问，"你认识什么人吗？"对那些正在寻找接班人的非营利组织，我的问题是，"这个工作要达成什么结果？他需要什么能力？需要什么经验？"

约瑟夫·马恰列洛

彼得，这个继任的问题是不是也创造了真正的机会？

彼得·德鲁克

确实如此！在社会部门中有一部分不是志愿者，接班人危机给他们创造了领导的机会。而对于志愿者，危机创造了平行职业生涯㈠的发展机会。

如果某个企业中有这么一个人，他在43岁时成为一家大公司中某个小部门的审计主管，基本上，他算是已经干到头了。40个审计主管中只有一个才可能有机会成为公司的首席财务官。他也许可以从大公司里的小部门升到大部门，但是他的职位已经做到头了。对他来说，提升领导力、获得成长和激情的机会是在社会部门，不论他是把它作为第二职业，或者是平行的职业生涯。

社会部门里充满了对领导力的挑战，为人们创造了第一、第二或者平行职业生涯的新机会。

约瑟夫·马恰列洛，"成果管理，继任规划：彼得·德鲁克访谈"，
《光芒闪耀》，2005年，第15～19页

- 组织的创始人未必是选择自己接班人的最合适人选。危险就在于创始人会选择与他自己最相似的那个人作为候选人。但是，任何两个人都不会有相同的优势，所以看起来与创始人很相似的接班人可能无法提供组织发展所需的愿景，去明智地面对组织的新环境、解决新问题。而且，接班人也很可能要面对并纠正创始人早先在他的任期中所犯下的错误。

林肯电气120年历史中的接班过程

总部位于俄亥俄州克利夫兰市的林肯电气公司是焊接用品和设备方面全球领先的公司，它在160个国家拥有制造企业与合资企业。1895年，约翰·林肯创建了这家电机公司，并获得了电弧焊方面的专利。1895～1929年，约

㈠ 平行职业生涯（parallel career）指在正常的职业之外所从事的第二个职业。许多人在教堂或其他社会组织长期、持续地做志愿者，并从中找到生活的意义。德鲁克称此为"平行职业""第二职业"。参见本书第41周：我究竟属于哪里。——译者注

翰·林肯自任公司总裁，并一直担任公司的董事长直到1954年去世。后来，他的弟弟詹姆斯·林肯越来越多地参与公司的经营，约翰开始追求其他的商业兴趣。詹姆斯于1907年加入公司，1914年任副总裁兼总经理，1929年被正式任命为公司总裁。

林肯电气有序的高层接班经验很值得注意。在公司120年的历史中，只有8位首席执行官，包括2013年年初开始担任首席执行官的克利斯朵夫·梅普斯。在詹姆斯·林肯之后的三位首席执行官，威廉·伊尔岗（1972）、乔治·威利斯（1986）和唐纳德·哈斯廷斯（1992），他们每个人都与詹姆斯·林肯、与公司著名的价值观（最值得注意的是应用于员工和客户的黄金法则）以及公司的高绩效精神有直接的联系。伊尔岗是一位才华横溢的工程师，1928年加入公司，在詹姆斯·林肯去世后成为他的接班人。虽然他仍保留了在加拿大和澳大利亚已有的业务，但他不愿意向美国海外发展。伊尔岗之所以不愿意向全球扩展，是因为那段时期国外的竞争对手正大举进军美国市场。

詹姆斯·林肯从哈佛商学院招聘了乔治·威利斯和唐纳德·哈斯廷斯，并亲自辅导他们。威利斯于1972年成为伊尔岗手下的总裁，1986年成为首席执行官，而哈斯廷斯则当他手下的总裁。威利斯于1986年开始着手公司的全球扩张。他和公司其他人都相信，由于林肯电气在美国的优越地位，它将迅速地扩展到欧洲、亚洲和南美。但结果是向海外的快速扩张并不那么容易（请见第14周的阅读中关于林肯电气向海外扩展的讨论）。

公司在全球扩展方面摔了个大跟斗。这是因为它扩张得太快，而且没有回答这个关于接班人的问题："威利斯和哈斯廷斯在进入到每一个新国家时会遇到什么问题？"如果他们问了这个问题，他们就会知道，林肯电气在美国发展起来的优秀文化和管理系统在德国、日本和南美洲不会奏效，这是因为公司必须要适应每一个国家独特的当地文化和企业实践。结果是公司不得不蒙受海外运营中的巨大损失，背上了巨额的债务，使整个公司面临危险。

当哈斯廷斯于1992年成为首席执行官时，引入了西屋电气（Westinghouse）

的高管人员安东尼·马萨罗，他是一位全球化运营的专家。马萨罗与哈斯廷斯密切合作，重新构建林肯电气的海外业务。作为外来者，马萨罗并不理解也不认同林肯电气的文化和管理体系，然而他还是做出了重大贡献。董事会于1996年任命他为首席执行官，这导致公司的文化和精神发生变化。他原来的公司与林肯电气公司差别很大，竞争力上也无法与其相比。没有什么公司能够与林肯电气相比。

假如当时公司能够提出接班人的关键问题："在我们向全球扩展时，可能会面对哪些问题和机会？"那么，公司就不会在1986年任命威利斯。公司或许会花些时间来了解每个国家的具体情况，以及如何调整自己的运营以适应当地的情况。随着外来的继任者接手，公司的传统文化开始萎缩，这样的状况持续了将近10年。

马萨罗于2004年退休，约翰·斯特罗普奇被任命为总裁和首席执行官。斯特罗普奇于2012年年底退休，他的整个职业生涯都在林肯电气。作为首席执行官，他恢复了在马萨罗时期几乎丧失殆尽的公司文化和高绩效的企业精神。公司2013年8月20日关于斯特罗普奇退休的新闻公告中有这样一段话："他在任期内坚持了林肯电气的使命和价值观，还确立了林肯电气在行业里无可争议的领导地位，极大地提升了股东价值。"

总之，120年来，林肯电气一直是美国最具竞争力的制造业公司。但是由于它在向全球扩展之前，没有问过关于接班人的关键问题，差点遭受灭顶之灾。幸运的是，林肯电气在克利夫兰的那部分业务承担了公司的几乎全部财务责任，直到林肯电气重新找到方向，转型成为一家第一流的全球化公司。

约瑟夫·马恰列洛，《永恒的价值：林肯电气百年敏捷的奥秘》，2000年，第36～38页

- 查克·史密斯是"加略山教会运动"的创始牧师。在他任职期间的组织架构中，一直非常强调个人、天赋和能力的权威性。他主要专注于各个牧师的办公室，这些办公室都是自治的分支机构，它们之间的关

系很像权力高度分散的公司。引导这个运动的是由史密斯任牧师的加州科斯塔梅萨教会。虽然其治理采用的是公理制，但查克·史密斯是个相当有魅力的权威人物。他不但参与决定哪些牧师和教会（那些有命名权的）可以加入"加略山教会运动"，同时还管理着加略山的资产，比如圣经学校和电台网络。在史密斯的领导下，主要是通过他的榜样作用和他的教诲，这个运动蓬勃发展。史密斯还是一个很精明的管家，管理着托付给他和组织的资产。下面将要谈的是他如何及时搭建新的管理构架以便接他的班的。

- 要为接替世界上最大的教会运动之一、独具魅力的创办牧师挑选接班人是一个特别巨大的挑战。加略山教会联合会是一个全球性组织，阅读4是德鲁克关于它的接班人计划的睿智判断。德鲁克的这些建议可以应用于社会各个部门的大型组织。

德鲁克帮助创业领导人建立继任计划

彼得·德鲁克：像你这样的人不会退休。你应该问这个问题："我应该做些什么才能为教会做出最大的贡献？"要考虑今后的15年，而不仅仅是三四年。你还是个年轻人。

肯定地说——不是可能，而是肯定——在你离开之后教会将发生变化。没有人能继承别人独具一格的魅力角色。这一点我们都懂，也许你比我更加明白。一个解决方法是制度化，这个方法比较容易，因为制度化能够使教会在没有魅力角色的情况下仍然能够生存和发展——不是肯定能，但是有可能能够生存和发展。你在全世界有1600家教会，也许2000家，不管有多少，要使这个运动能够持久，一定程度的制度化恐怕是必需的。

据我看，制度化的主要好处是它让一个组织或者一个实体在普通人的领导下也能生存下来。而只能找到普通的领导者恰恰是很普遍的现象，不是例外。你过去所做的不可能永存，也不可能传承下去。大家都知道这一点。

制度化带来两个可能性

制度化使得组织在普通人的领导下也有可能持续，并且能给新的领导者一个合法的位置。职位本身不会让一个人成为领导者，但是职位有可能造就一个人。我不知道你是怎么看的，你是否认为你所创建的、一个拥有近2000个教会的庞大事业，应该而且能够永续存在下去呢？如果你认为它应该能够永存的话，就需要有一个最小的集体领导架构，不是为了解决你的接班人问题，而是因为上帝赋予（你所拥有）的这些天赋，别人做不了。

发现领导者

我谦恭地建议，你要把发现领导者作为你的任务，你可能已经认识这些人了。不管什么时候，你与他们个别见面时，都不要把它变成一次会议或者聚会，也不要把它变成一个研讨会。而要把你们的见面变成一种是提问交流的场合，你可以问："吉姆，我想听听你的看法。我想请你深入思考一下，为了使运动能够长期存在下去，你要承担什么样的责任。"谈到橙县（Orange County）那座由你自己担任牧师的教堂是一回事，谈到"加略山教会运动"，那就是另外一回事了。

我不是说这个办法更好一点，但是完全可以想象得到，你会发现，那四五十人中的大部分人会认为，你的接班人不在澄县，他们会推荐一个他们自己的人，这可能会让你大吃一惊。他们也很有可能跟你说，当你不当教会运动的领袖时，我们觉得应该有一个小型的但是职责非常明确的小组，一个执行委员会，与我们的1600个牧师一起工作，与我们在（各个神学院里）培训的上千名牧师一起工作。这样，当任何一个大教会发生问题时，这个执行委员会都能够处理。

彼得·德鲁克—查克·史密斯—查克弗洛姆咨询公司，
2003年12月3日，克莱蒙特，加利福尼亚州

- "加略山教会运动"的领导结构制度化后，查克·史密斯于2013年10月3日星期四去世。从1965年直到去世，他一直是"加略山教会运动"的科斯塔梅萨教会的牧师。"2012年，他成立了一个由21个成员

组成的领导委员会来督导由 1 600 多位美国和海外志同道合的会众组成的加略山教会协会。"[60] 国内和国际的地区领导体系发展得非常广泛，运作良好。在加略山教会协会的网站上，可以找到领导委员会的所有委员，以及美国和全球的地区负责人的姓名和照片。[61]

斯隆谈选择接班人

"（你）一定以为我知人善用。相信我，根本没有这样的人。只有那些能够花时间做出正确用人决策的人，还有那些做出错误的用人决定以后却后悔不已的人。我们的确很少犯错误，但那不是因为我们善于识人，而是因为我们谨慎从事。而且，"他强调说："用人的第一个定律就是那句老话：'绝不要让现任者指定自己的接班人，否则你只能得到一个复制品，而且这样的人通常不会很强。'""那么斯隆先生，你自己的接班人是怎样决定的呢？"我问。因为战争一结束，斯隆就要从首席执行官的职位上退下来，这个消息已经正式公布。"我请董事会的执行委员去做那个决定，"他说："虽然他们很想知道，但我一直没有告诉他们我会推荐谁。我对他们说，只有我认为他们挑选的人不称职时我才会说话。"

彼得·德鲁克，《旁观者》，1978 年，第 14 章

实践一提示

你的组织在决定最高职位的接班人时，是否提出了这些关键问题——"组织在未来可能会面临哪些重大问题？""对于处理这些问题，谁的经验和教育背景最合适？"

你所在组织的最高管理层是否有一个很清晰的接班计划？组织的高管团队是否包容多样性和优秀人才？你的组织是否给高层主管相当的自治权，以利于他们成长，为最高管理职位做好准备？

你的组织是否有一个由高效的人力资源部门支持的、强有力的管理层发展计划？

你的组织是否关注最高层或者靠近最高层的领导者的年龄分布？你的组织是否可以借鉴马鞍峰社区教会领导团队降低年龄的方式？

阿尔弗莱德·斯隆和彼得·德鲁克都反对让现任首席执行官指定自己的接班人。这个建议背后的理由是什么？你的组织是否遵循这个建议？你的组织是否应该遵循这个建议呢？

你的组织的首席执行官退休时，是否被允许留在董事会里？这对于组织是有好处呢，还是会破坏生产力？对于退休首席执行官的参与，你的组织应该采取什么政策？

警句

- 一个不能自我延续的组织注定要失败。所以，一个组织今天就要准备好明天的管理人才，它必须更新人力资本，使它的人力资源稳定升级。
- 一个组织如果只能在今天的愿景、声誉和成就的水平上延续自己，就会失去适应能力。对与人有关的事情，唯一确定的就是变化；如果故步自封，组织无法在变化了的明天生存。
- 很少有人仔细思考过关于接班人的问题："我们需要什么样的人来接班？他们应该有什么样的背景？我们怎样培养他们？怎样考察他们？怎样筛选他们？"
- 对那些正在寻找接班人的非营利组织，我的问题是，"这个工作要达成什么结果？需要什么能力？需要什么经验？"

注释

59. "约翰 M. 斯特罗普奇要退休，" http://www.lincolnelectric.com/en-us/Company/ News-Room/Pages/join-stropki-retire.aspx，2014 年 3 月 25 浏览。

60. 摘自 http://www.christinanitytoday.com/ct/2013/october-web-only/chuck-smith-86-dies-after-cancer-battle.html，2014 年 10 月 3 日浏览。

61. 摘自 http://calvarychapelassociation.com/national-international-regional-leadership/，2014 年 2 月 1 日浏览。

| 第十一部分 |
A Year with Peter Drucker

非营利组织的启示：
目标的力量

第 33 周　使命
第 34 周　用使命统一各利益相关方
第 35 周　救世军
第 36 周　传播创新：公立学校
第 37 周　应用德鲁克的社会生态学方法论

第 33 周
A Year with Peter Drucker

使 命

引言

虽然彼得·德鲁克并不情愿用自己的名字为彼得·德鲁克非营利组织管理基金会命名,但他还是为基金会写了序言并为其撰写了使命。该基金会自1990年成立以来就一直在这个序言和使命的指引下工作。德鲁克基金会后来更名为领导力学院。随后,该学院又于2012年1月1日再次更名为弗朗西斯·赫塞尔本领导力学院(Frances Hesselbein Leadership Institute)。这份序言是我看到的论述社会部门唯一的一份序言。毫无疑问,它反映了德鲁克对于立宪制度和联邦主义的敬意[62]。这份序言和使命对于理解德鲁克关于社会部门的愿景以及应该如何提升整个社会部门中所有机构的领导力和管理至关重要。在接下来的日子里,他的朋友、胡玛纳(Humana)有限公司的联合创办人、主席和首席执行官戴维 A. 琼斯就是依照这种方法做的。

为了理解为什么德鲁克为基金会写序言,我们可以先读一读美国宪法的序言。宪法的序言讲清了宪法背后的基本原理,它为宪法规定了架构、政策以及联邦和州政府运作的原则。德鲁克为基金会撰写的序言也讲清了基本原理，他是要通过社会部门表达他对民主社会的价值观。这些价值观包括：对个人责任的承诺；社区的建立；通过慈善行为来表达个人的基本价值承诺；为完成使命推行社会部门组织的志愿者活动。他之所以同意用自己的名字为基金会命名，就是因为基金会承诺去实现这些价值观。

阅读

德鲁克基金会的序言说明了基金会运作的社会生态环境（或称人文及社会环境）。请注意，基金会遵循的诫命是"爱你的邻舍"；他们建立社区并且培养责任感；他们为自我实现和公民意识提供了机会；为代表公民而自愿提供服务的志愿者提供了机会。序言说明了德鲁克基金会的基本目的，而不是基金会具体要做什么。使命宣言则说明了基金会具体做什么。

彼得·德鲁克非营利组织管理基金会序言

非营利机构、服务社区的教会、医院和健康保健机构、红十字会、女童子军、男童子军以及许许多多的机构都是组成自由美国的最重要机构。本基金会就是为它们而成立的。基金会遵循诫命"爱你的邻舍"，它们代表我们对个人责任的承诺。它们建立社区，在一个越来越"丧失个性"的社会中为千千万万的男男女女提供服务的机会，为自我实现和志愿者的成长做出贡献。与营利部门中的企业所不同的是，非营利机构并不提供具体的产品。与政府也不同，非营利机构不谋求控制；它们的目的是改变他人的生命。基金会的角色不是为非营利机构输入能量。它的角色是释放它们的能量，并为其指引方向。作为一个作家、导师和顾问，彼得·德鲁克一直在为非营利机构提供服务，帮助它们取得成效。本基金会，致力于打造卓越的非营利组织，以能用他的名字命名而自豪，并感谢他积极参与基金会的工作。

彼得·德鲁克非营利组织管理基金会的使命宣言

彼得·德鲁克非营利组织管理基金会专注于帮助非营利机构明确制定、仔细思考，并集中聚焦于它们各自的使命与目标；帮助它们专注于最终客户、专注于它们所提供服务的受益者和志愿者；向它们提供非营利组织的管理方法；提供咨询服务的方法或者相关材料；向它们举荐渴望献身于非营利组织工作的有经验的成功人士。

1989年11月，彼得·德鲁克庆祝了他的80岁诞辰。在此后的会议上，他起草了这份序言和使命宣言。参加会议的有彼得·德鲁克和多丽丝·德鲁克、鲍勃·班福德、弗朗西斯·赫塞尔本以及美国红十字会的前负责人理查德·舒伯特（Richard Shubert）。

思考

- "大量的非营利组织还没有专业的管理。"——彼得·德鲁克（约瑟夫·马恰列洛，"成果管理，继任规划"，《光芒闪耀》，2005年，原著第17页）
- 一个好的使命宣言是简短的，它能使组织内的每一个成员都关注他的行动如何与组织的整体使命相一致。使命宣言告诉组织的每一个成员，我们的组织是个什么样的组织，它打算做什么。

社会部门需要专业管理人员

基金会需要优先注意的地方，从我们得到的反馈看，可能是最需要优先做的，就是找到非营利组织（尤其是小型非营利组织）对自身进行评估的方法——它的使命、绩效和结果、组织结构、资源配置，以及急需的一点——它吸引资源和使用资源（包括人力资源和资金）的能力。这一定是一个自我评估的工具。然而，我们都同意，它还需要一系列的后续工作来支撑。不论这种后续工作是为非营利组织找到外部的咨询服务（如顾问）来帮助它们在某些方面进行改革或强化，还是为它们提供能给它们帮助的企业界人士等资源信息，或者最终可能是我们自己提供的咨询服务，甚至是营利性公司的咨询。这方面的需求相当大，我们尽管不情愿，但也不得不得出这样的结论：不管有多难，这都必须要优先考虑的。

彼得·德鲁克和约瑟夫·马恰列洛，《德鲁克经典管理案例解析》（修订版，2009年），
2010年，第三篇案例11

将被社会拒绝的人转变成好公民

最好的非营利组织会花大量的心思去界定组织的使命。它们会避免无所不包的、充满了良好意图和工作重点的使命陈述。相反，它们会让使命清晰地表达组织成员（包括其雇员和志愿者）工作的意义和目的。比如，救世军的目的（使命）是将被社会拒绝的人——酗酒者、罪犯、被遗弃的人转变成**好公民**。

彼得·德鲁克，"企业可以向非营利组织学习什么"，《哈佛商业评论》，
1989年，第89页

- 非营利组织需要一个为其提供最佳实践例子的信息分享中心。这样，信息就可以传达到与之有相似处境的组织，就像柳溪教会协会将它做过的最佳实践分享给有类似规模和人口结构的教会。这样的最佳实践有：建立高效的董事会、清晰地界定使命、界定结果、募集资金、招募以及培养志愿者。

被称为"平行职业"的第三个领域

很多组织，如全国高级管理者服务公司（National Executive Service Corps），将退居二线的企业管理人士引进非营利组织中，让他们做一段时间（比如一

年）的短期全职工作。当然，还有更多比较年轻的人希望在做好本职工作的同时，也能找到合适的非营利组织做志愿工作。在属于社会第三部门（或社会部门）的教会中，这些人常常能找到自己的归属感。他们常年到教堂做礼拜，并逐渐成为活跃的志愿者。除此以外，没有哪个组织能努力将个人的长处、价值观以及经历，和非营利组织的需求联系起来。这样做是切实可行的：全国高级管理者服务公司成功地找到简单而行之有效的方法，发掘出个人的长处以及机构的价值观和需求，再将两者匹配起来。现在，他们要让我们也了解这种方法（当我们对他们 1976 年以来的成绩褒奖有加的时候，他们决定与基金会密切合作）。迪克·波尔斯（Dick Bolles）在《你的降落伞是什么颜色》（What Color is Your Parachute）中提出的分析工具，或者伯尼·霍尔丹（Bernie Haldane）30 年前在人员安置工作中提出的观点都可以供个人使用。但是，时至今日，这些分析工具，以及在非营利组织中人员安置的观点仍未在平行职业中使用过。个人长处与机构需求不匹配的情况屡见不鲜，我们完全可以在这里大有作为。

彼得·德鲁克和约瑟夫·马恰列洛，《德鲁克经典管理案例解析》
（修订版，2009 年），2010 年，第三篇案例 11

实践—提示

使用本周序言的例子，写下你认为你所在组织的真正目的。

重新审视你所在组织的使命宣言，看看是否有哪些变化创造出了需求，要求你重新聚焦于你的使命？

召开一个由各方面代表参加的会议，讨论你现有的使命，统一管理层对使命的认识。

你的使命宣言是充满了陈词滥调，还是行动导向的？如果你坚守使命，它会帮助你实现组织的目的吗？

你组织里的全体成员是否都理解组织的使命？是否每个人都知道自己应该怎样行动才能与组织的目的和使命一致？

根据讨论，写出并且修订你的组织目的和使命宣言，然后寻求不同意见并统一认识。在组织内广泛宣传讨论的结果，并确保组织的目的和使命宣言广为接受并切实可行。

警句

- 基金会需要优先注意的地方，从我们得到的反馈看，可能是最需要优先做的，就是找到非营利组织（尤其是小型非营利组织）对自身进行评估的方法——它的使命、绩效和结果、组织结构、资源配置，以及急需的一点——它吸引资源和使用资源（包括人力资源和资金）的能力。这一定是一个自我评估工具。
- 最好的非营利组织会花大量的心思去界定组织的使命。

注释

62. 约瑟夫·马恰列洛，凯伦·林克莱特《失落的管理艺术》（2011年），原著第135～140页。

第 34 周
A Year with Peter Drucker

用使命统一各利益相关方

引言

我们知道,单一目标的机构经常是最有效的。然而,管理者不得不满足各种不同群体的需求。要同时满足不同的需求,往往需要管理者权衡得失取舍。比如,股东对短期利益的要求会给管理者很大压力,当管理者为了组织的长期生存而需要在人才发展与创新业务上进行投入时,就经常会因此而招致来自股东的压力。管理者如何才能平衡短期绩效表现与未来发展的需要呢?

毋庸置疑,管理者必须满足短期的需要以取得利润。那些主张只需要关注长远利益的人,没有注意到约翰·梅纳德·凯恩斯在批判古典经济学中那种仅仅关注经济长远平衡以取得最终回报时表达的观点:

仅仅关注长期利益会导致对当前情况的误判。从长远来讲,我们都会死掉。如果经济学家只需要告诉我们风暴发生在很久以前,现在已经风平浪静了,那么他们做的工作也太容易、太没有意义了。

约翰·梅纳德·凯恩斯,《金融改革文摘》,1924年,第65页我们要对这种误导说不。企业管理者，尤其是那些上市公司的管理者，必须达成他们的季度业绩要求，满足对盈利能力的一定限制条件。同时，管理者必须专注于对未来发展的关键需要。如果这样做了，他就能保护雇员、社会以及其他利益相关者。在从追求短期利润时抽调资源去满足客户未来可能需要的时候，一个组织必须清楚地权衡其中的得失取舍，并将涉及的成本跟利益相关方沟通——不论这个利益相关方是你的客户、股东、雇员、供应商，还是需要你的组织提供就业机会、赋税等的社区。

所有机构的管理者在处理组织的长期和短期利益的时候，都必须非常努力协调各个相关方的利益。这是德鲁克对非营利组织的忠告。在本周的阅读材料、思考以及实践中，我们可以看到，这些忠告也同样适用于各营利组织。

阅读

时间维度

管理者总是要同时考虑现在和未来，同时考虑短期和长期。如果短期的利润是以危害企业的长期健康，甚至是以危害企业的生存为代价取得的，这个企业就没有管理好。如果为了一个辉煌的未来而在当年冒着引发灾难的风险，这样的管理决策就是不负责任的。有些所谓的能人，在位的时候可能取得让人瞠目的经济结果，可是当他离开的时候，留下的却是一艘即将沉没的废船，这就是不负责任的管理，就是现在和未来失去平衡的例子。这种例子并不罕见。他们所取得的当期经济结果其实是虚构的，是通过破坏公司的资本而获得的。在任何情况下，只要现在和未来的需求没有同时得到满足，现在和未来的需求没有协调一致，或者说至少没有取得平衡，那么企业的资本，也就是能够创造财富的那些资源，就会受到危害和破坏，甚至是毁灭……

管理者不仅要让企业活在当下，同时也要活在未来。管理者必须始终让企业在当前取得绩效，否则企业就无法生存，企业未来的绩效更是水中月、镜中花。管理者必须使企业有能力取得绩效，得到发展，并引发未来的变革。不这样的话，就会毁坏企业的资本，即资源在未来创造财富的能力……向不确定未来跳跃的步伐越大，起跳点的基础就必须打得越牢固。

彼得·德鲁克和约瑟夫·马恰列洛，《管理》(修订版)，2008 年，第 3 章

思考

- 商业组织要整合各个利益相关方的需求，这种整合既要使组织实现创造财富能力最大化的长期目标，也要满足组织最重要的双方——顾客和员工的当前需要。

用长期愿景整合各方利益

非营利组织的管理者首要的也是最艰难的一项工作任务是让所有的利益相关方就组织的长期目标达成共识。建立统一的**长期**目标是整合所有各方利益的唯一方法。如果你仅仅关注短期目标，各利益相关方就会奔向不同的方向，就像跳蚤马戏团（flea circus）里每个表演者奔向不同目标一样——这是 40 年前我在主管一个学术机构时由于自己的失误而弄得一败涂地所得到的惨痛教训……我得到的教训是，如果无法把所有利益相关者的意见都统一到组织的长期目标上，你马上就会失去支持和信任，也得不到任何尊重……在经历了那次失败之后，我开始关注那些成功的非营利组织的管理者的做法。**我很快发现，他们首先从确定非营利组织希望给社会和人类带来什么样的根本改变这一点开始，然后再用这一目标把每个利益相关方的不同目标统一起来，制订计划。**

彼得·德鲁克，《非营利组织的管理》，1990 年，第 3 章

- 用短期目标协调利益相关方是非常困难的，但是用组织的长期愿景去整合各利益相关方则会容易得多。

《领导力》杂志对德鲁克的采访

介 绍

鲍勃·班福德列举了《领导力》杂志的编辑保罗·罗宾斯和出版商哈罗德·迈拉对他的支持。他们的支持在鲍勃创建领导力网络初期给了他很大的动力。他们还资助鲍勃召开了两届领导力网络的大会,使鲍勃赢得了教会领袖们的信任。保罗·罗宾斯也因此成为出席1986年8月19~22日在科罗拉多州埃斯蒂斯帕克落基山脉基督教青年会营地举办的"彼得·德鲁克高峰会议"的33位教会领袖之一。

因为鲍勃的关系,《领导力》杂志的编辑在"德鲁克与班福德对话项目"刚刚开始时,就曾经到克莱蒙特采访彼得·德鲁克。他们向德鲁克提出了一系列相关问题,这些问题几乎都是关于如何为教会以及其他有多个利益相关方的非营利组织建立愿景和使命的。下面是其中的两个关键问题以及彼得·德鲁克的回答。

采访问答

编辑:对于一个地方性的教会,建立自己独特的愿景有多么重要?

彼得·德鲁克:一个统一的、清晰的愿景(目标)是至关重要的。在非营利组织里,你几乎总是和各种利益相关方打交道,每一方都会要求教会强调它自己认为重要的事情。当你看教会的时候,使命是清晰的。教会的使命是直接从福音书中来的。基本上都是说,你要将耶稣基督的福音传遍世界。这是非常清楚和非常简单的。这可能是最简单的使命宣言。我不是说这是最容易的,但这是最简单的。

编辑:但是,不同的利益相关方在细节上有着明显的不同,对吗?

彼得·德鲁克:对于所有的非营利机构说来确实如此。校董会、老师、家长和学生对学校教育的目的有着不同的看法。50年前,学校的愿景看起来更加清晰:学校的目的是让学生学习知识。学校专注在技能上——学生的阅读能力、计算能力。在近几年，利益相关方开始争论学习的意义。学校的愿景扩展到了不仅仅是技能的提升，还有品格的建立（包括性格的发展、个性、社交能力等），学校因而失去了一个统一的聚焦点。有这么多要实现的目标，这使得你很难有效地管理。

尽管非营利组织要面对相互冲突的愿景，但它们必须融合在一起。这正是牧师在教会中遇到的挑战——保持统一的愿景。如果不这样做的话，主流的自由派教会的基本弱点之一就是它没能保持统一的使命。教会的领导者认为教会应专注于教会外部的社会问题，但信徒并不这么看。结果是既杂乱无章又相当无效。

"管理教会：采访彼得·德鲁克"，《领导力》杂志网站[63]

- 无论是非营利组织还是营利组织，其利益相关方常常对机构的使命应该是什么持有不同的意见。为了有效地管理这些机构，必须要成功地协调统一不同的愿景。

非营利组织必须制订计划以取得绩效

非营利组织要想取得绩效，必须要**制订计划**。计划从使命开始。因为使命规定了这个非营利机构要取得什么样的结果。接下来要问：哪些是我们的利益相关方？企业过去经常可以根据一个利益相关方来制订计划：客户及客户的满意度——日本企业一直在那样做。而其他利益相关方——员工、社区、环境，甚至可能包括股东——都是限制因素。这种情况导致了美国企业的急剧变革，这也正是许多企业管理者感到走投无路的原因。但是非营利组织总是有着多个利益相关方，每个利益相关方都对组织管理的事务拥有否决权。学校的校长必须使教师、董事会、纳税人以及家长都满意，在高中，还要使学生满意。在这五个利益相关方中，每个都从不同的角度看学校，每个利益相关方都很重要，否则，结果可能就是炒了校长的鱿鱼，甚至罢教或者造反。

彼得·德鲁克，《非营利组织的管理》，1990年，第3章

实践—提示

请列出你所在的组织,你所在的职位上,必须满足哪些利益相关方的需求。你是如何满足相关个人或团体的需求的?

不同群体的短期利益有哪些需求冲突?这些需求是否可以在组织的长期目标下得到协调统一?

重新列出利益相关方。试着在长期目标下协调每一方的利益。如果有,哪些利益是不能在长期目标下得到协调统一的?

在满足相关方互不妥协的利益面前,你和你所在的组织是否可以推卸责任?

警句

- 管理者总是要同时考虑现在和未来,同时考虑短期和长期。如果短期的利润是以危害企业的长期健康,甚至是以危害企业的生存为代价取得的,这家企业就没有管理好。
- 管理者不仅要让企业活在当下,同时也要活在未来。管理者必须始终让企业在当前取得绩效——否则企业就无法生存,企业未来的绩效更是水中月、镜中花。管理者必须使企业有能力取得绩效,得到发展,并引发未来的变革。
- 非营利组织的管理者的首要的也是最艰难的一项工作任务是让所有利益相关方就组织的长期目标达成共识。建立统一的**长期**目标是整合所有各方利益的唯一方法。
- 我很快发现他们是先从确定非营利组织希望给社会和人类带来什么样的根本改变这一点开始,然后再用这一目标把每个利益相关方的不同目标统一起来,制订计划。

注释

63. LeadershipJournal.net,"管理教会:采访彼得·德鲁克",1989年4月1日刊登,http://www.christianitytoday.com/le/1989/spring/8912014.html,2013年12月30日浏览。

第35周
A Year with Peter Drucker

救 世 军

引言

德鲁克相信,管理良好的社会部门的组织所做的工作可以最有效地满足社会的某些需要。如果管理有效,这些组织可以成为满足人类需求、减轻人类痛苦的强有力的工具。它们也能在社区内满足志愿者取得个人成就、提升公民意识的需求。救世军在满足人类需求以及发展志愿者上做了大量的工作,还没有哪个机构的工作像救世军那样获得过德鲁克那么多的赞扬。我相信,德鲁克与救世军一起工作时要比他与其他组织一起工作时带来更多的乐趣。他告诉鲍勃·班福德和里克·华理克,他期待和救世军的人再次见面,因为"不论什么时候和他们坐下来谈,我都会发现自己得到升华,他们的思想是如此美妙,他们是如此喜乐满足"。[64]

除非另有说明,本周引用的德鲁克评估救世军有效性的标准都包括在他与全国指挥官詹姆斯·奥斯本的采访记录中。德鲁克引导奥斯本系统地解决所有组织的管理者面对的艰难挑战。[65]

值得我们注意的是,德鲁克认为非营利组织面临的关键问题是清晰地界定它们的使命，还要界定结果以判断非营利组织在履行使命时做得好不好。与企业不同，非营利组织没有一条财务底线。因此，非常重要的是，非营利组织的绩效衡量标准要与因履行使命后产生的结果相吻合。救世军在这一点上做得非常好，是其他组织学习的典范。

救世军开展的项目是要满足政府很难满足的人群的需求，如因犯、瘾君子、无家可归者、酗酒者、问题青年等。这个组织对项目绩效的衡量，使人几乎无法质疑其项目的有效性。这是德鲁克非常愿意投入救世军工作的原因，也是它能够成功吸引美国公众，让他们慷慨解囊的原因。对救世军这个非营利组织经过证实的、取得可衡量绩效的能力，美国公众做出了积极的回应。

阅读

救 世 军

关 于 使 命

"自1865年在伦敦、1880年在美国相继成立以来，救世军是唯一一家这样的组织，它能成功地接触到那些真正的贫困人群、成功地接触到那些其他组织无法真正接触到的群体。救世军在帮助社会失败者和被遗弃者转变为获得有自尊的公民方面取得了巨大成功。"

关于管理的有效性

救世军是"美国最有效的组织。在使命的清晰度、创新能力、取得可衡量的绩效、奉献精神、最大化运用资金等方面无人可及"。

"他们知道如何与穷人中的穷人，卑贱者中的卑贱者一起工作。"[66]

关于激励志愿者并使其获得成就感

"不论何时和他们坐下来谈，我发现自己得到升华，他们的思想是如此美妙，他们是如此喜乐满足。"[67]彼得·德鲁克绝大部分情况下是作为志愿者为救世军做咨询的。

与救世军合作对德鲁克毕生工作的贡献在于帮助创建"明日正常运作的社区和正常运作的民主制度。"

思考

- 我们看一下救世军简短又清晰的使命宣言："使社会的失败者和遭遗弃者成为有自尊的公民。"
- 关于结果和绩效，请注意对每项个性化服务和每一类服务的不同衡量标准。

界定绩效和结果

德鲁克：你是如何界定救世军的**绩效**的？

奥斯本：我们是以对人的工作为基础来界定我们的绩效和结果的。举个例子，我们的成年人康复中心（主要为酗酒者设立的康复中心）的成功率达到了45%。

德鲁克：在这种情况下，你可以量化你想**衡量**的结果。但是，你们是如何界定**结果是什么**的？对那些酗酒者，衡量结果可能比较简单，对那些第一次触犯法律但经过你们的教育没有进监狱的初犯者，衡量结果也可能相对简单。但是，你们是如何界定**结果**的呢？

奥斯本：对于每一个服务领域，我们都有具体的绩效衡量方法。对那些由于失业而到我们这里领取食物的，我们将结果定义为一份能够保住赡养家庭所需要的有收入的工作。对于问题青年，我们将结果定义为帮助他们走出困境。

德鲁克：比如说，有个16岁的问题青年，他偷过车或有其他问题。你是否将结果定义为未来两三年不惹麻烦？

奥斯本：如果我们能让他们在未来6个月内约束自己，不做坏事，那么我们就可能让他们保持下去，不再惹麻烦。

德鲁克：也就是说，你们对帮助酗酒者这类群体的结果，与对帮助有麻烦的家庭、问题青年这样单个项目的结果是不同的。这两种都是要取得的结果。那么谁负责审视你们不同的客户？谁来分析这些不同客户的潜力和机会？是每个项目的官员吗？

奥斯本：救世军的每一个项目都有人负责。大多数是救世军任命的军官。

德鲁克：就是说，你们将每一个服务对象当成个体来对待，并在为你服务的每个领域设立绩效目标。你是否尽力去发现每个工作人员在为服务对象服务时的长处呢？

奥斯本：我们已学会如何发现他们的长处，尽量避免他们的短处。

德鲁克：你是如何评价你自己团队的绩效的？

奥斯本：我们有一个正式的系统来评估每一个团队，这种评估基于成员所取得的成就以及向服务对象所提供的服务。我们每年都进行评估，主要看向服务对象提供的服务水平是提升了、下降了，还是维持现状（参见第29周"给失败者第二次机会"）。

德鲁克：在全国，你还有不少的志愿者，对吧？你是否培训他们并且监督他们的表现？

奥斯本：我们有大约150万名志愿者。没有他们的支持，我们是做不下去的。我们在志愿者需要发挥作用的领域培训他们：在提供服务方面、咨询方面、行政方面。我们监督他们的表现，但是我们没有一个对志愿者进行评估的复杂系统。

德鲁克：你是说，全职员工和志愿者的绩效表现是一样的。唯一的差别就是志愿者的工作是兼职的，而且不领薪水。在救世军，志愿者和全职员工一样都是救世军的一部分。

- 管理过程应该是协调一致的。在每一个项目里，使命转化为成果。成果反过来由适当的绩效衡量支持。对项目进行定期评估，根据绩效和需要，把资源分配到最需要的地方。对那些不能达到预期结果的项目就要抛弃。

绩效评估、抛弃和资源配置

德鲁克：当设定了目标后，你隔多长时间审视一下绩效目标？

奥斯本：我们有年度评估程序，具体的目标每年要做出调整。

德鲁克：你是否抛弃过什么项目？

奥斯本：是的，我确实抛弃过一些项目。比如，我们曾经为从美国的农村来到大城市工作的年轻妇女提供住宿。后来我们发现这样的服务不能满足当今社会表现出来的需求，所以项目就终止了。

德鲁克：你定期审视你的项目以及取得的进展，并对照结果检查？

奥斯本：是的，如果项目不产生结果，我们就毫不犹豫地抛弃它。

德鲁克：有没有什么项目失败过？

奥斯本：我们意识到有些是我们比别人擅长的，有些领域我们最好不要涉入。救世军非常小心地选择自己提供服务的领域。如果看上去就不适合我们做，我们在一开始就不会介入。

德鲁克：举个例子吧。

奥斯本：比如对于那些有严重精神问题的人。

德鲁克：你是如何平衡短期结果和长期目标的？

奥斯本：救世军在提供帮助的项目上注重直接和快速的结果。没有食物的家庭今天就需要吃的；没有大衣的人，今天就要有一件大衣；没有鞋的少年今天马上就需要一双鞋。满足当下的需要正是救世军无法抵抗的激情所在。做了这个之后，我们满足长远的需要，比如说为什么这个家庭没有食物等。

德鲁克：你是这样平衡短期和长期的——在搞清楚问题背后原因的同时，

也看到什么是你必须马上要做的事。那么你们是如何分配资源的？你们是如何确保"今天"没有吞食掉你全部的资源？

奥斯本：资源永远是不可能足够的，所以，总要把资源分配给当下的需要，然后增强你的信心……慷慨的人会提供更多的资源去解决长远的问题。

德鲁克：你是说先做最重要的事情，对其他的事情寄予希望。换句话说，就是由需求来决定如何分配资源？

奥斯本：我必须说，我们对美国人民对救世军"狂热的挚爱"感到吃惊。这种支持的程度超越了救世军在这个国家开创初期最狂野的梦想。我们发现，当美国人民知道救世军要去满足某种需求时，他们就会提供支持，让我们能够去满足这个需求。

德鲁克：我并不感到吃惊。很久以前我就知道，一旦取得了结果，你就会得到支持。有了结果，结果本身会为其代言。但我对你所阐述的关于如何配置资源的清晰概念印象深刻。在我自己和非营利组织一起工作的过程中，如何配置资源是长期以来困扰它们的问题：既要顾及当下的需要，又要能够实现长期目标，这不仅需要足够的资源，更需要有坚定的信念。你的筹款活动取得成功，是因为你让美国民众认识到他们无愧于自己的信仰、价值观和奉献精神。

- 救世军平衡了短期和长期的需求，它有能力顾及所有的短期需求来服务于它的使命。然后，它依靠捐助来满足其长远的需求。

结论：成果管理

奥斯本：我们怎样才能提高评估绩效的能力？

德鲁克：**把资源放到产生成果的地方**。我认为这是一个机构需要学习的最重要的事情之一。你的组织在界定绩效和成果并对其进行监督以及分配资源等方面超过了大多数组织。

- 切斯特·巴纳德在《经理人员的职能》（1971年，原著第256页）中证明："对服务工作的回报是带来更多的服务机会。"你是否从德鲁克为救世军所做的志愿服务中也看到了这个对服务工作的回报原则？（比如，满足对成就感、公民权利和社区的需要。）

实践—提示

你觉得是什么原因使德鲁克把救世军说成是美国"最有效的组织"？

把你的组织使命宣言转化成组织要取得的明确结果，把你所在职位的使命转化为你正在做的每一个重要的项目活动要取得的明确结果。为每一个产生直接结果的领域设定恰当的绩效衡量标准。这些新的标准是否接近现有的成果领域和绩效评估标准？如果需要改变，应该在哪些地方改进？

你所在的组织是否有一个有计划地抛弃的程序？这个程序是怎么运作的？你最近抛弃过什么样的项目、产品或者服务？哪些项目必须认真研究并抛弃？

请说明你在分配资源时是如何平衡当下的直接需求和长远需求的？这是不是一个健康的平衡？你现在的运营是否会损害未来？你在改进组织现有的资源配置程序方面有什么建议？

就你所知，你们的资源配置程序是否能将资源放到产生成果的地方？请就你的组织中人员和财务资源的配置程序发表意见。这个资源配置程序应该怎样设计才能把资源集中到能够取得成果的地方？

警句

- 救世军是"美国最有效的组织。在使命的清晰度、创新能力、取得可衡量的绩效、具有奉献精神、最大化运用资金……等方面无人可及。"
- 对救世军项目支持上的能力，我并不感到吃惊。很久以前我就知道，一旦取得了结果，你就会得到支持。有了结果，结果本身会为其代言。但我对你所阐述的关于如何配置资源的清晰概念印象很深。在我自己和非营利组织一起工作的过程中，如何配置资源是长期以来困扰他们的问题：既要顾及当下的需要，又要能够实现长期目标，这不仅需要足够的资源，更需要有坚定的信念。

- 你的筹款活动取得成功，是因为你让美国民众认识到他们无愧于自己的信仰、价值观和奉献精神。
- 把资源放到产生成果的地方。
- 对服务工作的回报是带来更多的服务机会。

注释

64. 德鲁克、班福德对话文字记录，1991年1月29日，原文第19页。
65. 这一部分来自德鲁克和救世军各种访谈的摘录，其他内容来自访谈录音："非营利机构的领导力与管理"录音带5A第三卷。
66. 摘自Robert Lenzer及Ashlea Ebeling著"彼得·德鲁克的最爱（Peter Drucker's Picks）"。原载1997年8月11日《福布斯》160卷第3期第97～99页。德鲁克对救世军所做工作同样的热情赞美刊登于Robert A. Watson所著《美国最有效的组织》的封面（The Most Effective Organization in the U.S., Crown Business出版社，2001年，纽约）。该书出版时，Watson刚从救世军国家指挥官的位置上退休。
67. 德鲁克、班福德对话文字记录，1991年1月29日，原文第19页。

第36周
A Year with Peter Drucker

传播创新：公立学校

引言

汤姆·卢斯是达拉斯的"休斯和卢斯律师事务所"的创始人之一。他在美国的小学和中学中践行从"领导力网络"的鲍勃·班福德那里学来的"网络共享最佳实践"。卢斯在布什政府的教育部中任职之前，非常积极地参与了推动最佳实践的应用，并且在1994年创办了自己的社会部门组织——"为了孩子"。在创建这个组织之前，他向彼得·德鲁克咨询。

德鲁克对教育非常感兴趣，因为教育在后资本主义社会中扮演着重要角色。他在《后资本主义社会》（1993年）一书中，阐述了如何提升教育水平。他不断关注着教育创新和公立学校的责任，并在很多著作中进行了深入探讨，如《创新与企业家精神》（1985年）、《断层时代》（1969年）、《明日的里程碑》（1959年）。德鲁克第一次提到"知识工作者"是在《明日的里程碑》的原著第122页。在将近50年的时间里，德鲁克一直跟踪知识在经济和社会中的角色，这解释了为什么他对教育有很大的兴趣，也解释了为什么他对汤姆·卢斯的工作有兴趣。

经过初步研究，卢斯在大约 30 所学校中发现了"教育的成功"。为了找到最佳实践，德鲁克极力建议他"与成功同行"，把经过证实的最佳实践移植到其他学校，从而复制出同样的结果。

阅读

汤姆·卢斯

彼得，请让我先向你介绍一下产生这些概念的背景。自 1983 年起，我就开始从事教育改革，当时我正着手对得克萨斯州学校的教育进行改革。这个改革由罗斯·佩罗领导，是得克萨斯州的一项重要改革。它至少可以帮助我们的学校迈进 20 世纪（如果不是迈进 21 世纪）。从那时候开始，我一直对教育问题保持着相当大的兴趣。我参与了从顶层设计到基层工作的各个方面。我设计过州一级的教育政策，也参与设计地方性政策和地方改革。我在这一领域越深入，就越能意识到教育领域中的问题之一就是：还没有人真正系统地研究公共教育。这使我更加意识到整个教育领域庞大复杂，这不是匆匆忙忙做些修修补补就能够解决的。我开始思考如何形成一个全面的方法来改革公共学校。就在那段时间，我认识了鲍勃·班福德，我知道了他在"领导力网络"做的事情，也知道了他当时正在努力改革大型教会。当我和鲍勃·班福德第一次谈论到这个话题时，每当他讲到教会的某一个管理问题时，我就想，嗨，这种情况在学校不也同样存在吗。他会觉得，牧师在神学院里这个没有学，那个没有学。我说，从事教育的工作者也没有在学校里学到这些呀。我开始对鲍勃做的事情非常感兴趣，他告诉我他是怎样一步步做的。我开始使用他教我的原则建设"校长网络"。在建设校长网络的同时我逐步意识到这样做不仅会影响到学校如何教的问题，还会影响到政治环境，还要处理公众舆论。因此，我产生了做"为了孩子"这个项目的念头。我觉得这涉及了教育的本质：我们经常关注的是教育机构的需求，而没有关注孩子的需求。不论是老师、工会、行政人员，还有这个群体、那个群体的，都一样。这个群体要学校做这个，那个群体要学校做那个。我们几乎从来没有从孩子的角度去看问题。所以，我开始这样去构思这个概念。我想我已经到了鲍勃在他的书（1994年出版的《人生下半场》）里说到的那个阶段了。我现在55岁，在律师事务所工作的同时，我真心希望花很多时间做下去，能够对公共教育有所影响。

我希望发起"为了孩子"这一项目。我现在正在写一本书，这本书1月会出版。我在书里谈到了我们应该做些什么去改革公立学校。书里还有个时间表。我要用这本书来启动"为了孩子"这个项目。这个项目现在不仅仅是只有一个概念，我已经在整合。我现在在思考如何实施。我非常感谢你对这个想法的反应、你的批评、你的建议，从你的角度看，我的这个项目有什么漏洞？

彼得·德鲁克

我看到你在建议书里提出，教育券㊀救不了教育系统。完全正确，正如我在午餐时说到的且你也同意的一个看法：如果只是为了解决公立学校巨大的惰性，那么教育券是必然会出现的，也是必要的。你需要在公立学校里点一把火，而教育券正是那把火。所以，教育券会起到一定的作用，但解决不了问题。我看它们是必要的因素，因为这个教育券运动第一次震动了这个惰性十足、自鸣得意、孤芳自赏、只关注自身的公立学校系统。

在你的建议书里，我没有看到你拿你的研究成果做了些什么。你的研究表明在得克萨斯州或其他地方有大约30所公立学校，尽管有的学校招募了不少的少数族裔学生，尽管它们位于市中心，但是因为两个原因，这些学校确

㊀ 1990年，美国威斯康星州密尔沃基市率先实施教育券项目，符合资格的学生可领取政府发放的教育券，然后到私立学校读书。20多年来，美国推行教育券的州已经扩大到了12个，外加首都华盛顿特区。然而，围绕教育券制度是否保障了受教育者的选择权，能否促进教育公平、改善公立教育，美国社会各界仍然存在着激烈的争议。

实表现得很好。

首先，我意识到，不能"与成功同行"将会是最大的错误。你可能会发现你的那些成功案例会产生很大的反响。也许会有校长走过来问："我应该做些什么？"那时，你可以对他说："你可以做这些事情。"这样你就可能有结果，因为已经有了范例。其次，找出不需要做的事情和找出需要做的事情或许同等重要。因为，绩效平庸的基本原因之一是公立学校做了很多不应该做的事情。

重要的是，你的那些范例表明，尽管学校承担着所有这些不利的压力，但是学校还是能够取得结果的。我期待着从你的研究结果中能够总结出来："能取得结果的学校有什么样的特点？"你说，他们都是规模相对较小的学校。我想，第二次世界大战后，我们犯的一个重大错误就是迷恋规模大的学校。规模大的学校可以做很多规模小的学校做不了的事情——它们可以教打字，而且可以教长号——所以，我们建规模大的学校。我相信那些超过三四百名学生的小学，校长根本就不认识学生，更不认识家长，甚至不认识老师。我不知道对于初中或高中的学生人数要不要有个限制，可能是1000名学生，肯定不能超过这个数。也许我们可以得出结论说，别把那些大楼拆了，我们就在那里建立校中校，把这样的学校建到纽约、布朗克斯去，它们会有吸引力的。

我们还可以在小镇里找些高中校长，和五六个初中校长、五六个教师坐下来谈谈。他们会告诉你哪些事情他们做不了，哪些事情他们失败过。我想你的第一件工作就是向他们表明，尽管有这么多可怕的限制条件，**但是不打官司也可以办成很多事情**。

德鲁克-班福德-卢斯对话，1994年11月2日

思考

- 学校正在越来越多地利用新技术教授专业技能，学校也在向老师和学生提供更多的资源来丰富孩子的教育体验。
- 教育领域的技术进步应该可以给老师更多的时间去发现学生的长处与不足，并为每个学生创造更多的个人时间，来发挥他的长处并克服弱点。

学校必须对绩效负责

技术革命……电脑和卫星传输直接进入教室——正在猛烈地冲击着学校。在未来的几十年内，它会改变我们的学习方式和讲课方式。它将改变整个教育经济学。学校将从几乎完全劳动密集型转向资金密集型……毕竟，在知识型社会，学校要对绩效和结果负责。

彼得·德鲁克，《后资本主义社会》，1993年，第11章

- 印刷术，这个16世纪的创新导致了西方教育的技术革命。一种新的教与学的技术革命正在教育行业悄然展开。

教育行业的技术革命

几百年前，西方的学校经历了一场由印刷术引起的早期的技术革命。这场早期的革命为今天提供了很重要的教训——这些教训不仅仅局限于技术领域内。其中一个教训是：采用新技术进行教学是民族和文化成功的一个先决条件，也是提高经济竞争力的一个先决条件。

彼得·德鲁克，《后资本主义社会》，1993年，第11章

- 在知识社会中，教育实在太重要了，这项工作不能仅仅留给学校去做。社会中所有的组织都应该参与持续地学习与教育。技术应该成为使教育更加有效的一个工具。

教育必须渗透进社会的每个机构

不论技术多么重要、多么引人注目,它都不是教育变革最重要的特征。最重要的是要重新思考教育的作用与功能——教育应该关注什么?教育的目的是什么?教育的价值观是什么?

技术的作用是巨大的,这主要是因为技术迫使我们去做新的事情,而不是让我们把旧的事情做得更好……我们面临的真正挑战不是技术本身,而是我们使用技术做什么。到目前为止,还没有哪个国家建立起了知识社会所需要的教育体系……我们可以大概列出可能适应后资本主义社会对教育和学校提出的新要求:

学校必须提供远远高出我们现在认为"识字"标准的文化普及教育。

学校必须不分年级和年龄,唤起学生学习的动力,并牢固树立起继续学习的观念。

学校必须是一个开放的系统,不仅对已经受过高等教育的人开放,也要对由于各种原因未能在早年接触高等教育的人开放。

学校必须传授既是内容又是方法的知识,即德国人所描述的两个词:**"认知"和"能力"**。

彼得·德鲁克,《后资本主义社会》,1993年,第11章

- 校长网络可以是一个非常有用的论坛,让不同学校环境的校长讨论经常碰到的问题,探讨可能解决这些问题的方法。卢斯的研究给了我们很多希望。现在有很多校长和老师渴望提高学生的教育成果,他们可以从不同教育体系的同事身上学到不同的技巧。
- 为了提高学校的绩效并取得结果,我们不仅要和校长、老师及学生打交道,而且要处理公众意见以影响政治环境。卢斯在这方面的工作是有指导性的:在提高教育的绩效和结果时**尽量不涉及政治问题**。

实践—提示

最佳实践告诉我们哪些是要做的，哪些是不要做的。可以用最佳实践的方式在教育系统中推广创新。其中有些最佳实践总结在汤姆·卢斯和李·汤普森的书中——《做行得通的事：经过验证的实践怎样帮助美国公立学校？》（2005）。

读几篇企业或公共服务教育机构最佳实践的报道。实地考察其中的一个组织，看它们是怎样实施的。

你所在的学区是否有一个以绩效和结果为导向的体系？如果没有，你能做些什么帮助在你的学区建立起一个以绩效和结果为导向的教育系统？在你的社区，和校长及老师探讨一下这个话题。

你所在的组织是否可以运用汤姆·卢斯"发现和运用最佳实践"的策略？你能发现并运用你的组织中某个部门现在正在使用的专业和技能教育的最佳实践吗？

警句

- 我看到你在建议书里提出，教育券救不了教育系统。完全正确，正如我在午餐时说到的且你也同意的一个看法，如果只是为了解决公立学校巨大的惰性，那么教育券是必然会出现的，也是必要的。你需要在公立学校里点一把火，而教育券正是那把火。
- 尽管学校承担着所有那些不利的压力，但是学校还能够取得结果。
- 在知识型社会，学校要对绩效和结果负责。
- 采用新技术进行教学是民族和文化成功的一个先决条件，也是提高经济竞争力的一个先决条件。
- 技术的作用是巨大的，这主要是因为技术迫使我们去做新的事情，而不是让我们把旧的事情做得更好……我们面临的真正挑战不是技术本身，而是我们使用技术做什么。
- 对教育和学校提出的新要求如下：

学校必须提供远远高出现在我们认为"识字"标准的文化普及教育。

学校必须不分年级和年龄，唤起学生学习的动力，并牢固树立起继续学习的观念。

学校必须是一个开放的系统，不仅对已经受过高等教育的人开放，也要对由于各种原因未能在早年接触高等教育的人开放。

学校必须传授既是内容又是方法的知识，即德国人所描述的两个词：**"认知"和"能力"**。

第 37 周
A Year with Peter Drucker

应用德鲁克的社会生态学方法论

引言

彼得·德鲁克认为自己是一位社会生态学家,他要去找出社会中那些能够识别却又未被广泛认知的主要趋势。对德鲁克来说,这包括找到那些新的机构,了解这些机构的功能、作用及其对现有机构的影响,研究如何使这些机构有效运行,使它们能对社会产生积极作用。从形式上看,德鲁克的方法论包括如下 4 个步骤:

(1) 找出一个"新兴的社会机构"(如果可能,研究同一类别中第一个出现的主要机构,例如制造业中的通用汽车、社会部门中的柳溪社区教会等)。

(2) 分析这个机构的特点及其有效性的原因。

(3) 处理相关信息。

(4) 帮助其他类似机构的管理者有效地管理他们的机构。

大型教会就是彼得·德鲁克最近找到并帮助其成功的机构之一。他与鲍勃·班福德的"领导力网络"以及教会领导一起,直接地推广其领导力和管理模式;他也通过召开"柳溪全球领袖高峰会"这样的方式间接地推广。德鲁克从未直接写到过要推广成功的创新，但是从上面的4个步骤我们可以看出，推广成功的创新是他方法论的主要目的。他想要向那些深受新趋势影响的人推广大型教会的创新理念，并且帮助他们利用这些新趋势。

本周，我们将介绍柳溪社区教会的创新是如何推广到全球的，并希望社会中不同组织的管理者能够从中得到启发。管理者其实可以从社会不同组织的做法中得到借鉴。例如，教会的管理者从吉姆·柯林斯、杰克·韦尔奇和科林·鲍威尔那里学到了如何扩大运营规模。企业的管理者可以向比尔·海波斯以及柳溪社区教会的其他领导人学习如何快速地从其他经济领域和其他国家的创新中获益。推广成功的创新是管理中最重要的活动之一，在快速变化的时代更加重要。全球领袖高峰会本身就是传播创新的重要新举措。正因如此，该峰会的大多数与会者都是商业领域的专业人士。

我们还会看到，在把成功的创新推向全球管理者时，德鲁克有着多么巨大和深远的影响。

阅读

德鲁克曾经在无数的场合说过：

20世纪下半叶最重要的社会学现象是大型牧养型教会的发展。[68]

德鲁克在他1999年撰写的《21世纪的管理挑战》中指出，大型教会的发展是一种趋势。6年后，哈特福德神学院（Hartford Seminary）的研究报告《今日的大型教会》（*Megachurches Today* 2005）证实了德鲁克的观点。根据这份报告，在美国，每周超过2000名访问者的新教教会共有1210座，其数量是5年前（大约是在德鲁克此书发行的年份[69]）的将近两倍，是1980年的8倍[70]。而且，这一趋势还在继续。如果从另一个角度看教会的规模，同样是这些研究者在2007年曾报道说，2006年平均每周有1000人次以上访问者的新教教会数量超过了7200座[71]。

我曾经问过德鲁克是如何发现这个新趋势的。他的回答体现了他的方法论：

知识社会催生出了新的、不同于以往的群体。马鞍峰教会的资深牧师华理克和柳溪社区教会的资深牧师比尔·海波斯不仅意识到了这一点，还把这些人组织了起来。我做的只是关注了一下。

德鲁克注意到比尔·海波斯在伊利诺伊州所做的事情，并得出结论说，海波斯是根据越来越多知识工作者的灵性需求来管理柳溪社区教会的。德鲁克从20世纪50年代中期就开始跟踪美国刚刚产生的知识工作者，一直坚持了半个世纪。正因为这样，德鲁克才能把大型教会的发展与知识工作者的灵性需求联系起来。他知道知识工作者与体力劳动者及服务业劳动者在灵性需求上有所不同。在他了解到大型教会发展的动力以后，德鲁克从知识工作者将会越来越重要这一事实出发，预测到了大型教会将会得到发展。然后，他研究它们的需求，还研究这样的需求将会对领导力和管理提出什么样的要求。因为与小型教会相比，大型教会的管理要复杂得多。

正如我们在第24周中提到的，比尔·海波斯很早就知道，有效的营销、领导力、组织与管理，与做得好的布道一起，能够给教会带来什么。1986年8月19日至22日，在科罗拉多州埃斯蒂斯帕克的落基山基督教青年会举办了彼得·德鲁克峰会。这次峰会面向牧师和教会领袖，海波斯就是33名与会者之一。在所有与会的大型教会牧师中，他是最资深的。他也已经在与其他人分享自己的经验与认识。因为很多其他教会的牧师纷纷要求学习柳溪社区教会的方法，所以，海波斯决定另外成立一个组织，即柳溪教会协会，用来指导其他教会的牧师。这是被称为"指导型教会"的一个例子，这样的教会就是在推广成功的创新。

思考

- 在 1989 年发表的《企业可以向非营利组织学习什么》一文中，德鲁克以柳溪社区教会作为非营利性组织的例子。这个教会的使命是：**影响其所在区域内不去教会的人们**。他将教会的成功归结于海波斯的努力。海波斯通过系统的市场研究找到了为什么在很多人都去教会的地区，这些人却不参加教会活动的原因。后来，海波斯设计出了一种新型的教会，去满足这一部分人未被满足的需求。

不去教会的人认为的价值是什么

管理的出发点不再是自己的产品或服务，甚至也不是产品或服务的市场及其已知的最终用途。管理的出发点必须是**客户的认知价值**，出发点必须是这样的假设，即顾客永远不买供应商自己推销的东西。过去的经验充分证明，这条假设是经得住检验的……它不仅适用于企业，同样也适用于大学或医院。举例来说，自 1980 年以来，大型牧养型教会在美国迅猛发展，这无疑是美国社会在过去 20 年中最重要的现象……当所有传统教会风光不再的时候，大型教会却蓬勃发展。它们成功的原因在于，它们会问："**不去教会的人认为的价值是什么？**"它们发现答案与传统教会经常说的大不相同。对于数以千计在平日和星期日聚集到大型教会的人来说，它们认为最大的价值是灵性体验而不是宗教仪式，它们同样看重的还有在教会里，或经过教会安排在社区中提供志愿服务并承担管理责任。

彼得·德鲁克，《21 世纪的管理挑战》，1999 年，第 1 章

吉姆·梅拉多领导柳溪教会协会

吉姆·梅拉多是土生土长的萨尔瓦多人。[72] 因为一系列非同寻常的活动，他成了柳溪教会协会的主席。这些活动都与德鲁克在《哈佛商业评论》上发表的文章有关。梅拉多在参加了 1988 年韩国汉城夏季奥运会以后，进入了哈

佛商学院学习。在哈佛期间，他读到了德鲁克的文章"企业可以向非营利组织学习什么"。文章中关于柳溪社区教会的那个部分深深地触动了他。梅拉多参加了他们的一次领导力讨论会。他的一个朋友正在上莱纳德·施莱辛格教授的一门服务管理的课程，当时施莱辛格教授兼任工商管理学院副院长。这个朋友把德鲁克的这篇文章拿给施莱辛格教授看，并且告诉教授梅拉多十分熟悉柳溪社区教会。施莱辛格教授问梅拉多应该为教会和手里的这些材料做些什么。梅拉多回答说："你知道我们在哈佛大学商学院研究了600个案例，我想如果我们增加一个教会的案例一定会很棒。"梅拉多继续说道："他看着我说：'这个主意不错！'所以……我和莱纳德·施莱辛格教授开始对柳溪社区教会及其社会环境进行研究，写了一个案例，编写了教师手册，并把它放进哈佛一年级的必修课程中。后来全国各地的商学院都引入了这个案例。我在西北大学、芝加哥大学、斯坦福等许多其他学校都讲过这个案例。"

"就这样，我认识了比尔·海波斯和其他人。"梅拉多解释道，"1991年我从哈佛毕业。顺便说一下，从哲学上讲，这是一个很重要的时刻，因为我结识了海波斯，这对以后的高峰会（本章后面将提到的全球领袖高峰会）都有影响。我问莱纳德：'你为什么会对这个案例感兴趣呢？你并不是一个基督徒呀。'他回答说：'因为**不均衡**。对许多案例，学生在下课后就忘得一干二净，但是如果我能在课堂上创造出不均衡状态并激发学生的学习兴趣，那么他们永远都不会忘掉这个案例。'"

1992年，比尔·海波斯创立了柳溪教会协会。1993年2月，当梅拉多拿着这个哈佛案例重返柳溪时，海波斯建议他加入这个刚刚成立的组织。海波斯解释说柳溪教会协会的使命是**帮助每一个当地教会**发掘它们的潜能。吉姆欣然接受了这一邀请，并于1993年成为了柳溪教会协会的主席。

吉姆·梅拉多 – 约瑟夫·马恰列洛访谈，2011年10月11日

- 推广成功的创新是"领导力网络"和柳溪教会协会工作的宗旨，也是埃弗雷特·罗杰斯的工作和他专业性建议的重要意义所在[73]。

梅拉多的哈佛—德鲁克—柳溪教会协会—鲍勃·班福德之路

吉姆有感于自己一路从哈佛大学到德鲁克，到柳溪教会协会，再到鲍勃·班福德走过的历程。他说："正因为鲍勃·班福德，我才有机会几次在不同的场合与彼得·德鲁克见面，并当面请教。感谢德鲁克写了那篇文章，那篇文章改变了我的人生。后来，我经常参加'领导力网络'的各种活动，其中有的活动由德鲁克主导。这些活动对柳溪教会协会非常重要，信息量也很大……也使我们知道'领导力网络'是在创新曲线的最高点，它也正在为其他人服务。"（这里指的是最先采用埃弗雷特·罗杰斯方法的那些人。他的经典书籍《传播创新》(*Diffusion of Innovation*, 2003)成了社会系统推广成功创新的参考标准。）"柳溪教会协会是成功创新经验的早期采用者，我们真心支持创新并在推广成功创新的经验。在最初的十四五年里，我们通过宣传柳溪社区教会及其实践、策略和价值观来帮助其他教会，吸引人们来访以便更多地了解柳溪，在自己的社区利用它的经验。"

吉姆·梅拉多–约瑟夫·马恰列洛访谈，2011 年 10 月 11 日

- 1992 年，柳溪教会协会吸收了 250 个教会会员，这些会员代表着 50 多个派别。罗杰斯评论说："这是一个令人瞩目的事实，因为这说明了你正吸引着社会中的进步人士。要继续提供这样的成功产品，吸引创新者和产品的早期使用者。这样，你就不用浪费庞大的资金去寻找消费者，因为他们会自己找过来的。"到 2014 年，柳溪教会协会已经培训了来自 90 多个教派中超过 200 万名的领导者。

柳溪教会协会的超级盛会：全球领袖高峰会

在某种程度上，全球领袖高峰会试图创造一种**不均衡**，但不是为了不均衡而搞不均衡。用梅拉多的话来说，该峰会的目的是造就一批"如饥似渴的学习者"。他讲述了一位牧师出席了全球领袖高峰会以后的故事。"我

进入会场时发现人们发疯似地跺着脚，因为摇滚巨星保罗·大卫·休森来了，他还时不时地夹着些不敬之语，这让我无法理解。"可是后来他说："我走进会场的时候，心里一直寻思着保罗是不是基督徒。而当我走出会场的时候，我开始怀疑我自己是不是基督徒了。"接着梅拉多谈到了他与埃弗雷特·罗杰斯见面的场景。[74] "罗杰斯告诉我那些就是早期采用创新者的典型特点。他说：'吉姆，你有天赋……你有一个教会——柳溪社区教会，它就像一块磁铁，吸引着来自不同宗教派别的创新者及其早期的采纳者来到柳溪，他们想知道柳溪社区教会究竟在做什么。因为创新者能最好地向其他创新者学习，他们会到世界各地，到他们觉得需要去的地方向创新者学习。企业往往会花一大笔钱去找行业中的创新者及早期采用创新的人，因为他们知道如果这两种人接受了自己的产品就等于向绝大多数人们开启了一道让他们使用创新产品的大门。你有这样一种天赋，可以召集这些强大的领导者，他们是向最有需求的大多数人传播新思想、新方法的关键。'"

吉姆·梅拉多－约瑟夫·马恰列洛访谈，2011年10月11日

- 我问梅拉多，全球领袖高峰会的策略是不是吸引早期采用创新的人，他回答道："我们现在确实在这样做。我们将目标定位于进步人士。我们把这个策略叫作'教会的领袖核心'，但是牧师只占全球领袖高峰会与会者的10%。绝大多数来参加全球领袖高峰会的人都是领袖核心；他们之中有企业界人士、教师，还有在政府部门和社会组织工作的人……他们都是在教会中、在社会上有影响的人物。"成功的创新就是这样通过全球领袖高峰会在社会中得到推广的。

- 经过无数次的创新推广实验以后，罗杰斯发现（《传播创新》，原著第272页）"如果将采纳创新的频率和时间用图形来表示，创新的采纳通常是一个标准的钟形曲线"。[75]

实践—提示

全球领袖高峰会谈到了几个莱纳德·施莱辛格所描述的不均衡状态的例子。在你的生活或组织中，这种不均衡状态能不能用来加快学习呢？

提示：要找这样的例子，你可能需要跳出你所在的组织或行业。比如，我从施乐和苹果公司的多产发明家艾伦·凯（Alan Key）身上发现，他的许多发明创意都是在洗澡的时候想出来的，他甚至在施乐的帕克研究所装上了沐浴设备。

人口结构的变化——从机械工业转向知识型产业；劳动力构成的变化，从单一国家向区域合作、向跨国经济的变化——这些变化为你的企业带来了什么样新的机遇？哪些经营和战略假设是你应该抛弃的？

考虑抛弃不合理的产品与活动；设定目标以改善生产力，业务拓展，开发人力资源。这些都将为你的探索和创新创造出资源。

创新的早期采用者有什么风险？接受创新的落后者又有什么风险？在创新传播曲线上，你和你的组织的最佳位置在哪里？找出它，然后制订计划去占领那个最佳位置！

警句

- 20世纪下半叶最重要的社会学现象是大型牧养型教会的发展。
- 管理层的出发点不再是自己的产品或服务，甚至也不是产品或服务的市场及其已知的最终用途。出发点必须是客户的认知价值是什么。
- 对许多案例，学生在下课后就忘得一干二净，但是如果我能在课堂上创造出不均衡并激发学生的学习兴趣，那么他们永远都不会忘掉这个案例。

注释

68. 我在2006年8月亚特兰大国家管理学院会议的"如何在危机、普通时期和典型时期通过有效的管理服务公众事业"的全院研讨会的一场报告中提到了这段引文。

69. 苏马，特拉维斯，伯德，《今日巨型教会 2005：研究成果总结》，第 1 页，http://hirr.hartsem.edu/megachurch/megastoday2005summaryreport.pdf，2011 年 7 月 22 日浏览．

70. 同上，第 7 页。

71. 斯科特·苏马，戴夫·特拉维斯，沃伦·伯德，《创新 2007》，"领导力网络"，得克萨斯州达拉斯，2007 年。

72. 吉姆·梅拉多–约瑟夫·马恰列洛访谈记录，2001 年 10 月 11 日，原著第 18 页。

73. 埃弗雷特 M. 罗杰斯（1931～2004）是新墨西哥大学新闻与传播系主任兼教授。

74. 吉姆·梅拉多、鲍勃·班福德和埃弗雷特·罗杰斯会谈，1996 年 7 月 30 日，新墨西哥阿尔伯克基。

75. 罗杰斯识别了创新采用者的 5 种类别：①创新者；②创新的早期采用者；③创新的多数早期采用者；④创新的多数晚期采用者；⑤接受创新的落后者。如罗杰斯的采用曲线所示，第一类受众——最早的创新发起者占总体的 2% 左右；紧接着创新的早期采用者占 14%；34% 创新的早期多数采用者；创新的多数晚期采用者占 34%；剩余 16% 是采用接受创新的落后者。

| 第十二部分 |
A Year with Peter Drucker

从成功人士迈向有意义的人生

第 38 周　从成功到有意义的人生
第 39 周　在你能做出独特贡献的领域工作
第 40 周　需要帮助个人从成功走向有意义的人生
第 41 周　我究竟属于哪里
第 42 周　人生下半场：创业者企业
第 43 周　自我管理及进入人生下半场的催化剂

第 38 周
A Year with Peter Drucker

从成功到有意义的人生

引言

在下面的阅读材料中,彼得·德鲁克问到华理克牧师的年龄,并建议他随着年龄的增长调整做事情的优先顺序。华理克牧师当时 50 岁,德鲁克为他下一步做什么做了两个完全不同的设想:他可以继续从事自己已经做得很好的事业,也可以尝试为社会做出另一项意义重大的创新性贡献。

彼得·德鲁克常说:"预测未来最好的方法就是去创造它。"苹果公司的发明家艾伦·凯在 1971 年的一封电子邮件中说过类似的话——"预测未来最好的方法就是发明它"。[76] 美国第 16 任总统亚伯拉罕·林肯也曾说过:"创造你的未来最好的方法,就是去发明它。"

这三位是这样说的,也都是这样做的。德鲁克将管理的实践整理归纳后写进了他的两本早期著作中:《公司的概念》(1946 年)和《管理的实践》(1954 年)。艾伦·凯于 1968 年设计出"笔记本"(Dynabook),这是苹果公司笔记本电脑和平板电脑(iPad)系列产品的原型。[77] 另一个鲜为人知的事实是,亚伯拉罕·林肯在成为总统之前曾经是个发明家;他是唯一持有发明专利的总统,他的发明是一种抬升搁浅船只的装置。[78]

而且，林肯总统在1863年11月19日的历史性演讲——《葛底斯堡演说》的最后说道："……这个国家将在上帝的庇护下得到自由的新生[79]。"这种自由的新生在此前于1863年1月1日正式颁布的《解放奴隶宣言》中已经出现了。

阅读

在生命的历程中，很多成功人士不得不在60岁左右时改变他们的方向，也有极少数依靠目标驱动的人士能一直保持自己的专注点而不改变方向。我无法告诉你，你将成为哪一种人。但是这个决定迟早会到来。"决定"这个词可能并不准确——随着年龄的增长，你是更多地聚焦于那些能够给**你自己带**来成就感、满足感和成长的事情，还是更多地聚焦于那些能**对本身之外的世界产生影响**的事情？这个决定必须由每个人自己做出，别人无法帮你做出这个决定。但有一点是必须要避免的，那就是一定不能分散精力，做每一件想做的事情。

德鲁克与华理克的对话，2004年5月27日

思考

- 知识工作者的寿命大大延长了，他们可能的工作年限也已经大大增加了。如果我们在自己的职业生涯中已经取得了成功，也已经积累了足够的资源，我们就可以投身于那些能够同时为社会和我们自身带来更大意义的新事业。

社会创业者

这些人通常在第一个职业中非常成功。他们中有商人、医生、顾问和大

学教授。他们热爱自己的工作，但觉得原来的工作不再具有挑战性。在许多情况下，他们继续做原来的工作，但投入的时间越来越少。他们会**开始一项新的、通常是在非营利界的事业**。

彼得·德鲁克，《21 世纪的管理挑战》，1999 年，第 6 章

- 德鲁克认为，在自己的第一职业之外努力追求有意义人生的人当中，社会创业者可能只占少数。

社会创业者只是少数

能够经营好自己"人生下半场"的人可能只占少数。大多数人会继续做他们正在做的事，尽管他们对工作感到厌倦、每天重复例行公事、度日如年，但他们也会继续做下去，直至退休。但是，正是这些占少数的人，把工作寿命的延长看成是对自身和社会的"机会"，因此他们越来越有机会成为引领潮流的人，成为我们效仿的楷模。他们将越来越多地成为"成功故事"的主角。

彼得·德鲁克，《21 世纪的管理挑战》，1999 年，第 6 章

- 本书列举的例子来自在德鲁克引导下，成功进行社会创新从而使得人生下半场有意义的人们，但是我们也没有必要把这些例子作为准则。大多数人对社会的贡献可能要平凡得多，然而我们可以从德鲁克本人，以及凯、林肯和德鲁克曾经指导过的这些人身上，学习到如何使自己的人生更有意义。
- 德鲁克本人能够一直从事其毕生的管理事业，同时投入相当多的时间来帮助非营利组织提高管理的专业化水平。

关于创造未来

管理者必须明白，创造未来需要系统的努力，但这并不意味着管理者能够通过努力消除风险和不确定性。这种能力不是普通人所具备的。他所能尽

力而为的是去发现、偶尔还要去创造正确的风险，要利用不确定性。努力创造未来的目的，不是去决定我们明天应该做什么，而是要决定今天应该做什么才能拥有明天。

我们正在逐渐学会如何系统地、有目的地、有控制地进行这项工作。首先我们必须认识到有两种不同的、互为补充的方法：发现并利用经济和社会中的突变从产生到完全显现其影响之间的这一段时间。我们或许可以称之为预测已经发生的未来。赋予尚未发生的未来一个新的构想，并以此影响未来的发展方向和状态。这种办法我们可以称之为创造已经发生的未来。

彼得·德鲁克和约瑟夫·马恰列洛，《管理》(修订版)，2008年，第10章

- 这些梦想是可以通过这些途径实现的：进入并行职业，或者为你深深认同其价值观的组织做志愿工作，或者作为社会创业者开启一个新的全职事业，或者像汤姆·卢斯一样接受一份与政府或政治相关的工作，为社会提供服务。

实践一提示

随着年龄的增长，有一个决定是你必须做出的：你是更多地聚焦于那些能为你自己带来成就感、满足感和成长的事情，还是去做那些能对你自身之外的世界有影响的事情？

你是不是很想利用已经出现的"突变"（例如人口结构的变化或社会部门重要性的提升），在它的影响被广泛认可之前，去创造一个新的未来呢？

你是不是很想"赋予尚未发生的未来新的构想，并以此影响其发展方向和状态"呢？

认真思考创造一个新的未来所需要的步骤和资源，咨询那些能够帮助你的人。如果新的未来需要你长时间的努力才能到来，就要确保你有足够的动

力和帮助，否则你很难在这个跌宕起伏的过程中坚持下来。

警句

- 在生命的历程中，很多成功人士不得不在 60 岁左右时改变他们的方向。
- 随着年龄的增长，你会更多地聚焦于那些能够给**你自己**带来成就感、满足感和成长的事情，还是更多地聚焦于那些能对**你本身之外的世界**产生影响的事情？
- 正是这些占少数的人，把工作寿命时间的延长看成是对自身和社会的"机会"，因此他们会越来越有机会成为引领潮流的人和我们效仿的楷模。他们将越来越多地成为"成功故事"的主角。
- 努力创造未来，其目的并不是去决定我们明天应该做什么，而是要决定我们今天应该做什么才能拥有明天。
- 我们正在逐渐学会如何系统性地、有目的地、有控制地进行这项工作。首先我们必须认识到有两种不同的、互为补充的方法：发现并利用经济和社会中的突变从产生到完全显现其影响之间的这一段时间。我们或许可以称之为**预测已经发生的未来**。
- （第二种办法是）赋予尚未发生的未来一个新的构想，并以此影响未来的发展方向和状态。这种办法我们可以称之为**创造已经发生的未来**。

注释

76. "该论述出自帕罗奥多研究中心（Palo Alto Research Center，PARC）、大众和施乐规划者于 1971 年举行的一次早期会议。那次我突然激情萌发，提出了这样的论调！"1998 年 9 月 17 日艾伦·凯给彼得 W. 伦特的电子邮件，http://www.smalltalk.org/alankay.html，2014 年 1 月 4 日浏览。

77. "第一台平板电脑的设计始于 1968 年，远早于大多数制造平板电脑必备技术的发明。这个设计就是 Dynabook，其作者是计算机科学家艾伦·凯。它的预期受众是孩子。由于配置了视窗化的软件环境、图形化的编程语言以及无活动部件键盘，艾伦·凯希望设计的是一种坚固但并不昂贵的机器，能够充分释放人们的创造性。"《华尔街日报》，http://online.wsj.com/ad/article/laptop-invented#top. 2014 年 1 月 4 日浏览。

78. 林肯的专利信息见 http://www.abrahamlincoln online.org/Lincoln/education/patent.htm，2014 年 1 月 4 日浏览。
79. 亚伯拉罕·林肯，《演讲与著作》,http:www.abrahamlincolnonline/Lincoln/speeches/gettysburg.htm，2014 年 1 月 4 日浏览。

第 39 周
A Year with Peter Drucker

在你能做出独特贡献的领域工作

引言

在第 38 周,我们了解到有两种方法可以创造未来:

(1)"预测已经发生的未来"。

(2)"赋予尚未发生的未来一个新的构想,并以此影响未来的发展方向和状态"。

本周,德鲁克通过比较鲍勃·班福德的两大社会创新,即"领导力网络"和哈弗坦学院,阐述了这两种既独立又互相重叠的创造未来的方法。鲍勃·班福德非常成功地运用了这两种方法。他投入了大量的时间、资源和才干,同时得到了彼得·德鲁克的辅导,才取得这两大成就。

在 20 世纪 80 年代初,班福德就意识到大型教会如同超市,与街头杂货店似的小教会有很大不同。大型教会的领导人要卓有成效必须具备更专业的管理技能。为此他开始赞助许许多多的培训活动和出版物,包括与德鲁克交流的活动。"领导力网络"参与了创新和最佳实践的传播。该组织"充分利用了经济和社会中的突变从产生到完全显现其影响之间的这一段时间"。

到了 1984 年，很多组织都需要这样做。如今许多大规模的教会都有了传播创新用的全球网络。"领导力网络"不仅在继续创新，而且还处于埃弗雷特·罗杰斯提出的创新传播曲线的前沿（参见第 37 周）。

另外，哈弗坦学院则是"赋予尚未发生的未来一个新的构想，并以此影响未来的发展方向和状态"的范例。知识工作者的工作寿命延长了，他们积累的资源足够让他们自由地做以前只能梦想的事情。他们也会考虑"赋予尚未发生的未来一个新的构想，并以此影响未来的发展方向和状态"，使人生从成功走向有意义。

阅读

哈弗坦学院是新事物，为新出现的独特问题提供了独特的答案。你的著作和你通过哈弗坦学院所做的工作，可能与你在教会开展的活动同样重要，甚至更加重要。首先，一个人因为其长处而成为领导者。在教会的工作中，你在某一方面是独一无二的，但在其他方面与芸芸众生毫无二致。你在哈弗坦学院的工作是独一无二的，是领导者，从根本上说，这才是**你能做出独特贡献的领域**。

其次，你创造了庞大的受众。我不知道有多少（数以百万计），你唤醒了成功人士的一种意识，使他们意识到他们还需要继续做出贡献。我们所面临的一些现实是前所未有的——人们很年轻时就取得了成功，同时他们又很长寿。你知道历史学家巴巴拉·塔奇曼（Barbara Tuchman）吗？她写过一本关于 14 世纪的书。[80] 她指出，在 14 世纪，有创造力的人 21 岁就死了，因此他们必须在 19 岁就取得成功。如果你意识到当时人们在青春期就必须达到顶峰，而且他们是以青春期少年的方式行事，那你对 14 世纪就可以有更多的了解。如今，你正处于巅峰状况，而且年轻得惊人。成功的年龄不会有太大变化：虽然不会（好像 14 世纪的一些人那样）在 19 岁，但是很多人 29 岁时就已经相当成功。与此同时，他们不会 29 岁就死，而是活到 85 岁。你指出了这一点。你首先看到这一点,这是个独特的贡献。"领导力网络"和"荆棘里的火焰"⊖(班福德的教会植堂活动)对既有的老问题提供了与众不同的新答案。而你写的书和你在哈弗坦学院的工作为全新而独特的问题提供了全新而独特的答案。因此这才是属于你的独特的领域。

德鲁克与班福德的对话,2003 年 1 月 12 日

思考

- 知识工作者的人生经常分为两部分。上半生他们是在谋求生计,也许相当成功。在下半生,当他们履行了对家庭的责任之后,他们更想追求有意义的人生。正是在这个时候,他们也许有能力"创造未来"。

"时间在流逝"

你可能遭受过沉重的打击。对很多人来说,人生上半场不会不历经磨难……即便你经历的痛苦没那么严重,你也会清醒地认识到你无法以上半场的状态去度过人生下半场了。一方面,你精力大不如前。大学刚毕业时,你可以一天工作 14 个小时,休息时间加班加点也毫无问题。这是你人生上半场的赛事安排,如果要成功,几乎不可避免要这样做。但是现在你渴望的不仅仅是成功。然而这场游戏本身的现实是:时间在飞速流逝。以前看似遥不可及的东西瞬间近在眼前。尽管你不怕游戏结束,但你希望能完美谢幕,希望在你身后留下属于你的印记。如果人生上半场是追逐成功,那么人生下半场则要成为一段有意义的旅程。

鲍勃·班福德,《人生下半场》,1994 年,原著第 27 页

⊖ 根据《圣经》,耶和华的使者从荆棘里的火焰中向摩西显现。摩西观看,不料荆棘被火烧着,却没有烧毁。——译者注

德鲁克论使未来发生

联邦分权制、知识工作者、目标管理、私有化……这些我发明的词汇，今后许多年里可能还会继续被人们使用（被引用）。我是被授予了总统自由勋章，但名誉不是衡量生命的唯一标准。我要牢记这一点，继续做我现在做的事（德鲁克创造了未来：他在破解了企业管理实践的密码后，又促使人们关注非营利组织的管理并帮助它们进行更专业的管理）。

彼得·德鲁克，《我的个人经历》，2009年，第27篇

- 当我们的长处与我们的价值观相吻合时，我们就能做出独特的贡献。我们从对工作和生活的激情中认识到了这一点。也许我们要多花一些时间才能找到自己能做出独特贡献的领域并真正做出贡献。
- 在下文，萧伯纳——伦敦政治经济学院的联合创始人，诺贝尔文学奖得主，因电影《卖花女》荣获奥斯卡奖——分享了他对从成功到追求有意义的人生的看法。

"这是真正的乐趣"

这是生命真正的乐趣——为了你认可的伟大目标而竭尽全力，活出自己本来的生命力，而不是一具焦躁不安、自私自利、牢骚满腹的病态之躯，不停地抱怨整个世界不能令你快乐。我认为我的生命属于社区，只要我活着，能为社区尽己所能是我的荣幸。我要殚财竭力直到离开人世，因为我越努力工作，我就活得越好。生命对于我绝不是"燃烧短促的蜡烛"，它是熊熊火炬，当我手持它时，我要尽可能让它燃烧得明亮夺目，直到传给下一代人。

萧伯纳，《人与超人：喜剧与哲学》，1903年，第31～32页

- 我30岁出头时对工作的态度发生了变化。我开始寻找我认为既能够发挥我的优势，同时与我的价值观更匹配的领域。接着，我为实现这个转变接受了必要的培训，结果我变得更有成就感。

"一个人擅长的事未必值得他奉献一生"

与人具有价值观一样，组织也有价值观。一个人要想在组织中的工作有成效，其价值观必须与组织的价值观相兼容。它们不必完全相同，但必须足够接近从而可以共存。否则，人不仅会觉得沮丧，而且不会产生成果。一个人的优势与其做事方法很少不一致；两者是相辅相成的。但有时一个人的价值观与他的优势可能出现冲突。一个人擅长的事甚至非常擅长且做得很成功的事，未必值得他终身（甚至人生的大部分时间）去做。

彼得·德鲁克和约瑟夫·马恰列洛，《卓有成效管理者的实践》，2006年，第4章

实践—提示

班福德说："尽管成功和有意义的人生带来的好处大体相同，但是其中一个能使人睡得更安稳，并带来真正的满足感。"这种说法符合你的人生轨迹吗？

德鲁克有幸听过约翰·梅纳德·凯恩斯的课，当时凯恩斯正在撰写其代表作《就业、利息和货币通论》。通过聆听凯恩斯一个周五下午举办的讲座，德鲁克似乎发现了自己人生的兴趣所在。他说："凯恩斯和他的追随者只关注商品的行为。我则对人的行为和社会的功能更感兴趣。"[81] 也许德鲁克在其人生上半场的工作生涯中对"做出独特贡献"的追求引起了你的共鸣。如果是这样，你就去找出能施展你才华的领域吧。这样，你不仅能做出贡献，而且还会为自己没有虚度此生而高兴。这当然需要一定时间才能做到。

你人生上半场正在做的事是你受过培训并做得很好的事吗？这是你愿意奉献自己的一生去做的事情吗？如果不是，你要不要做出一些变化呢？

时间在流逝！你希望人们记住你的是什么？你在进步吗？

警句

- 你可能遭受过沉重的打击。对很多人来说,人生上半场不会不历经磨难……即便你经历的痛苦没那么严重,你也会清醒地认识到你无法以上半场的状态去度过人生下半场了。一方面,你精力大不如前。大学刚毕业时,你可以一天工作14个小时,休息时间还加班加点也毫无问题。这是你人生上半场的赛事安排,如果要成功,几乎不可避免要这样做。但是现在你渴望的不仅仅是成功。然而这场游戏本身的现实是:时间在飞速流逝。
- 名誉不是衡量生命的唯一标准。我要牢记这一点,继续做我现在做的事。
- 这是生活的真正乐趣,为了你认可的伟大目标而竭尽全力,并形成一种本能的力量,而不是一具焦躁不安、自私自利、牢骚满腹的病态之躯,抱怨整个世界没有设法令你快乐。
- 生命对于我绝不是"燃烧短促的蜡烛"。它是熊熊火炬,当我手持它时,我要尽可能让它燃烧得明亮夺目,直到传给下一代人。
- 做得好的事未必值得奉献一生。
- 一个人要想在组织中的工作卓有成效,其价值观必须与组织的价值观相兼容。它们不必完全相同,但必须足够接近从而可以共存。

注释

80. 巴巴拉·塔奇曼:《多灾多难的14世纪》,兰登出版社,纽约,1978年。
81. 彼得·德鲁克:《我的个人经历》,东京,2009年,第12篇。

第40周
A Year with Peter Drucker

需要帮助个人从成功走向有意义的人生

引言

那些在职业生涯完美收官之后退休的人,总想使自己的人生更加有意义,但他们常常在踉跄前行中气馁。原因固然各种各样,但其中之一通常是因为他们并不了解自己。他们知道生活中他们想要的不仅仅是旅行和社交,他们希望能继续做出贡献。而负责协调志愿者活动的工作人员常常不能完全了解,或充分发挥这类志愿者的才干。本周,彼得·德鲁克和鲍勃·班福德将一起讨论怎样帮助这些人从成功人士走向有意义的人生。

这些人不知道自己的"箱子里装有何物"——这是迈克·卡米(Mike Kami)的说法。他是彼得·德鲁克在20世纪50年代中期在纽约大学为管理者举办创新讲座时的学生,当时他在IBM任长期规划总监。

鲍勃在谈及教会和其他社会组织机构的领导者没有正确使用志愿者时,常常引用这一说法。个人以及组织的领导者都必须了解"箱子里装有何物",方能合理使用潜在的志愿者。

阅读

有些年轻的企业家朋友,他们一开始在公司里上班,后来可能娶了老板的女儿。你们年轻总裁组织(Yong Presidents' Organization,YPO)中的许多人是这样的吧。我认识其中的一个人。他接手了一家生产塑料梳子的小公司。他是我认识的最不快乐的人之一。46岁时他把这家工厂卖给了一个小企业集团,得到一大笔钱。他之所以卖了这家工厂,一方面是因为对方开出的价格极具诱惑力,另一方面他想进入新的技术领域,而他没有所需要的大笔资金,公司又不能上市。

他不知道要做什么。他16岁起就在这家生产梳子的工厂上班,六七年之后,开始管理这个工厂,然后娶了老板的女儿,她人非常好。他甚至连度假都从未操心过,都是妻子玛丽安排的。曾经每天驱动他的"箱子里的"动力一下子没有了,他彻底迷茫了。

我认为这些人非常需要得到三个方面的帮助:①看看都有哪些可做的事情;②想清楚他们想做什么;③着手准备,接受培训,向他人学习并互相学习。

使人生有意义的活动通常都是巨大的机会,但是很多人没有想象力去发现这些可能的机会。他们不知道如何发现这些可能性,有哪些机会,如何着手去做,以及应该找谁去谈。

德鲁克与班福德的对话,1989年1月9日

思考

- 准备进入人生下半场的人们也许没有这种想象力去找到既能发挥自己优势又符合自己价值观的用武之地。他们或许需要他人的帮助。"哈弗坦学院"为人们提供了一个从成功人士走向有意义的人生的方法。下文是该机构网站中的相关内容,可供参考。

从成功人士到有意义人生的方法

"哈弗坦学院"为你提供 12 个月的超强体验，帮助成功人士发现并实现人生下半场的目的。学院使用自己独特的、利用团队协作并以结果为导向的方法。这种方法基于以下 5 个核心要素：

（1）一个在得克萨斯州的达拉斯为期两天的高强度工作坊。工作坊由鲍勃·班福德和学院高层管理者共同主持——招生对象仅限于高效能人士，人数有限。

（2）由"哈弗坦学院"认证的教练提供个性化的一对一辅导。

（3）每月与学院的教练及成员召开电话会议，相互学习、交流和鼓励。

（4）与具有影响力的校友不断联系——这是一个导师、信息和资源的网络系统。

（5）向你介绍一些组织，这些组织与你的激情相匹配，让你取得有突破性的进展。[82]

- 有人在人生的早期即根据自己的兴趣开始在社会部门中当志愿者。这些人可以找到可以发挥自己特定才能的地方。这也可以为开创第二职业或社会企业提供想象力和灵感。

通过志愿者服务为人生下半场做准备

要管理好人生下半场，我们需要在我们的下半生到来之前，提早做好准备。当人们 30 年前第一次认识到平均工作寿命正在很快地变得越来越长的时候，许多观察家（包括我自己）都认为，越来越多的退休人员会成为美国非营利机构的志愿者。但这种情况并没有发生。如果我们在 40 岁左右还没有开始从事志愿者的工作，我们在 60 岁以后也不会成为志愿者。同样，我认识的所有社会企业家都是在他们原有的事业达到顶峰之前，就早早地投身于他们的第二个职业。前面提到的那个律师（汤姆·卢斯）在大约 35 岁时就开始以志愿者身份为本州的学校提供法律服务。到了 40 岁，他当选为校董事会董事。后来，当他到了 50 岁，并积累了大量财富后，他开创了自己的事业：建立和管理学校。那时，他仍然在一家大公司担任全职首席法律顾问，这份工作几乎占了他的全部时间，而这家大公司是他当年还是个年轻律师的时候帮助建立的。

彼得·德鲁克，《21 世纪的管理挑战》，1999 年，第 6 章

- 机构负责人在使用志愿者时，要避免凭直觉把志愿者用在自己认为重要的地方，而不是首先发现志愿者的优势和价值。个人与组织必须相互匹配。要点是要发挥个人的天赋和价值观。

在个人特定天赋的领域内释放能量

鲍勃·班福德：不要把志愿者放到不合适的地方

很多时候我对教会很生气、不耐烦，当我生气或不耐烦的时候，是因为我觉得教会自己限制了自己……那些十年才去一次教堂的人，看到教会做的事情非常有限，他们会说，原来它们就做这些事情。这既不能医治我的心灵，也不能让我做些有用的事。正如德鲁克的女儿说过的："就让我做最擅长的事情吧。"它们用错人了；它们不是把人放在这些人**最有天赋的地方**，而是放在**教会最需要的地方**。可以说，它们在装自己的箱子……它们不重视发现个人的天赋，把这些人放错了地方。归结到一点就是，要让人们在有特定天赋的领域内释放能量。

德鲁克与班福德的对话，1989 年 1 月 9 日

- 需要帮助个人和组织去仔细思考他们要用自己的才能做些什么事情，建立哪些必要的联系，以及应该为此做哪些必要的准备。

实践—提示

请注意德鲁克举的第一个例子，那个人卖了自己的公司之后感到迷茫了，

因为他没有任何工作外的兴趣。他应该问自己："除了我的工作，我是谁？"如果答案是"什么都不是"，他就应该采取行动来发展工作外的兴趣。你会怎样回答这个问题呢？

如果你想在人生下半场有所贡献，就必须懂得自我管理，从而做出正确的贡献。所以，要问"你的箱子里装有何物？"，你的优势和价值观是什么？你在哪里可以发挥自己的优势、体现自己的价值观？你的工作足以发挥你的才干和价值观吗？

你是否渴望从成功人士走向有意义的人生？你的计划是什么？你开始行动了吗？你需要哪些帮助？也许你可以读一下鲍勃·班福德的《人生下半场》，还可以考虑一下哈弗坦学院是否会对你有帮助。

如果你因为对家庭的责任而无法从事你真正热爱的工作，可以考虑一个并行职业，为一个需要你的服务，而你的才干又能得以施展的组织做志愿者。

警句

- 需要帮助个人从成功走向有意义的人生……我认为这些人非常需要得到三个方面的帮助：①看看都有哪些可做的事情；②想清楚他们想做什么；③着手准备，接受培训，向他人学习并互相学习。
- 使人生有意义的活动通常都是巨大的机会，但是很多人没有想象力去发现这些可能的机会。
- 我认识的所有社会企业家都是在他们原有的事业达到顶峰之前，就早早地投身于他们的第二个职业。
- 他们用错人了；他们不是把人放在这些人**最有天赋的地方**，而是放在教会**最需要的地方**。

注释

82. 哈弗坦学院，http://www.halftime.org/the-halftime-institute/，2013年10月23日浏览。

第41周
A Year with Peter Drucker

我究竟属于哪里

引言

有时,尽管你在工作岗位上可能很成功,但它不能满足你最深切的愿望。这种情况在生活中并不少见。也许是因为有人,特别是你的家人靠你维持生活,你必须尽到责任。这是知识社会的到来能够为你创造机会的原因之一。适当的规划能够帮助你在承担家庭责任的同时,离开现在的岗位。而且随着时间的推移,家庭责任可能会逐渐变小。但危险是,你可能在人生上半场中变得迷惘,不再清楚什么才能使自己获得真正的快乐。也许这时候你必须重新唤醒自己的想象力了。

或许你有个难以摆脱的感觉,觉得留在现在的地方正在伤害自己,同时也可能伤害组织。此外,你因为工作现状而影响到了他人,比如你的家人。在这种情况下,你应当努力寻找出路。

本周我们就来讨论这两个重要议题。这两个议题都始于同一问题:我究竟属于哪里。

阅读

有这样整整一代人，按人均寿命算他们还很年轻，他们充满活力，生活宽裕，精力旺盛，时间相对充裕，也许精力比时间更加充裕，还愿意继续成长。他们不希望退休后只是收集优惠券！他们对文化的兴趣浓厚，既要参与又要贡献。19世纪有教养的绅士那种老式的文化兴趣已经过时，那只是些散发着浓浓樟脑球味的老古董了。你的朋友会满世界跑，有时当天就可以打个来回。他们是活跃分子，也已习惯于此。当然不是所有人都这样。也有人可能45岁就退休，去过很有闲情逸致的生活，可我觉得他们并不会真的享受这样的生活。第一，他们都是工作狂，什么事也不做的话就会产生戒断症状[⊖]；第二，他们虽然需要刺激，但仅仅每周参加3～5个小时的董事会讨论预算也不会让他们感到特别满意。他们希望在金钱以外的东西上做出贡献，他们具备这种技能和素养。只是他们不很清楚该怎样做，不知道该把精力用在哪里。他们不知道你们已经学会的东西——人必须要聚焦；分散精力成就不了什么大事。我觉得他们还没有懂得如何把自己在工作中学到的经验应用于新的机会。他们参加社区活动，在我看来这只是一种短期行为。他们这样做大多是由于他们并不了解组织的需求。他们需要很多的指引、帮助和引导，才能发现"我究竟属于哪里"，也许他们属于教会。

德鲁克与班福德的对话，1989年1月3日

思考

- 知识工作者在他们相对较长的工作寿命中会遇到很多困难。有人会厌

⊖ 戒断症状（withdrawal symptom），也称戒断综合征（abstinence syndrome），原指在戒烟、戒毒、戒酒等情况下出现的一系列瘾癖症候群。连续反复多次应用依赖性药物易产生耐受性及成瘾。一旦停药，即出现戒断症状，若再次给予药物，则症状立即消失。这里借用来指习惯于工作的人，一旦停止工作后产生的不适应状态。——译者注

倦职业生涯中的日常工作。这也许会让他们去找另一个工作，甚至做一个彻底的转变：或许是在社会部门中的某个组织中的第二职业。许多人在教会或其他社会组织长期、持续地做志愿者，并从中找到生活的意义。德鲁克称此为**平行职业**。还有人通过职业生涯中成功累积的财富来解决社会问题，由此而让自己的人生有所作为。这些人是社会创业者。鲍勃·班福德就是最后这种人的典范。

德鲁克谈班福德从成功到有意义的人生历程

这个故事的开始很不起眼。一个未满11岁的男孩，由于父亲的早逝，不得不挑起家庭的重担。这是一个充满苦难、梦想和决心、悲伤与成功的故事。这个故事本身就令人瞩目。但不寻常的是，班福德在我认识的人里实属罕见，他在十几岁的时候就开始思考自己有哪些优势……更让人惊讶的是，当他知道上天恩赐他的才干与他自己想要做的事很不相同时，他能既理智诚实又充满勇气地告诉自己："我的责任和使命是在工作中发挥自己的长处，而不是做自己喜欢做的事。"正因为如此，班福德成为成功的创业者和商人。但是（在我的经历中这真的前所未闻）班福德从未忘记他早年的愿景，也从未让原本的价值观泯灭于他的成功之中。他没把年轻时的抱负当成应该抛弃的儿时梦想。他埋头苦干，但从未忘却自己的终极目标……如同青年需要英雄探索和浪漫爱情的故事，这些（《人生下半场》一书里的）故事正是那些已经步入中年、因有所成就而获得了一定成功的人们所需要的。

彼得·德鲁克为班福德《人生下半场》第 1 版所作的序言，1994 年

为什么我的归属不在此处

如果经过深思熟虑，你发现对"我究竟属于哪里"这个问题的回答是"不属于当前的工作"，那么接下来的问题就是：为什么？是因为你不认可所在组织的价值观吗？是所在的组织正在堕落吗？在一个与自己价值观不相符的环

境里，你会变得愤世嫉俗，会自我鄙视，这肯定会伤害你。或许是你的老板正在堕落，精于玩弄办公室政治，或只关心自己的升迁。最棘手的情况是你尊重的老板不履行他最重要的职责：支持、扶持、提拔有能力的下属。

如果你待的地方不合适，甚至是一个堕落的环境，或是你的表现得不到认可，正确的决定就是离开。重要的不是能否得到晋升，而是工作是否合适，是否能得到公平的对待。没有这些，你很快就会认为自己只不过是个二流人才。

彼得·德鲁克，《非营利组织的管理》，1990年，第5章

- 我们往往出于职责要求做了自己虽然擅长但并不情愿做的事，但是当时机成熟、责任基本履行完成时，我们就可以去做自己真正热爱的事了。

规划职业生涯，防范未来的打击

为了做好准备以便尽量减少身份危机、职场失意、厌倦情绪等情况的打击，可以做的一件事情就是做好规划。"把握一下自己的职业生涯……我是指这种意义上的职业规划：我要学习什么？我的优势是什么？我如何发挥它们？我的归属在哪里？是在这家公司吗？一个人必须对自己负责，必须经常自问这些问题，而且还要根据回答行动起来……发展自己的优势，以便在需要的时候得以发挥。"

更重要的是，"发展一个真实的、真正的、主要的外部兴趣。不是嗜好，而是真正的兴趣，能够让你身处另外一个世界，有另外一班有见地的伙伴……需要一个真正的外部兴趣，不仅是指滑水。这个兴趣不但能发挥你的优势，而且能保护你不受那些原本难以避免的伤害。"

彼得·德鲁克，引自约翰J.塔兰特《开创企业社会的人》，1976年，第101～102页

实践—提示

听取德鲁克的忠告:"发展一个真实的、真正的、主要的外部兴趣。不是嗜好,而是真正的兴趣,能够让你身处另外一个世界,有另外一班有见地的伙伴。"

通过确定你的优势和价值观来进行职业规划,持续发展你的优势。在职业生涯中尽早规划第二职业。考虑那些可以提供向第二职业转型的,或者是能给人生带来意义的志愿工作。

如果你现在的工作不能让你从成功走向有意义的人生,那么为了探索这样的机会,你需要做什么呢?

如果你感觉到自己正在沦落为二流人才,那么自问一下,为什么?如果是眼下的工作条件使你有这种感觉,那么就努力脱身去找一个能够发挥你的才干、给你平等发展机会的地方吧。

警句

- 有这样整整一代人,按人均寿命算他们还很年轻,他们充满活力,生活宽裕,精力旺盛,时间相对充裕,也许精力比时间更加充裕,还愿意继续成长……他们希望在金钱以外的东西上做出贡献,他们具备这种技能和素养。只是他们不很清楚该怎样做,不知道把精力用在哪里。
- 如果经过深思熟虑,你发现对"我究竟属于哪里"这个问题的回答是"不属于当前的工作",那么接下来的问题就是:为什么?是因为你不认可所在组织的价值观吗?是所在的组织正在堕落吗?在一个与自己价值观不相符的环境里,你会变得愤世嫉俗,会自我鄙视,这肯定会伤害你。
- 把握一下自己的职业生涯……我是指这种意义上的职业规划:我要学习什么?我的优势是什么?我如何发挥它们?我的归属在哪里?是在这家公司吗?一个人必须对自己负责,必须经常自问这些问题,而且还要根据回答行动起来。
- 发展一个真实的、真正的、主要的外部兴趣。不是嗜好,而是真正的兴趣,能够让你身处另外一个世界,有另外一班有见地的伙伴。

第 42 周
A Year with Peter Drucker

人生下半场：创业者企业

引言

班福德向德鲁克咨询，从管理"领导力网络"转而开展一个称为"哈弗坦"（Halftime）的项目，他也与德鲁克探讨如何帮助有才干的管理者从成功人士走向有意义人生。班福德说："我正在进行或称考虑并测试一个重要的转变。这项工作将着眼于他人、服务他人、帮助他人充分发挥个人才干，而不是自己孤军奋战。"德鲁克对此进行了深入分析并提出了与这种转变相关的环境和具体做法。

由此而产生的书和学院就是为了帮助人们从第一职业转向新的事业。从班福德在德鲁克带领下走过的历程中，我们可以学到一些经验。班福德首先测试了**概念**，一旦确认概念成立，他就**完善概念**，然后才进入**全面实施**。

德鲁克很重视这个创新项目，因为这正好与他要做的两件事情不谋而合：第一，"哈弗坦项目"试图开发知识工作者尚未使用，或尚未充分使用的才干和精力；第二，对有意义的人生下半场的追求导致了很多能改变人生的社会创新。而开发人才的过程和社会创新的终极目标，都是德鲁克一生工作的核心内容。

阅读

你们开始探索的这个新项目（"哈弗坦项目"）将面对（与"领导力网络"）非常不同的客户群。而且直白地说，是更加有意思的客户群，因为你们现在为牧师做的是帮助他们更有效地进行当前的工作，而新的项目是让他们帮助人们去做他们应该做并且想做的事情。领导力网络总体上说来是个有关**管理的工作**，而这个新的项目总体上讲是个**创业工作**。

"哈弗坦项目"更像是一家刚刚起步的创业公司。有人发现了一个空白机会，募集天使资金，建立一个小团队来弥补单个创业者的不足。这个过程大概是：

（1）啊哈！一个想法。

（2）根据为客户增值的假设启动项目并测试市场。

（3）证明这个假设——有客户。

（4）扩大——通过借贷和风险投资来扩展。

德鲁克与班福德的对话，1989年1月9日

思考

- 美国之所以有公民社会，其本身就是社会创新的结果。看一看救世军、美国援外合作组织、嗜酒者互救协会、红十字会、女童军、世界宣明会，还有许多这样的机构。2011年在美国有160万家获得501（c）(3)法案免税的非营利组织。其中包括私人慈善机构、私人基金会和宗教机构。很清楚，社会创新是美国社会的显著特点之一。[83]

社会迫切需要创新

管理是让美国经济转变为创业型经济的新技术（而不是任何新科学或发明）。它正在使美国进入创业型社会。的确，在美国——以及其他发达国家——社会创新在教育、医疗卫生、政府和政治等方面有着更广阔的天地。

这些领域的创新在规模上要远远超出在商业和经济领域的创新。社会的创业精神——社会非常迫切需要的创业精神——最需要的是把管理的基本概念和技能应用到新的问题和新的机会上。

彼得·德鲁克，《创新与企业家精神》，1985年，引言

- 德鲁克断言，对于想要从成功走向有意义人生的人们来说，两者之间有着一个空白地带。对于相对成功的人们，这里有**很多机会**。为了帮助人们寻找在社区中发挥才干的机会，德鲁克的忠告是要高度聚焦。
- 了解自己的优势、弱点和价值观可以帮助你发现在人生下半场进行创业项目的某种机会。知道了自己的优势和核心价值观，你就知道应该拒绝哪些机会。德鲁克关于创新机会的来源应该能够帮到你。

系统化创新

"成功的创业者不会坐等'缪斯女神的垂青'——送给他们一个好主意。他们会实干。"

系统化创新意味着密切注视创新机会的七个来源。前四个来源存在于机构的内部，无论这是一个商业机构还是公共服务机构，或存在于某个行业或服务领域的内部：**意外之事**——意外的成功、意外的失败、意外的外部事件；**不协调**——现实如何与假设如何，或者与"应该如何"之间的不一致；由于**程序需要**的创新；悄无声息的**行业结构或市场结构的变化**。第二类创新机会来源于企业或行业外部的变化：**人口统计数据的变化**（人口结构的变化）；**认知、情绪和意义的改变**；**新知识**，包括科学与非科学的。

七个创新机会的来源之间的界限并不分明，彼此间有很多重叠的地方。它们好比是同一建筑物上面向不同方向的七扇窗户。透过其中一扇窗户看到的景象同样也可以从另外相邻的窗户看到。但是从每一扇窗户看到的中心景象是独特的，与其他窗户看到的不完全一样。

彼得·德鲁克，7月12日，"系统化创新"，《德鲁克日志》，2004年

- 除非美国能够成为一个特别致力于解决社会中最困难问题的创业型社会，否则，向欧洲式社会福利制度的努力注定要失败。这需要很多真正热心并遵循德鲁克基本观念的人行动起来。我们历时50年的"向贫困宣战"[一]并没有触及贫困在美国的根本原因。如本书中讨论过的，反而是很多社会部门的组织在解决贫困的根本原因和缓解症状方面更加有效。但是，社会部门远远小于政府部门。这需要源自社会三大部门的更多创新。

福利国家之后会不会是创业型社会呢

创业型社会的出现也许是历史上的一个重大转折点……尽管存在着老龄化和出生率下降等人口结构的挑战，（现代福利国家）也许能够继续存在下去。但它存在的前提是创业型经济能够大幅提升劳动生产力。我们或许还会对福利体系这座大厦做一些小的修改补充，在这里或那里增加某项新福利等。但是福利国家代表的是过去，而不是未来——即便是传统的自由人士现在也明白这一点。福利国家之后会不会是创业型社会呢？

彼得·德鲁克，《创新与企业家精神》，1985年，结论

实践—提示

选择一个你最喜欢的公益或慈善组织。看看它的创始人是谁？创始人的动机是什么？这些动机源自哪里？你能学到什么来激发自己、帮助自己去做类似的事情？

思考一下你是否有可能发挥你的优势和价值观进行社会创业。这个意义重大的练习需要大量思考，但通过思考也许能够产生出你人生下半场想做的

[一] The War on Poverty。1964年1月8日，约翰逊总统在国情咨文中提出要"向贫困宣战"。此后，政府通过一系列法案，包括《经济机会法案》等，意在消灭贫困。——译者注

项目创意。在《创新与企业家精神》一书中，德鲁克指出了创新思路的七个潜在来源，其中的四个潜在来源是：意外事件、不协调（不经济的生产和运营模式）、现行流程中某个环节的缺失、市场结构的改变。这四个来源于现有的组织内部。另外的三个——人口结构的变化、消费者认知的变化、基于新知识的创新——来源于组织和行业之外。你或许需要关注这些创新的来源。事实证明这些来源非常有助于找到社会创业的机会。

很多社会创业者遵循了第 36 周中提到的汤姆·卢斯的模式。汤姆在从事成功的律师生涯时，出于兴趣开始进入学校的董事会。后来他创立了自己的社会企业——校长网络。汤姆的这种方法使得他在更多投身于教育改革工作之前，能够有机会学习。这种做法的成功率更高。

警句

- "哈弗坦项目"更像是一家刚刚起步的创业公司。有人发现了一个空白机会，募集天使资金，建立一个小团队来弥补单个创业者的不足。这个过程大概是：① 啊哈！一个想法；② 根据为客户增值的假设启动项目并测试市场；③ 证明这个假设——有客户；④ 扩大——通过借贷和风险投资来扩展。
- 管理是让美国经济转变为创业型经济的新技术（而不是任何新科学或发明）。它正在使美国进入创业型社会。
- 成功的创业者不会坐等"缪斯女神的垂青"——送给他们一个好主意。他们会实干。
- 创业型社会的出现也许是历史上的一个重大转折点……尽管存在着老龄化和出生率下降等人口结构的挑战，（现代福利国家）也许能够继续存在下去。但它的存在前提是创业型经济能够大幅提升劳动生产效力。

注释

83. http://www.independentsector.org/scope_of_the_sector#sthash.1BXpkCYs.dpbs，2013 年 10 月 23 日浏览。

第 43 周
A Year with Peter Drucker

自我管理及进入人生下半场的催化剂

引言

鲍勃·班福德曾经有过这样一个设想：设计一个系统的流程用来帮助人们从成功走向有益于社会的、有意义的人生。在德鲁克的知识体系里，这属于"自我管理"的范畴。

"自我管理"这个题目第一次在出版物中出现是在德鲁克《21世纪的管理挑战》（1999年）一书中的第 6 章。在《哈佛商业评论》的 1999 年 3～4 月刊上，以同样的标题，刊登了这一章的部分内容。它在 2005 年 1 月于《哈佛商业评论经典》中再次出现。在亚马逊网站上也可以买到专门的小册子。

根据班福德在畅销书《人生下半场》（1994 年）中谈到的题目，我和德鲁克后来一起整合了自我管理的更多内容。这些题目后来收入德鲁克和马恰列洛 2006 年合著的《卓有成效管理者的实践》中。其基本想法可以综合整理如下。

首先，自我管理要求我们明白自己擅长什么，也就是我们的优势。其次，自我管理要求我们理解自己的价值观。最后，我们要知道自己的最佳工作方式是独自工作还是团队合作？是善于处理杂乱无章的局面，还是要先弄明白整体情况才能更好地工作？这些问题让我们明白在哪些地方我们能够做出最大、最令人满意的贡献。一旦搞清了自己的优势、价值观、工作方式，以及能做出贡献的领域，我们就为人生下半场的自我管理做好了准备。当然，这些问题同样适用于管理人生上半场，但是针对下半场，我们的答案肯定是不一样的。

阅读

是的，我看到各种可能性，它们并不一定互相排斥，但并不相同。我看到一些独特的东西……你和你的组织是一种催化剂，可以帮助那些不满足于只是经营自己的业务、那些没有被工作耗尽精力的成功的年轻人，帮助他们找到可以从事社区服务的领域。如果给他们一些帮助，他们就可能找到机会，组织活动，每年两三次聚在一起商量，什么是值得他们去做的，需求是什么，值得信赖的人在哪里。在这样的讨论中可能会找到六七个与个人和社区需求相关的不同的努力方向。

我认为你不能同时做两三个项目，最好是聚焦在一个项目上。这样你将体会到一个共同努力的小团队也能够产生大的影响。你自己对这个项目有兴趣，而且感觉需求巨大。你应该做那个非常聚焦的项目，否则就很难成功。或许你可以成立一个人数不多的小组，大家都彼此认识，大家也都信任你，还都能跟随你。

德鲁克与班福德的对话，1989年1月9日

思考

- 德鲁克意识到知识工作者的工作寿命通常要达到50年，甚至更长。德

鲁克自己的工作寿命就将近 70 年！但是在知识工作者的生涯中，他们会面临很多困难。很多人会对职业生涯中的日常工作感到厌倦，因此希望能有机会换个活法，摆脱厌倦。这就需要他们能够把自己"挪挪地方"。

自我管理：社会革命

自我管理是人类活动的一个**革命**。它对个人、特别是知识工作者提出了全新的、前所未有的要求。实际上，它要求每一位知识工作者都要像一位首席执行官那样思考和行动。它还要求知识工作者从原本习惯的思维和行为模式中来一个几乎 180 度的转弯。

这种从体力劳动者（由工作或老板分派任务）向知识工作者（自我管理）的转变对社会结构提出了巨大的挑战。在所有现存的社会中，即便是在最"个人主义"的社会中，都会至少在潜意识的层面上理所当然地认为：组织机构一定比其员工更长寿，大多数员工不会跳槽。**自我管理**却是基于完全相反的事实：员工的寿命多半比组织机构的寿命要长，知识工作者具有流动性。在美国，员工的**流动性**还可以接受。但是即使是在美国，组织机构的寿命低于员工寿命，由此要为人生不同的下半场做好准备——这个概念也是革命性的，而且到现在基本上还没有人为此做好了准备，甚至组织机构也没有准备好：现行的退休机制就是一个例子。

彼得·德鲁克，《21 世纪管理者的挑战》，1999 年，第 6 章

- 对工作的厌倦不可能使我们充分发挥自己的才干，甚至还可能导致一些破坏性的行为，比如吸毒和酗酒。所以，尽管尝试着从成功转向有意义的人生会有风险，但是不去尝试的风险可能更大——特别是那些正对工作感到厌倦的人。

自我管理：人生下半场

人生下半场要做什么

知识工作者在身体条件上可以一直工作到很大的年龄，远远超过传统的退休年龄。但是他们面临着一个新的风险：他们在思维上可能跟不上了，就是通常所说的"油枯灯灭"。这是一种进入40多岁后的知识工作者经常碰到的苦恼。但它很少是由于压力导致的，它最常见的原因是对现在的工作产生了厌倦情绪。因此，自我管理需要你为人生下半场做好准备。

彼得·德鲁克和约瑟夫·马恰列洛，《卓有成效管理者的实践》，2006年，第4章

- 比起社会创业来，转向平行职业和第二职业通常要容易一些。在努力从成功转向有意义人生的过程中出现挫折、感到迷茫的时候，容易产生失望情绪。感到迷茫的原因有很多——一部分是由于他们不了解自己和自己的价值观，一部分是由于不容易找到既能与自己的才干相匹配又能维系自己激情的机会。

从成功到有意义的人生有几种形式

使人生有意义并不需要180度的转弯。对自己的技能做一些更新改进，以便能够把更多的时间用于更能发挥自己优势和价值观的事情，做这样的事情的时候能够使你再次体验初入职场时的激情和乐趣。

鲍勃·班福德，《人生下半场》，1994年，第10章

实践—提示

开始去找一个能让你满足的平行职业或第二职业。可以先列出让你感兴趣的工作领域，包括在非营利机构从事志愿工作。

在现在的工作之外设定目标，并开始向这些目标努力。

《人生下半场》一书和"哈弗坦学院"都在帮助那些希望从成功转向有意义人生的人。他们把你的才能与社会机会正确地匹配起来。在这个转变过程中有专家辅导,"哈弗坦学院"希望这样的辅导能满足社会部门和企业的需求,用一个创新的过程**将你的才干、价值观与亟待解决的问题完美地匹配起来**。考虑一下这个方法或其他类似的方法,特别是如果你正在努力成为一个社会创业者。

警句

- 自我管理是人类活动的一个革命,它对个体、特别是知识工作者的要求是全新的、前所未有的。实际上它要求每一位知识工作者都要像一位首席执行官那样思考和作为。
- 通常所说的"油枯灯灭",这是一种进入40多岁后知识工作者经常碰到的苦恼,但它很少是由于压力导致的。它最常见的原因是对现在的工作产生了厌倦情绪。因此,自我管理需要你为人生下半场做好准备。
- 使人生有意义并不需要180度的转变。对自己的技能做一些更新改进,以便能够把更多的时间用于更能发挥自己优势和价值观的事情,做这样的事情的时候能够使你再次体验初入职场时的激情和乐趣。

第十三部分
A Year with Peter Drucker

人品和遗产

第44周　美国社会不再甜蜜
第45周　目标的力量：华理克牧师谈彼得·德鲁克
第46周　管理财富与管理影响
第47周　做一个于人于己都有用的人
第48周　领导者代表什么
第49周　了解自己的价值观，做一个真正的人
第50周　你想要人们记住你什么
第51周　"辅导……是因为看到人的潜能"
第52周　寻找人生下半场的意义：德鲁克的十条原则

| 第 44 周 |
A Year with Peter Drucker

美国社会不再甜蜜

引言

本周,我们来看看彼得·德鲁克和多丽丝·德鲁克(Doris Drucker)在1937年到达美国时的重要经历。对于这对新婚夫妇来说,这是一段充满挑战和激情的时光。他们虽然面对着严峻的经济危机,但也感受到了美国人民的好客和热情。德鲁克夫妇非常珍惜他们在美国经济危机中新生活的"甜蜜"经历。

随着年龄的增长,彼得·德鲁克感到最大的悲哀是他看到美国人的这种精神正在逐渐消失。可能就是这种精神的消失促使他投身于美国社会部门的工作,同时也赋予他力量并激励他长期致力于此。所以,他认为彼得·德鲁克非营利组织管理基金会(包括更名后的机构)以及其他类似的组织,对于一个健康和充满希望的美国来说意义重大。

他从许多有效的非营利组织取得的成果中看到了巨大的希望,他为这些非营利组织付出了很多时间和努力。他坚信,社会部门的组织,如果管理得好,它们正在做的工作能解决无数的社会问题,能带来最好的希望。

德鲁克夫妇为树立美国的价值观和解决他们所关心的问题给出了切实可行的方式。他们的生活就是为美国服务的证明。德鲁克为了提高我们社会中各类机构的管理水平，默默地、孜孜不倦地工作着。他敏锐地意识到美国巨大的希望以及存在的问题。他热爱这个国家。他致力于培养人民，这也是他的遗产的重要部分。当我写此书时，他的终身伴侣多丽丝·德鲁克已经102岁高龄了。她依然不断地鼓励他人去发现由信息技术、基因和空间探索（仅仅列举她感兴趣的几个）领域的进步带来的新机会。她人生的大部分时间都在当志愿者。在第一次世界大战和纳粹的兴起以及掌权期间，她在德国的经历让她对德国感到失望。她的自传《记忆：要么发明镭或要么薅你的头发》（芝加哥大学出版社，2004）充分证明多丽丝的一生是勇敢的、贡献的人生。

阅读

多丽丝和我在1937年的春天从英格兰来到美国，到如今已经有56个年头了。我们到美国的时候可能正是经济大萧条最严重的时期。在一个非常微弱的复苏之后，经济在1936年再次崩溃。1937年美国的经济状况比大多数欧洲国家更糟糕，但在这个非常萧条的经济中，美国做出的努力给了我们极大的鼓舞。我认为我们都知道**从经济上来讲**，新政是一个失败。我们处在全面萧条的经济漩涡中。但**社会是强大的**，这是一个几乎没有嫉妒的国度，整个社会还是比较好的，是一个"甜蜜"的国度。而如今这个国家困扰我的不是经济，而是我们的社会不再甜蜜。它变坏了，变得非常坏。我认为在这方面政府或者是无能为力，或者是做的太多。实际上，我们看到的是，政府所做的是让社会变得更坏。

只有通过这种非营利组织的活动，通过人们的自我尊重，通过主动解决社会难题的活动，我们才能重新回到甜蜜的社会。所以，我认为德鲁克非营利管理基金会正在做的工作，或有兴趣做的工作，是非常重要的。因此，我们的努力和迄今为止所取得的成果是如此令人感动。

彼得·德鲁克，在德鲁克非营利管理基金会董事会顾问委员会上的致辞，
1992 年 11 月 8 日

思考

- 我们有些主要城市还存在着类似战争时期称为战区的大型区域。2012 年在芝加哥有超过 500 起凶杀案，主要发生在南部毒品泛滥、黑帮横行、经济贫困的地区。这个美国第三大城市的大部分地区远不是文明的地区。芝加哥的凶杀犯罪率比不发达的墨西哥城和圣保罗市还要高。解决芝加哥的问题看起来遥遥无期。使纽约、洛杉矶和芝加哥三个最大城市文明化是我们社会面对的主要挑战之一。我们三个最大城市的凶杀犯罪率比东京、伦敦和巴黎高出好多倍。[84]

城市的文明化

"只有社会部门才能够创建我们现在所需要的公民社区。"

城市的文明化将越来越成为所有国家的最重要工作，特别是在像美国、英国和日本这样的发达国家。然而，无论是政府还是企业都无法提供世界上每个主要城市所需要的新型社区。这不是政府的，也不是企业的和营利组织所需要完成的任务。只有社会部门才能够创造我们现在所需要的公民社区，特别是为那些受过高等教育、逐步成为发达社会主流的知识工作者建设新型的社区。原因之一是只有非营利组织才能提供我们需要的各种各样的社区——从教会到专业团体，从关照无家可归者的组织到健康俱乐部……非营利组织也是唯一能够满足有效社区的第二需求（公民意识的需求）的组织。20 世纪我们看到了政府和企业的爆炸式增长，尤其是在发达国家。21 世纪最需要的是非营利的社会部门同样的爆炸式增长，并通过它们在新型的主流社会

环境——城市中创建社区。

彼得·德鲁克，6月24日，"城市的文明化"，《德鲁克日志》，2004年

- "德鲁克称救世军是'美国最有效的组织。在使命的清晰度、创新能力、取得可衡量的绩效、奉献精神和最大化利用资金等方面无人可及。'"[85]

怜悯和文化

所有的管理理论都是对彼得·德鲁克的脚注，这样说也许有些偏颇，但也不太离谱。当有人问比尔·盖茨哪个管理学者对他影响最大时，据说比尔·盖茨回答："当然是德鲁克了。"但是近些年，大家发现德鲁克不仅被人们称为"管理大师"，他还是一个站出来维护人类精神的社会理论家。如果救世军想要拯救这个世界——"救世"与"拯救世界"字面上就是同义的——救世军也许就是为了拯救世界而生的。在美国，没有一个重要的组织比救世军更加能够忠实地理解并实践德鲁克的管理理念了。究竟什么是救世军？它为大家所耳熟能详，并得到了大众的极大信任，但是很少有人真正知道这是个什么组织，或者它在做什么……这个组织很难被确切定义。它有时被比作一个教会，但更多的时候是被称为一个慈善服务提供者。可能对它最好的描述是循道宗或圣洁会牧师的工作——处理早期工业时代带来的那些恶果。

格温·珀蒂尔，《怜悯和文化》，2002年，第1章

- 你是否理解为什么德鲁克认为美国不再"甜蜜"？你现在是否理解为什么德鲁克相信美国的主要问题是社会问题，而不是经济问题？

精神价值观

"只有怜悯可以救赎——作为上帝的孩子，这是我义不容辞的责任。"

社会需要精神价值的回归——不是去弥补物质，而是充分发挥它的生产力。尽管对人类这个庞大的群体来说，要实现精神价值的回归还很遥远，但

是今天我们就看到了物质极大丰富，或者至少是并不匮乏的希望。人类需要精神价值的回归，因为他需要怜悯，需要高级宗教所共享的你我合一的深切体验。在充满恐怖、迫害和大屠杀的年代，就像我们所处的年代，道德冷酷的坚硬外壳可能是生存的必要。离开它我们可能会屈服于麻痹的绝望。但是道德的麻木也是一种心理和灵魂的可怕疾病，非常危险。即使不去纵容它，道德的麻木也会导致残忍和迫害。我们知道19世纪伦理上的人道主义无法阻止人们变得野蛮和兽性。只有怜悯可以救赎——作为上帝的孩子，这是我义不容辞的责任。这是精神的学问。

个体也需要精神价值的回归，只有认识到人不仅是生物学和生理学意义上的人，还是精神上的人，是上帝的创造物，为上帝的意志而存在并服从于他，只有这样，他才能在当今的人类环境下生存。也只有这样，他才能明白，瞬间的身体毁灭带来的威胁并不能否定其自身的存在、意义以及责任。

彼得·德鲁克，《已经发生的未来》(1959、1969年)，2009年，第10章

实践—提示

你是否参加了致力于积极增强社会纽带的公民组织，并帮助在美国创建更多的健康社区？

检查一下你所资助的非营利组织的使命和绩效，它们并不都是有效的。例如，在有些组织里，高层管理者的工资可以高低不一，差距很大。

看一看这些慈善团体高层官员的工资和投入到募集资金活动的预算比例。还要看一看这些组织的结果。你应该用这些数据来帮助你决定对非营利组织的资助模式。

有些当地政府官员明白政府的局限性，也知道政府与企业应该联手加强社会部门和公共部门组织的工作，应该积极支持并选举这样的人。

警句

- 如今这个国家，困扰我的不是经济，而是我们的社会不再甜蜜。它变坏了，变得非常坏，我认为在这方面政府或者是无能为力，或者是做的太多，实际上我们看到的是，政府所做的是让社会变得更坏。
- 只有通过这种非营利组织的活动，通过人们的自我尊重，通过主动去解决社会难题的活动，我们才能重新回到甜蜜的社会。
- 只有社会部门才能够创造我们现在所需要的——公民社区。
- 20世纪我们看到了政府和企业的爆炸式增长……21世纪最需要的是非营利社会部门同样的爆炸式增长，并通过它们在新型的主流社会环境——城市中创建社区。
- 只有怜悯可以救赎——作为上帝的孩子，这是我义不容辞的责任。

注释

84. 源自 http://www.nbcchicago.com/blogs/ward-room/The-Deadliest-Global-City-163874546.html#ixzz21QKB3Ewa，2013年11月22日浏览。
85. 格温·珀蒂尔，《怜悯和文化》，2002年，第1章。

第45周
A Year with Peter Drucker

目标的力量：华理克牧师谈彼得·德鲁克

引言

华理克牧师在建设标杆教会方面所做的工作是对彼得·德鲁克"事业理论"（The Theory of the Business）的诠释和应用。事业理论是德鲁克管理系统的核心，它适用于所有的组织。一个组织的事业理论要求组织的管理者明确组织的使命是什么，这个使命是否符合组织对所处环境的假设，以及组织在这个特定环境下对完成使命所需能力的假设（德鲁克和马恰列洛，《管理》（修订版），2008年，原著第85～96页）。

一个有效的事业理论是一种假设，是令一个组织在某个特定的领域中，成功地回应它所面临的现实（环境）的使命的假设，是对完成使命所需要的核心能力或知识的假设，也是对其自身价值体系的假设。离开了这样一个有效的理论体系，组织将无法提供客户和潜在客户认为有价值的产品或服务。事业理论是一个每天都要经受现实考验的假设。

营利和非营利组织的事业理论的主要区别在于，对非营利组织来说，"使命"是最重要的。这些组织的主要驱动力来自其追求的价值观。而对营利组织来说，它们必须将客户放在最重要的位置，企业的核心能力和使命在特定的市场内必须与客户的价值一致。如果我们将研究的对象从营利组织变成公共服务组织，那么题目将从"事业理论驱动"变成"使命驱动"，其他一切都保持不变。

如果一个组织具备了正确的能力以完成其使命，它还需要通过有效的沟通，让组织上下所有成员保持一致。组织里的每个人应该基于组织的事业理论，来制定他自己的目标。

下面华理克关于"目标的力量"一文中出现的术语与接下来德鲁克的文章一致。德鲁克在文章中明确提出了对有效事业理论的要求。华理克用"目标"（purpose）一词代替了"使命"（mission），但两者的含义相同。

阅读

每一个组织和每一种生命都有某种驱动力。有的组织是依靠人格驱动的；其主要领导者就是驱动力。当这位领导去世、离开公司、退休或调到另外的岗位，组织会发生怎样的变化呢？我们已经见证过类似的事情发生。人格驱动的组织是非常不稳定的。德鲁克告诉我们，领袖魅力是非常危险的。他多次提到……希特勒有着非凡的领导魅力，但他并没有做什么好事。所以你需要的不是一个由人格驱动的组织，你需要的是一个由目标驱动的组织。

德鲁克说，你应该做的第一件事是问自己："我的使命是什么？我的业务是什么？"然后你要明确地回答它们[86]……那么，为什么要目标驱动？

第一，目标鼓舞**士气**。马鞍峰社会教会成为美国第二大教会的原因是我们教会的 82 000 人都有很高的士气。第二，目标**减少**了组织内的**冲突**。如果组织的人员都在一条船上，没有人会来回去晃这条船；你不会分散注意力；你知道你的目标；第三，目标提供**愿景**。"没有愿景的地方，人们就会消亡"[87]。第四，目标让我们的精力更加**集中**。你没有时间在你的有生之年做所有的事情，但好消息是并非每件事都值得去做。用德鲁克的话来说就是，"聚焦于能够发挥最大生产力的最少数量的活动"。聚焦到你的核心能力，聚焦到你的长处，不要本末倒置。如果你想让你的人生有意义，如果你想让你的组织有意义，秘诀就是聚焦，集中精力，把少量的事做好。第五，目标给我们提供一套**评估系统**。

在马鞍峰社区教会，我们用使命统领我们做的每一件事：我们的预算、我们的组织架构、我们的人员配置、我们的时间安排、我们的项目、我们的计划，包括我的传道都是围绕我们的目标。每一件事都是目标驱动的，因为德鲁克教导我们所有的事情都要从使命开始。你必须知道你的使命。

华理克，德鲁克校友日主题发言，加利福尼亚州克莱蒙特，2004年11月13日。
本书从有声录音带中记录和编辑，并经过华理克允许使用这些资料。

思考

- 目标驱动的使命能够提供愿景、提升士气、提高集中度并为评估系统提供基础。

事业理论

"一个清晰、简单和透彻的事业理论比直觉更能塑造一个真正成功的企业家。"

一个事业理论由三个部分组成。第一，对于组织所处环境的假设：社会及其结构、市场、客户和技术。关于环境的假设决定了人们为什么愿意付钱给这个组织。第二，对于组织特定使命的假设。关于使命的假设决定了组织认为什么是有意义的结果，指出了这个组织能够使经济和社会产生一些什么样的不同。第三，对于完成组织使命所需要的核心能力的假设。核心能力决定组织为了保持领导地位，哪些地方必须做到最好。例如，1802年成立的西点军校，其核心能力是培养出值得信赖的领导。

我们知道的伟大企业的每一位缔造者，从美第奇（Medici）和英国银行的创始人到IBM的托马斯·沃森……他们都有一个明确的思路，实际上就是有一个清晰的事业理论，用来指导他们的行动和决策。一个清晰、简单和透彻的事业理论比直觉更能塑造一个真正成功的企业家。只有这样，当组织的创始人离开之后，这个组织仍然能够经得住考验并持续成长。

彼得·德鲁克，7月1日，"事业理论"，《德鲁克日志》，2004年

- 一个使命必须经受现实的考验。没有任何使命是一成不变的！

沟通和测试假设

"事业理论是一条纪律。"

事业理论必须为整个组织的所有人熟知和理解。这在组织成立的早期是容易做到的。但当组织取得成功后，它就越来越对其（既有的）事业理论习以为常，对事业理论的意识越来越淡漠。组织因此而变得草率，做事开始走捷径，开始追求什么是更快的，而不是什么是对的。组织开始停止思考，停止提问。组织只记住了答案，却忘记了问题。事业理论变成了一种组织"文化"。但文化不能代替纪律，事业理论是一条纪律。

必须经常审视组织的事业理论。事业理论不是雕刻在石碑上的铭文。它是一种假设，是对不断变化着的社会、市场、客户和技术的一套假设。所以，自我变革的能力必须植入到组织的事业理论中。有的事业理论非常有效，可以维持很长时间。但最终每个事业理论都会变得陈旧过时，都会失效。这种情况，在通用汽车公司（GM）和美国电话电报公司（AT&T）都发生过，在国际商用机器公司（IBM）也发生过，在快速扩张的日本企业集团身上也正在发生着。

彼得·德鲁克，7月4日，"沟通和测试假设"㊀，《德鲁克日志》，2004年

㊀ 原文与该书引用的段落标题不符。原文表明《德鲁克日志》7月4日的标题为"事业理论"（The Theory of the Business）。实际是，7月4日的标题应该为"沟通和假设测试"。——译者注

- 核心知识对实现组织的使命是至关重要的。知识会过时，它必须根据需要不断更新。

核心能力

"知识是一种容易过时的商品。"

合理定义业务所需的特定知识听起来很简单，但事实并非如此……它需要实践……需要做很好的知识分析。初步分析可能只能得到一些令人困惑的笼统回答。比如，我们的业务是通信、交通或者能源。当然，每一家企业的业务都可能是通信、交通或者能源。这些大众化的说法可以是一个销售大会的很好的口号，然而，却很难把它转化成可操作的手段。也就是说，我们除了重复这些口号外，不大可能根据这种口号去做具体的事情。但是随着反复尝试界定组织的业务所需要的知识，它将很快变得容易并收到成效……

对这个问题的回答比对其他任何问题的回答都更加重要。知识是一种容易过时的商品，必须经常地再证实、再学习、再实践……但是一个组织如果连自己的优势都不知道，它又怎么能够保持这个优势呢？每一个知识最终都会变成错误的知识，因为知识会过时……"我们最近的经历是否证实了我们之前得出的结论（这种特殊的能力可以使我们成为行业领先者）是正确的呢？"

彼得·德鲁克，《成果管理》，1964年，第7章

- 如果组织的成员都能够保证完成自己的使命，每个人的使命又是与组织的使命相一致，同时组织的使命又是一个对社会有建设意义的使命，那么，我们可以跟随像华理克这样有魅力的领导者。

实践—提示

你的组织是否已经从明星企业滑入重重危机？这些变化是否反映出你所在组织的使命或事业理论有问题？

建立一个持续工作的团队，帮助你在组织内沟通组织的使命。这个团队还可用来测试组织的使命或事业理论。

如果组织的使命或事业理论已经过时，就不要再拖下去了。重新思考这些假设和核心能力，因为这些假设和核心能力是界定你所在组织的使命或事业理论的基础，是组织运营的基础。

持续关注那些为了实现组织的使命必须做到最好的事情。通过持续的教育培训以保障在那些方面能够做到出类拔萃。

警句

- 一个有效的事业理论是一种假设，是令一个组织在某个特定的领域中，成功地回应它所面临的现实（环境）的使命的假设，是对完成使命所需要的核心能力或知识的假设，也是对其自身价值体系的假设。离开了这样一个有效的理论体系，组织将无法提供客户和潜在客户认为有价值的产品或服务。事业理论是一个每天都要经受现实考验的假设。
- 一个清晰、简单和透彻的经营理念比直觉更能塑造一个真正成功的企业家。
- 必须经常审视组织的事业理论。事业理论不是雕刻在石碑上的铭文。它是一种假设，是对于不断变化着的社会、市场、客户和技术的一套假设。所以，自我变革的能力必须植入到组织的事业理论中。
- 知识是一种容易过时的商品，必须经常再证实、再学习、再实践。

注释

86. "对于一个领导者来说，使命是最重要的。"德鲁克，《非营利组织的管理》，1990，原著第1页。
87. 《箴言书》29:18。
88. "聚焦是取得经济利润的关键。经济的结果需要经理把精力聚焦在最少数的产品、产品线、服务、客户、市场、分销渠道、最终用户等，这会产生最大量的营业额。"德鲁克，《成果管理》，1964、1986年，第1章。

第 46 周
A Year with Peter Drucker

管理财富与管理影响

引言

华理克牧师和彼得·德鲁克的最后一次有记录的谈话是在 2004 年 5 月 27 日,那是在华理克的著作《标杆人生》和他的课程"标杆人生 40 天计划"取得空前成功之后。正如课程的名称所示,它指导个人和教会在 40 天里从头到尾学习这本书。全球成千上万的教会采用了这个课程,它帮助培养了一批新的牧师,包括加州监狱系统和华人工厂中的专业牧师。这本书和这个课程的成功为华理克夫妇带来了突如其来的财富和影响力。

他们所面临的问题是:"我们应该如何处理这突如其来的财富和影响力?"他们的选择值得借鉴。

然而,当德鲁克看到马鞍峰社区教会的爆炸式增长时,他考虑的是,在保护华理克夫妇的健康和福利的同时,应该设计一种什么样的架构来适应而不是扼杀这种增长。不仅加州的森林湖地区教会在快速增长,美国和世界各地的一些卫星教会也都在增长。华理克本人用目标驱动的课程培训了 10 万多名牧师。但是,随着对非洲艾滋病患者帮助力度的不断加大,为这些人服务的神职人员的数量也在不断增加。此外，还有人要求马鞍峰社区教会出版图书和刊物以支持他们在全球的活动。如果没有恰当的组织架构和有能力的人，这种爆炸式增长很容易把这个组织和华理克一起毁掉。这些问题并不是特例，而是在爆炸式增长的商业组织中经常遇到的。

阅读

彼得·德鲁克

我认为在**内部活力**和**制度化**之间保持平衡并不容易。组织最终一定是要制度化的，否则就会消亡。但是你还没有到强制推行制度化的这一步。

华理克牧师

你一直跟我谈我们的网络化运动。这本书相当成功，但是之后发生的两件事影响到了这项运动。首先，它给我带来了我并不想要的名声。牧师都了解我，但其他人并不了解我，因为我们对扩张一直非常低调。接着，这么多钱开始涌进来。凯[一]和我开始祈祷**对财富的管理**和**对影响力的管理**。对名声，我该做什么？对钱，我又该做什么？我认为上帝不会用名声和钱来满足一个牧师的自尊心。那么，如果它们不是为我而来，我应该拿它们怎么办？

凯和我做出四个决定。第一，我们一点都不会改变我们的生活方式。我们不会换大房子，也不会买第二所房子。我还是开我的福特车。第二，我不再从教会领工资。第三，我算出了教会24年来支付给我的报酬总数，并全部退还给教会。几个月前《时代》杂志写关于我的报道文章时，我就已经这么做了。人们总认为牧师工作是为了钱。我说："不。"事实上，我现在是在免费为教会服务。我们用的是倒什一税制[二]，凯和我只留10%用于生活，90%

[一] Kay Warren，华理克牧师的夫人。——译者注

[二] 历史上，由教会向居民征收一种宗教捐税，主要用于神职人员薪俸、教堂日常开支以及赈济等用途。信徒按照教会规定或法律要求，捐纳本人收入的1/10供宗教事业之用。由征收什一税而建立的制度亦称什一税制，简称什一税。——译者注

都捐了出去。所以没有人能指责我是为钱而做事。第四，我们建立了三个基金会来资助"和平计划"（PEACE Plan）。这就是我为什么给你寄了"和平计划"的一些相关材料。

该计划的一部分是希望扩展这项运动，不仅拯救老教堂，而且要筹建新教堂。我在世界各地出差时经常思考："对教会来说，最大的机会是什么？""教会可以在哪里有所作为？"现在我感觉上帝在呼召我从根本上领导一次新的宗教改革。这不是一次信仰的变革，而是一次行动的变革。第一次宗教改革是对于"教会相信什么"的变革，但这一次是对于"教会应该做什么"的变革。

和平计划是五个英文词组中第一个字母的缩写组合。这五个词组是：建立教会（P：Plant churches）、装备仆人型领导者（E：Equip servant leaders）、援助穷人（A：Assist the poor）、关照病患（C：Care for the sick）和在发展中国家教育下一代（E：Educate the next generation in developing nations）。当我出差到世界各地时，我就在想："对教会来说，最大的机会是什么？""教会可以在哪里有所作为？"和平计划就是要让教会走出自己的圈子，去接触那些不去教会的人。

我们现在正在为这个计划进行样本测试。在世界各地有 3000 个任何宗教都没有接触到的人群。这些人不属于任何教会，不属于天主教，不属于新教，不属于任何宗教，有 3000 个这样的群体。大部分群体的人数不到 50 万。每个群体又包括了一个文化中的不同方言群体。我们根据这些群体，把世界分成 10 个部分。今年我们要把 64 个小组派到 51 个不同的群体中去测试我们新的和平计划。[89]

思考

- 华理克夫妇决定利用他们的财富和影响力在全球开展工作，在全世界范围内把社会各个部门的机构组织起来,去帮助有需要的国家,提高该国家的健康、教育和福利水平,降低犯罪率和腐败程度。在卢旺达的试点项目现在正扩展到世界其他国家。

"和平计划"大事年表

卢旺达"和平计划"从开发愿景到试点、再扩展到非洲其他国家,10年间的大事记如下[90]:

(1) 2003年——华理克牧师会见一个有50位成员、照顾着25个艾滋病受害者孤儿的非洲教会。和平计划的愿景由此而起。

(2) 2004年——卢旺达总统保罗·卡加梅(Paul Kagame)邀请华理克夫妇帮助卢旺达建设"标杆教会",并在2005年启动了"和平计划"。

(3) 2005年——"和平计划"开始联合卢旺达的所有教会。

(4) 2008年——2万人在国家体育场集会(在1994年卢旺达种族灭绝行动中联合国临时将该体育场作为避难所之一。那次行动中有将近80万人遇难)。

(5) 2012年——来自基督教各教派的23 000人集会,庆祝卢旺达第一个国家感恩节。

(6) 2013年——卢旺达"和平计划"董事会决定在另外7个非洲国家建设更多标杆教会:布隆迪、东刚果民主共和国、乌干达、坦桑尼亚、马拉维、南苏丹、尼日利亚 – 尼日尔三角洲。

- 在彼得·德鲁克的辅导下,华理克牧师体会到了"和平计划"试点的好处。

试点

不管是研究、市场调研,还是电脑模拟,都不能取代**实践的检验**。因此,每一个要改进的东西,新的东西,都需要首先以小规模进行测试,需要做试点。要做试点,就要在企业中找到真正想要尝试新事物的人。如前所述,每一件新事物都会遇到困难,它需要一个拥护者。需要有人说,"我来想办法让它成功",然后他就努力推进。这个人必须是组织所尊重的人。这个人甚至不一定是组织内部的人。为新产品或新服务做试点的好办法经常是找到一个真正需要这个新产品的客户,并且愿意和生产商合作,让新产品真正成功。如果试点成功——如果能发现设计、市场或者服务方面任何人都没有预料到的问题——变革的风险通常都非常小。并且从哪里引进变革,以及如何引进,也就是说,应该采用什么样的创业策略,通常也都比较清晰。

彼得·德鲁克和约瑟夫·马恰列洛,《管理》(修订版),2008年,第37章

- 德鲁克一贯主张对创新项目在大规模推广之前采取小规模试点。这对于复杂的政府项目尤其重要。有些出发点很好的项目也常常会惨遭失败。公共部门的管理者应该从经验中学习,试点就是获取经验的一种方法。

"确保先从试点经验中学习"

可以肯定地说,这么多新政项目取得成功的原因之一就是在项目之前进行了州一级和市一级的"小规模"试点——在威斯康星州、纽约州或纽约市,或者芝加哥的一个变革管理办公室。新政项目的杰出管理者——劳工部的弗朗西斯·帕金斯、内务部的哈罗德·伊克斯,或者社会保障部的亚瑟·阿尔特梅尔——都从这些早期小规模试点中学到了经验……"确保先从试点经验学习"是为公共行政部门中无所作为开出的药方。

彼得·德鲁克,《面向未来经济论文集》,2010年,第158页

引进变革时常犯的错误

创新过程中经常会犯一些常见的错误。一个是从创意直接进入全面实施。不要忽略对创意的测试,也不要忽略试点阶段。如果你忽略了,从创意直接

跳到全面实施，那么即便是一些极小的、本来可以纠正的缺陷都会毁掉创新……另一个常见的错误是修补旧的，而不是全力以赴去开发新的……高层管理者的一个至关重要的任务就是知道什么时候该说，"够了，不要再修修补补了，裤子上已经有太多补丁了"。

彼得·德鲁克，《非营利组织的管理》，1990 年，第 2 章

实践—提示

确保在你的组织中，创新项目拥有像卢旺达的保罗·卡加梅总统和华理克夫妇这样热情的拥护者，即使他们在创新的设计、实施和营销阶段面对无法避免的困难，也能把这些项目坚持下来。

你可能有一位客户，像卡加梅总统一样，真心在寻找你正在开发的一个新产品或者一项新服务，愿意与你合作并使产品或者服务取得成功。要充分利用这样的机会。

考察一个最近你的组织中正在进行的创新变革项目。它产生了什么样未曾预料到的结果，不管是正面的还是负面的？在引入变革的程序方面，这些结果教会了你什么？

在你的组织中，你想要引入什么样的创新变革？对这个项目及其潜力你是否有足够的热情，你是否愿意投入所有的一切来使它成功？你是否能够接受失败，并且在反复尝试仍然都失败后说"够了"？

警句

- 我认为在保持**内部活力**和**制度化**之间达到平衡并不容易。组织最终一定是要制度化的，否则就会消亡，但是你还没有到强制推行制度化的这一步。
- 不管是研究、市场调研，还是电脑模拟，都不能取代**实践的检验**。因此，每一个要改进的东西，新的东西，都需要首先以小规模进行测试，需要做**试点**。

- 如前所述，每一件新事物都会遇到困难。它就需要一个拥护者。需要有人说，"我来想办法让它成功"，然后他就努力推进。这个人必须是组织所尊重的人。
- **"确保从试点经验学习"**是为公共行政部门中无所作为开出的药方。
- 高层管理者的一个至关重要的任务就是知道什么时候该说，"够了，不要再修修补补了，裤子上已经有太多补丁了"。

注释

89. 2005 年 4 月 17 日，在阿纳海姆体育场举行的庆祝马鞍峰社区教会 25 周年纪念会上，华理克正式提出了马鞍峰社区教会的新愿景，发布了卢旺达的"和平计划"（PEACE Plan）。卢旺达总统在座，大量参与的教会、政府、企业和教育机构都在座。http://www.bpnews.net/bpnews.asp？ID=20603，2013 年 11 月 13 日浏览。

90. 教会、社区、国家。卢旺达 PEACE 计划，http://saddlebackmediawest.s3.amazonaws.com/12907-RwandaReportFINANL1r.pdf？AWSAccessKeyId=02SEKEM7N07K11AZCQ02&Expires=1389299603&Signature=hAJKSa%2fZtMn8THRyudW3fxbasDY%3d，2014 年 1 月 9 日浏览。

| 第 47 周 |
A Year with Peter Drucker

做一个于人于己都有用的人

引言

彼得·德鲁克的文章"不流行的克尔凯郭尔"㊀(*The Unfashionable Kierkegaard*)首次发表于《塞沃尼评论》(*Sewanee Review*,1949 年,原著第 587～603 页)。他认为这是他最好的论文[91]。1993 年他在出版论文集《生态愿景》㊁时[92],将本文作为第 30 章收入其中。在该书导言中,他解释了自己为什么要写这篇文章,以及为什么这篇文章对他那么重要(原著 426 页):"因此,写'不流行的克尔凯郭尔'是从存在的维度、精神的维度和个体的维度对造物主的确认。写这篇文章是为了坚持我的主张:社会是不够的,甚至仅仅为了社会也是不够的。写这篇文章是为了确认希望。"

㊀ 索伦·克尔凯郭尔(Soren Aabye Kierkegaard,1813—1855),丹麦宗教哲学心理学家、诗人,现代存在主义哲学的创始人,后现代主义的先驱,也是现代人本心理学的先驱。曾就读于哥本哈根大学。后继承巨额遗产,终身隐居哥本哈根,以著述为业,多以自费出版。他的思想成为存在主义的理论根据之一,一般被视为存在主义之父。反对黑格尔的泛理论,认为哲学研究的不是客观存在而是个人的"存在",哲学的起点是个人,终点是上帝,人生的道路也就是天路历程。——译者注

㊁ 该书原名 *The Ecological Vision*:*Reflections on the American Condition*。中文版把书名翻译为《管理的新角色:社会生态学视野下的美国》。——译者注

我们极大地享受着繁荣带来的成果，包括更好的卫生保健和更长的寿命预期。这为我们开拓了一种全新的环境和选择范围，特别是打开了一扇从成功走向有意义人生的机会之门。彼得·德鲁克知道转价点发生在20世纪，专业的管理更使得这种进步能够得以实现。然而，这种进步也同时挑战着存在主义，会触发某些人的孤独感。

彼得·德鲁克很注重非营利部门，因为他相信我们文化中占主导的需求是"存在主义"。"繁荣的成果"并不能带来成就感，当我们迎来繁荣时，这一点就变得非常明显。已经有很多例子证明了声誉和财富本身并不会使生命更加充实。例如，李·艾柯卡（Lee Iacocca）离开汽车行业不久，在他《坦率沟通》（*Straight Talk*）一书（班坦图书公司，1988年，原著第36页）中说："我已经来到自己生命的暮年，却仍然在困惑生命到底是为了什么……我可以告诉你：声誉和财富毫无价值。"

德鲁克非常清楚，存在主义的目标为生活提供了意义和希望，也满足了艾柯卡所表达的需求。但是许多人发现"存在主义"这个词很难理解。对于德鲁克来说，它是人对于灵感、有效性和希望的普遍需求。虽然满足这些需求在我们整个生命中都非常重要，但在我们从成功走向有意义人生的过程中，满足这些需求则更为重要。满足这些需求是我们直面死亡的一种方式。

我们在第39周阅读3中看到，喜欢把自己称为"无神论者"[93]的萧伯纳，发现通过竭尽全力、尽已所能地去做有助于社区利益的事情，会给生活带来快乐和希望。或者用他自己的话说，是"真正的乐趣"。显然，当他面对死神的时候，他在寻求超越自己的满足感。他通过追求有价值的人道主义目标，满足了自己生命中存在主义的需求。

阅读

我的**工作**确实是完全存在于社会的。但是早在1928年，我就意识到，我的**生命**不会也不能完全存在于社会,它必须有一种超越社会的存在维度。但是,我的工作还是完全存在于社会的,除了这篇关于克尔凯郭尔的论文。

虽然克尔凯郭尔的信念不能克服人生可怕的孤独感、隔离状态和不协调,但是通过让人生有意义能够使这些可怕的感觉变得可以容忍。极权主义的哲学信条能让人窒息而亡。低估这样一种哲学的影响力很危险;在悲伤和痛苦的时候,在灾难和恐怖的时候,能够窒息而亡也是一种了不起的解脱。然而,仅仅不去低估这种哲学还远远不够。克尔凯郭尔的信仰同样能让人窒息而亡,但它还要让人能活。信仰就是相信上帝可以让一切不可能的事情成为可能,相信他,时间和永恒原本就是一体;相信他,活着和死去都是有意义的。信仰就是知道人是上帝的创造物——不是自治的,不是主人,不是目的,也不是中心——却能**承担责任和享受自由**。信仰就是要接受人类本性中的孤独,人类一定能够战胜这种孤独,因为上帝总是陪伴着我们,"直至临终的那一刻"。

彼得·德鲁克,12月25日,"不流行的克尔凯郭尔",《德鲁克日志》,2004年

思考

- 德鲁克相信,对于人类,一个重要的存在主义需求要整合两个存在维度——现实生活中的存在和精神生活中的存在。

精神和肉体生活同时存在,彼此互有意义

克尔凯郭尔坚定地立足于伟大的西方基督教的传统,立足于圣奥古斯丁和圣文德、路德、圣十字若望和帕斯卡㊀的传统。让他与众不同的,以及让

㊀ 这些都是在哲学和宗教历史上的著名人物。圣奥古斯丁(St. Augustine,公元354—公元430年),著名的神学家、哲学家。圣文德(St. Bonaventure),中世纪意大利哲学家、神学家。路德(Martin Luther),16世纪欧洲宗教改革倡导者,基督教新教路德宗创始人。圣十字若望(St. John of the Cross),公教改革的主要人物,西班牙神秘学家,加尔默罗会修士和神父。帕斯卡(Blaise Pascal,1623—1662),法国数学家、物理学家、宗教哲学家。——译者注

他今天显现出这种特殊紧迫性的，是他强调了对于信仰基督的人，他们的生命在时间和社会中的意义。克尔凯郭尔很"现代"，不是因为他使用了诸如心理学、美学和辩证法中的现代词汇——那些让克尔凯郭尔繁荣、喧闹的流行特点——而是因为他关心现代西方的这个特殊疾病：人类存在主义的分崩离析，否定精神生命和肉体生命的同时存在，以及否定它们对彼此的意义。

彼得·德鲁克，"不流行的克尔凯郭尔"，1949 年，原著第 601 页
于《生态愿景》再次印刷，1993 年，原著第 438 页

- 大教会可以做很多小教会和社会部门的机构做不了的事情。例如，他们可以在提供对社区有意义的服务机会的同时，为志愿者带来更大的实现目标的愉悦感。这为开发和建设物质与精神带来希望，而这正是美国急需的。

大教会帮助德鲁克实现关于灵感、希望和有效性的愿望

如文斯·巴拉巴（Vince Barabba）[94]指出，德鲁克欣赏大的好处。他说："有些事情大象能做，而老鼠却不能做。"通过它巨大的规模——每个教会有一万名成员之多——大教会可以提供所有类型的社会服务。通过重新构建被现代化侵蚀了的美国社区，大型教会正在实现彼得·德鲁克基于承诺而不是顺从的新型后现代社会的梦想。

杰克·贝蒂，《大师的轨迹》，1998 年，第 9 章

- 大部分规模很大的教会不能充分利用它们专业以外的知识。所以，安排志愿者在社区的服务工作对个人和教会的成长和发展都是必不可少的。这样的工作为人们提供了一个让他们对自己及他人都有益的机会。

实践—提示

寻求**社会救赎**在极权国家和西方民主国家都一个接一个地失败了。我们知道，极权国家向人们灌输国家是唯一的存在，认同国家利益是生命的首要目的，这是错误的。某些西方民主国家的终身社保计划给了人们一个国家将满足公民的所有需求的假象。这种思想同样也是错误的。我们必须自己去发现生命的意义和目的。这意味着我们必须认真地对待生命——此地、此刻直至永远。你是否在厘清生命的（物质存在与精神存在）这两个维度的认识上有所进步？

你是否在让自己变得对别人有益？你是如何做的？

德鲁克把"不流行的克尔凯郭尔"看作他最好的论文。你认为他为什么会这样看？（请见 http://www.druckersociety.at/index.php/peterdruckerhome/-texts/theunfasionable-kierkegaard。）

认真思考德鲁克在他关于克尔凯郭尔的文章里的那句话："信仰是相信上帝可以让一切不可能的事情成为可能，相信他，时间和永恒原本就是一体；相信他，活着和死去都是有意义的。"这能为你的现在和未来增添希望吗？

警句

- 关于大的好处，德鲁克说："有些事情大象能做，而老鼠却不能做。"

注释

91. 来自他的一位传记作家杰克·比蒂所著《大师的轨迹》，2009 年，第 5 章。
92. Transaction Publishers 出版，美国新泽西州新不伦瑞克，1993 年，原著第 427～439 页。
93. 请见达亚南达·帕塔克的《萧伯纳，他的宗教信仰和价值观》，米塔尔，德里，1985 年，原著第 19 页。
94. 德鲁克的一位朋友，任通用汽车公司战略总经理，直至他于 2003 年退休。

第 48 周
A Year with Peter Drucker

领导者代表什么

引言

领导力所要求的正直能够激发人们的信任,并使领导者努力以世界本来的面目,而不是以自己希望的方式去看待世界。有效的领导者根据**组织**的优先顺序来工作,而不是致力于他们认为在其任期内最有影响的工作。所以,领导者必须不断学习,凝聚一批专家,以解决当前和新出现的问题。

领导是责任。因此,强有力的领导者选择能够帮助他们履行责任的下属。这些下属中有的可能很难相处。这时,领导者必须确保能得到所需的贡献。1861 年林肯当选总统时,任命萨蒙·蔡斯为财政部长。蔡斯成功地创办了国家银行,即后来的美国国税局(Internal Revenue Service)。每当蔡斯觉得不顺心的时候,他就闹辞职。林肯不得不低声下气地请他留下,因为林肯需要蔡斯的融资能力来为内战中的联邦军队筹款。但是,1864 年,当蔡斯第四次提交辞呈时,出乎意料的是,林肯接受了。因为那时,蔡斯已经为战争做出了他的贡献,他的才干也失去了用武之地,他跟总统的冲突也就可以避免了。

蔡斯是被林肯称为"总统狂"的那类人。1864 年,在林肯内阁任职期间,他就积极投入竞选总统提名的活动，这显然不是一种顺从的行为。令许多人大吃一惊的是，林肯在多年容忍蔡斯的不服从行为后，又任命他为第6届美国首席大法官（接任于1864年10月去世的罗杰·特尼）。林肯以他的宽宏大量著称，但是在他的第一任期内通过的一些民权法案确实要在法庭上检验，当然他也知道蔡斯反对奴隶制。林肯知道蔡斯会拥护解放奴隶。这时，林肯问的同样是："这个人能做什么？"答案是，这个人能做的相当多！

阅读

直截了当地说，我不相信领袖。所有关于领袖的说法都是危言耸听。那是一种逃避。忘了它。……更难以接受的是，在人们对这些误导者依然记忆犹新的时候，还想要领袖。我们应该非常害怕领袖。我们应该问："他们代表谁？他们的价值观是什么？我们能信任他们吗？"而不是问："他们是不是有魅力"，过去100年中我们有太多关于魅力的说法。杜鲁门是美国最好的总统，也是最有成就的总统。但他不是很高调的领导者，相反，人人都低估他，包括他自己。所以，我几乎不用超人首席执行官。至于高薪，我认为是丑事。摩根[一]是一个喜欢金钱的人。但他在1906年说，在任何组织、任何公司中，如果顶层人员的收入高于员工平均收入的20倍那就是管理不善，他就拒绝向这样的公司投资。今天这仍然是一个很好的原则。根据这个原则，我对很多公司都不会投资……此外，我认识的首席执行官——我认识不少——他们并不把自己看作超人。他们建设团队，当团队的领导者。

《管理大师彼得·德鲁克》，波士顿公共广播电台（WBRU），

为全国公共广播电台准备的节目，2004年12月8日

[一] 约翰·皮尔庞特·摩根（John Pierpont Morgan，1837—1913），美国银行家，摩根财团的创始人。——译者注

思考

- 领导者的立场与真意，远比个人的性格特点重要得多，有些有效的领导者相当低调。

这些价值观是正确的还是错误的？

问题不在于是不是拥有价值观——每个人、每个人类群体，无论其组织形态如何，都拥有自己的价值观。问题是：这些价值观是正确的还是错误的？是带来活力的价值观，还是导致毁灭的价值观？正如格里菲斯勋爵[⊖]提醒我们的——也正如近来所有研究已经证实的——那些把纯粹的机会主义、贪婪、自私和自我扩张作为价值观的公司并不是做得最好的，甚至在短期内都不是做得最好的。恰恰是那些因其价值观体系使公司及其员工有自尊、有自豪感、能成长的公司，才是市场的赢家。

彼得·德鲁克对格里菲斯的回复，《企业的价值观》，2005 年，原著第 55 页

- 高得令人发指的薪酬和奖金代表了鼓励贪婪的价值观。谈到高薪酬和奖金，德鲁克指出，"没有一家公司的高层管理者能够想象到它所引发的憎恨、轻蔑和愤怒——主要不是来自从来不说'老板'好话的蓝领工人，而是来自中层管理者和专业人士"。[95]

价值观帮助组织度过困境

还是拥有这些价值观的公司，那些相信其存在是为了贡献而不是索取的公司，能够度过困境。在公司处于顺境的时候，价值观看起来好像个装饰品。它们可能被看作也确实经常被看作"锦上添花"的东西，并以此自鸣得意。只有在处于逆境的时候，在一个人的灵魂经受考验的时候，价值观才显

⊖ 格里菲斯勋爵（Lord Griffiths），英国经济学家，撒切尔夫人担任首相期间，一直担任英国政府的经济顾问。——译者注

得必不可少。因为在这种情况下，如果缺少正确的价值观，人们就没有动力坚持下去，去做出额外的奉献，去重新考虑新的策略，去尝试新事物，去重建。人们不会只是为了钱才去做这些事。只有当他们相信公司所做的和能做的是有意义的时候，他们才会去做。而这个信念正是在正确的价值观中逐渐形成的。

彼得·德鲁克对格里菲斯的回复，《企业的价值观》，2005 年，原著第 55 页

- 建立和培养正确的价值观，与实现组织的使命以及人才开发一起，是组织首要的成果领域。就像营养物质能够维系一个生物体一样，价值观能够维系一个组织。
- 支付给公司高管高薪资和奖金将从根本上颠覆一个组织要成功度过逆境所必需的价值观。

价值观是对行动的承诺

口头上的说教绝不是价值观——那最多只是良好的愿望……那么，人们不禁要问：什么是具有决定意义的、能够清晰地表达组织价值观的行动？是它的**人事决策**。在每一个组织中——不仅仅是在企业中——其领导者真实的价值观是通过提拔谁、解雇谁、奖励谁和惩罚谁来判断的。人事决策是隐瞒不了的……组织中的人，即便是很大的组织，都不是抽象的，他们是真实的……即使在一个只有中等大小的组织中，大多数人，包括职位很高的人，经常都很难判断这个或者那个业务决策是否合理，更不要说这个决策是否聪明。但是他们总是可以——也确实可以——去判断一个人事决策背后的价值观。

彼得·德鲁克对格里菲斯的回复，《企业的价值观》，2005 年，原著第 56 页

- 两位最伟大的美国总统，亚伯拉罕·林肯和哈里·杜鲁门，身边都聚集了能干的下属。他们既不害怕，也不为下属的能力所吓倒。相反，他们为这些下属而自豪，赞赏他们，同时提拔那些能够（特别是在非常时期）分担美国总统巨大责任的人。

实践—提示

你的组织信奉什么样的价值观？这些价值观在行动上是如何体现出来的？要知道言行完全一致是很困难的。

在你的组织中，价值观能否维系组织生存？如果不能，你和其他人能做什么来改变它们？

你们的价值观是否强大到足够使你们度过逆境？还是仅仅是顺境中的价值观？如果价值观不够强大，应该做些什么来增强或纠正它？

你的组织中的人事决策是不是能增强组织的活力？是否公平？能否激发信任？如果不能，你可以做什么来改变它？

警句

- 问题不在于是不是拥有价值观——每个人、每个人类群体，无论其组织形态如何，都拥有自己的价值观。问题是：这些价值观是正确的这是错误的？是带来活力的价值观，还是导致毁灭的价值观？
- 还是拥有这些价值观的公司，那些相信其存在是为了贡献，而不是索取的公司，能够度过困境。在更是处于顺境的时候，价值观看起来好像是个装饰品。它们可能被看作也确实经常被看作"锦上添花"的东西，并以此自鸣得意。只有在处于逆境的时候，在一个人的灵魂经受考验的时候，价值观才显得必不可少。因为在这种情况下，如果缺少正确的价值观，人们就没有动力坚持下去，去做出额外的奉献，去重新考虑新的策略，去尝试新事物，去重建。
- 口头上的说教绝不是价值观——最多只是良好的愿望……那么，人们不禁要问：什么是具有决定意义的、能够清晰地表达组织价值观的行动？是它的**人事决策**。

注释

95. "看到事物的本来面目"，福布斯，1997 年 3 月 10 日，http://www.fobes.com/forbes/1997/0310/5905122.html，2014 年 1 月 5 日浏览。

| 第 49 周 |
| A Year with Peter Drucker |

了解自己的价值观,做一个真正的人

引言

在一个与自己价值观不相符的组织中工作会让你觉得不舒服、紧张。你是继续做这份与自己的核心价值观越来越背离的工作?还是在符合自己核心价值观的新组织中找个新岗位?你不得不在这两者中做出选择。

放弃自己的价值观意味着最终失去自尊。当你感觉到工作在不断侵蚀你的核心价值观时,你会觉得越来越不舒服,这种不舒服的感觉将每天萦绕着你。而且你很难把工作中的价值观与其他方面的价值观区别开来。

或许你可以小心翼翼地周旋在两种不同的价值观之间,但是时间久了就会失去你的自尊,还会因为你失去了以往的自信和你的天性,使你最亲近的人感到不舒服,甚至痛苦。

阅读

我和这位有钱人认识很多年了。他去年4月在宾夕法尼亚听我的课。他很慷慨，课后我们一起吃晚餐。我听他一直在谈论钱、钱、钱。我问他："为什么你总是谈钱？这样能带来什么不同？你为什么要这样做？"他回答说："此外还能有什么值得感兴趣的事吗？"我问："你多大年纪？"56 岁。"你觉得自己的生活有意义吗？"他看着我说："真有意思，你也问我这个问题，我今天早上刚问过自己。没意义，完全没有。"在我认识的很多特别有钱的人中间，大多数人非常不幸福。但有幸的是，有钱人很少。我们剩下的人反而会成长。

了解自己的价值观，了解能为他人贡献什么的人，才是一个真正的人。 索取不如给予，但你需要知道给予什么。这并不容易知道。

德鲁克与班福德的对话，科罗拉多州埃斯蒂斯帕克，1993 年 8 月 9 日

思考

- 德鲁克定义了人生存在主义的一面——成为真正的人、了解人生真谛。当一个人认识到"施比爱更为有福"，那就是他的价值体系的一部分。他认为，知道要给予什么比知道应该给予更困难。

价值观冲突时怎么办

"成为墓地里最富有的人毫无意义。"

一个人的长处和他的绩效之间很少会有冲突，两者是相辅相成的。但是一个人的价值观和他的长处之间有时会出现冲突。他做得很好甚至特别出色和成功的事也许与他的价值观体系冲突。他可能认为自己并不是在为一个值得奋斗终生（至少是大部分生命）的事业做贡献。

多年前，我也曾经不得不做出选择：要么继续做自己所擅长且成功的事，要么坚持自己的价值观。20 世纪 30 年代中期在伦敦我是个成功的投资银行家，那显然发挥了我的优势。但是我看不出自己作为资产管理人能做出什么贡献。**我明白我的价值观应该体现在对人上面。我可不想做墓地里最富有的人。**在

大萧条时期，我没钱，没工作，没有前途。但是我辞去了工作，这是正确的选择。换句话说，价值观是也应该是最终的检验。

彼得·德鲁克，《21世纪管理的挑战》，1999年，第6章

- 或许你做得好的事与你作为一个人的价值观有矛盾。你应该下定决心做出选择，否则你就会在"镜子测试"中受苦。

我的价值观是什么

为实现自我管理，你必须知道："我的价值观是什么"。谈到伦理道德，规则对每个人都一样，测试也非常简单，我称之为"镜子测试"。

事情是这样的，20世纪早期在全球列强中最受尊敬的外交官是德国驻英国大使。很显然他会继续升官，即使当不上德国联邦总理也会当上外交部长。但是在1906年，他突然辞职。原来，在爱德华七世即位5周年之际，驻英外交使团要为他举行一个隆重的晚宴。作为驻英外交使团的领军人物，德国大使要主持这个晚宴。爱德华七世是臭名昭著的花花公子，他明确表示了他想要的晚宴风格——晚宴最后，灯光渐暗……裸体妓女。这位德国大使宁愿辞职也不愿主持这样的晚宴。"我不想在早晨剃胡须时从镜子里看到一个拉皮条的人。"

这就是"镜子测试"。伦理道德要求我们都要自问："早晨剃胡须或者涂口红的时候，我想从镜子里看到一个什么样的人？"换句话说，伦理道德就是一套清晰的价值体系，而且不会有太大变化——在一个组织内或一种情况下合乎伦理的行为，在另一个组织和另一种情况下也是合乎伦理的。

彼得·德鲁克和约瑟夫·马恰列洛，《管理》(修订版)，2008年，第45章

- 当在价值体系与自己的价值观不兼容的组织中工作时，你会不得不妥协、丧失自尊。

我所在组织的价值体系是什么

当一个人所在组织的价值体系与他自己的价值观不相容或无法接受时，这个人就会备感挫折、绩效低下……有位非常出色且极为成功的高管，在她的公司被一家更大的公司兼并以后，感觉非常沮丧。其实她获得了很大的提拔——升任到了一个她很擅长的岗位。她的工作职责之一是为重要的岗位物色人选。她深信所有重要岗位的人选都应该先在公司内部选拔，如果选拔不出来，再从外部招聘。然而，她正在其中担任人力资源高管的那家公司却认为，要填补空缺的重要岗位，首先要从外面寻找，"引入新鲜血液"。这两个观点都有道理（虽然以我个人的经验认为，合适的是两方面都要用）。这两个观点从根本上并不兼容，不是在策略层面，而是在价值观的层面上。它们在一系列问题上互不相容：组织及其成员之间应该是什么关系；组织对其成员和人才开发应负什么责任；成员对组织的最大贡献是什么等。这位人力资源高管在纠结了几年之后，尽管知道在个人收入上会蒙受相当大的损失，最后还是辞职了。她的价值观与公司的根本不兼容。

彼得·德鲁克和约瑟夫·马恰列洛，《管理》(修订版)，2008 年，第 45 章

- 德鲁克贡献出他的智慧、时间和资源，这是个很好的例子。他深知自己的立场。虽然他的价值观允许并鼓励多样化思维，但是对他来说，价值观是不能含糊的。作为和他共事并有机会在以他名字命名的机构里工作的人，我看到他以身作则、言行一致。我知道我也应该这样做。他告诉我们，如果你放弃你的价值观，你也就放弃了你的自尊。

实践—提示

你所擅长的事情与你的价值体系相符吗？你正为之贡献的是你愿意为之奋斗一生的事业吗？你是希望因此而被后人怀念吗？

你能不能通过镜子测试:"你是否喜欢每天在镜子里看到的那个人?"如果不是,为什么?

你所在组织的价值观与你个人的价值观相互冲突吗?如果冲突,你准备怎么办?要不要考虑制订一个计划:要么改变所在组织令人烦恼的价值体系,要么加入一个价值观与你相容的组织。

警句

- 了解自己的价值观,了解能为自己以外的他人贡献什么的人,才是一个真正的人。索取不如给予,但你需要知道给予什么。这并不容易知道。
- 我……不得不做出选择:要么继续做自己所擅长且成功的事,要么坚持自己的价值观。20世纪30年代中期在伦敦我是个成功的投资银行家,那显然发挥了我的优势。但是我看不出来自己作为资产管理人能做出什么贡献。**我明白我的价值观应该体现在对人上面**。我可不想当墓地里最富有的人。在大萧条时期,我没钱,没工作,没前途。但是我辞去了工作,这是正确的选择。换句话说,价值观是也应该是最终的检验。
- 伦理道德要求我们都要自问:"早晨剃胡须或涂口红的时候,我想从镜子里看到一个什么样的人?"换句话说,伦理道德就是一套清晰的价值体系,而且不会有太大变化——在一个组织内或一种情况下合乎伦理的行为,在另一个组织和另一种情况下也是合乎伦理的。
- 当一个人所在组织的价值体系与他自己的价值观不相容或无法接受时,这个人就会备感挫折、绩效低下。

第 50 周
A Year with Peter Drucker

你想要人们记住你什么

引言

德鲁克深切地关注人。比如，我的眼科医生在每次诊疗后告诉我一些"德鲁克的故事"。医生的父亲是德鲁克的眼科医生，也是德鲁克的朋友。医生小时候，德鲁克和他太太有时去他家吃晚餐。每次去的时候，德鲁克都会询问他的状况以及长大后想做什么。德鲁克这样问，不只是出于礼貌，而是真的关心，想了解。

有一次，我病了很长一段时间，德鲁克也非常关心我，他时常向我询问病情。有一阵子我的情况不太好，德鲁克在我手术之后马上打来电话问候。我病重的时候，他就静静地听我诉说。每次听到德鲁克的声音，深感他是一位努力帮我振作起来的朋友，我就备受鼓舞。在一次社交聚会中，他向我太太询问我的情况，我太太因为我在病中还想着工作，心里烦恼，对德鲁克发牢骚说我的心里只有工作。让我太太感到意外的是，德鲁克以他浓重的奥地利口音说："朱迪，千万别拦着他。"他知道我跟他一样，热爱自己的工作，这会帮助我把注意力放在工作上，而不是放在疾病上，这本身就有助于康复。

我的病情一开始好转，德鲁克就从我的步态中注意到了我的变化，并指了出来。德鲁克能够很敏锐地观察人的行为，他总是在观察。

我从德鲁克那里学到礼貌的重要。他经常写便条和打电话感谢那些对他表示善意的人。他教导我，礼貌是组织的润滑剂。他自己礼貌的行为渗透着他对人的尊严和价值的理解。

作为德鲁克的同事，最令我感动的事发生在2002年12月。在我研究德鲁克，特别是在我写作"工作与人性"的时候，当时我们正在上大学的儿子帕特里克协助我。他以为自己对德鲁克的资料非常了解（他常自称"德鲁克通"），所以他跟随自己在纽约投资银行的老板，选择了哥伦比亚大学的MBA课程。帕特里克惊讶地发现，前来哥伦比亚大学参加MBA活动的高层管理者，很多人都提到德鲁克给了他们多么重要的忠告和建议。2002年12月，帕特里克回家过圣诞节，他非常不开心，希望有机会与德鲁克讨论他的人生道路。我表示反对，因为我不想打扰德鲁克，但是我太太坚持。所以在儿子返回纽约市之前，我邀请德鲁克在那个周六来我家共进午餐。令我惊讶的是，德鲁克不仅接受了邀请，还非常重视这件事，他又给我发传真，又给我在办公室和家里的电话都留了言。他花了三个小时和我们共进午餐，对帕特里克的发展给了很多建议。我儿子在那之后满怀信心，他告诉我："我感觉这三个小时内学到了两三个学期才能学到的知识。"帕特里克得到了升华，并且充满了力量，他从一个知识面广、有历史眼光和极具智慧的人那里得到了三个小时的辅导，而且完全聚焦于帕特里克的个人情况。时至今日，我们还常常谈起德鲁克给予的具体建议，好像聊起那次午餐和帕特里克得到的明智建议已经成了我家的习惯。我也总是很乐意把德鲁克给帕特里克的建议转告给其他学生。

对德鲁克来说，人很重要。他在20余年中辅导各种组织的领导者，这个事实也说明了他在实践自己著作中充分阐述的观点：组织应该发展人才，基业长青的组织都会这样做！[96]

阅读

班福德与德鲁克的最后一次见面是在 2005 年 9 月 29 日，大约 6 个星期以后的 11 月 11 日，德鲁克去世了。班福德非常想知道，德鲁克希望人们记住他什么——他的遗产是什么。

彼得·德鲁克

我是个作者，所以我的遗产就是我写的那些文字，就是我写的书。目前来看，我的书就是我的传承，不是什么机构。有那些书在那里，我很知足，它们可能流传下去，也可能不会，但是可以让这些书继续发行。我已经做了些安排，让我重要的著作在较长时间内能够持续发行。哈佛商学院出版社已经同意，如果哈珀柯林斯不再发行了，它们就接手发行。哈佛商学院出版社在我去世后将至少持续发行 17 年。都安排好了，我很放心。

德鲁克与班福德的对话，2005 年 9 月 29 日

思考

- 问一问自己这个问题："我想要人们记住我什么？"这会给你一个机会重新集中自己的精力，并在这个过程中进行自我更新。

自我更新

"你想要人们记住你什么？"

我 13 岁的时候，遇到一位很会启发学生思考的神学老师（普福利格勒神父（Father Pfliegler））。有一天，他在课堂上走到全班每一位学生跟前，问："你想要人们记住你什么？"当然，我们谁都答不上来。于是，他笑着说："我也没期望你们能回答这个问题。但是如果到了 50 岁还答不上来，你们就白过这一辈子了。"

我总是问自己这个问题："我想要人们记住我什么？"这个问题引导你自我更新，因为它促使你发现一个完全不同的自己——那个你能够**成为**的真正的人。如果你运气好，你会遇到像普福利格勒神父那样有道德威望的人在你很小的时候就问你这个问题，并让这个问题陪伴你的一生。

彼得·德鲁克，6月8日，"自我更新"，《德鲁克日志》，2004年

- 熊彼特最早的愿望是成为一个伟大的爱人、一个了不起的骑手、一个伟大的经济学家。这些愿望，如同我们多数的早期愿望一样，随着年龄的增长会逐渐消失。这也是为什么我们要不断地问自己："我想要人们记住我什么？"熊彼特后来的确成为一个伟大的经济学家——与凯恩斯齐名，是20世纪最伟大的两位经济学家之一。他重点研究的是生产率、创新和经济发展等，对经济学知识做出了重大贡献。

答案随着年龄变化

20世纪最伟大的经济学家之一约瑟夫·熊彼特25岁时声称希望后人记住他是欧洲最棒的骑手、最了不起的爱人、最伟大的经济学家。在他60岁去世之前不久，德鲁克的父亲又问他这个问题（在他1950年1月8日去世前5天，当时德鲁克也在场）。熊彼特不再谈骑手的事，也未谈到女人。他说他希望人们记住的是他曾预先告诫人们要警惕通货膨胀的危险。人们的确因此而记住了他，而且是很值得纪念的贡献。"想要人们记住我什么"这个问题改变了他的人生，尽管作为一个25岁的年轻人来说，他25岁时给出的答案很荒唐。

彼得·德鲁克，《非营利组织的管理》，1990年，第5章

- 我们每个人都有能力努力为他人的生活做出贡献。

给他人的生命带来改变

"给他人的生命带来改变是一件值得人们记住的事情。"

"我从来没有忘记那次谈话，"德鲁克说，因为熊彼特接着说："阿道夫，

你知道吗！到了我这个年纪，我明白人们只记住了我写的书和提出的理论是不够的，因为如果不能给人们的生命带来改变，那他就什么都没有改变。"从这次交谈中，我学到三样东西：首先，一个人要问自己希望别人记住自己什么；其次，答案会随着年龄的增长而改变，随着个人的成熟和世界的变化而改变；**最后，为他人的生命带来改变是一件值得人们记住的事情。**

彼得·德鲁克和约瑟夫·马恰列洛，《管理》(修订版)，2008年，第47章

- 思考自己的人生目的非常重要，随着年龄的增长更是如此。2004年5月，华理克在为德鲁克学院的校友和朋友演讲时说："没有比这个问题更加深刻的了，即'我来到这世上到底是为了什么'。"华理克有他的答案，康德也有自己的答案，尽管他们的回答并不相同，但两个人都问了相同的问题。这就是为什么对我们每一个人来说提出这个问题并找到答案，有多么的重要。

实践—提示

重要的是，一生中应该常常问自己："我想要人们记住我什么"，因为它激励你努力成为你能够成为的人。认真地探询这个问题能够令你的人生充满生命活力。

每当面对"我想要人们记住我什么"这个问题时，你的注意力会从自己身上转向你愿意为别人的人生做出的贡献。

再思考一下德鲁克有关他的选择的两条笔记："我……不得不做出选择：要么继续做自己所擅长且成功的事，要么坚持自己的价值观。20世纪30年代中期在伦敦我是个成功的投资银行家，那显然发挥了我的优势。但是我看不出自己作为资产管理人能做出什么贡献……我可不想做墓地里最富有的人。"[97]

还有："1934年，作为伦敦一家商业银行年轻的经济师，我参加了凯恩斯在剑桥的研讨会。我突然意识到，凯恩斯的兴趣在于研究商品的行为，而我的兴

趣在于研究人的行为。"[98]

你想要人们记住你什么？

警句

- 你想要人们记住你什么？
- 我总是问自己这个问题："我想要人们记住我什么？"这个问题引导你自我更新，因为它促使你发现一个完全不同的自己——那个你能够**成为**的真正的人。
- 为他人的生活带来改变是一件值得人们记住的事情。

注释

96.《公司的概念》1946 年，第 2 章。

97. 德鲁克和马恰列洛，《管理》(修订版，2008 年，第 45 章)。

98.《德鲁克日志》，1 月 22 日，"经济学：一个'社会维度'"，2004 年。

第 51 周
A Year with Peter Drucker

"辅导……是因为看到人的潜能"[99]

引言

德鲁克对华理克的辅导持续了 20～25 年。在这个过程中,华理克发展出了"目标驱动"的范式来管理教会。这在他《标杆教会》一书中做了介绍。乔治·巴尔纳（George Barna）是美国宗教领域内领先的市场调研员,在他 2005 年针对牧师所做的调查中,这本书的影响力排名第二,仅次于华理克的另一本书《标杆人生》[100]。

时至暮年,德鲁克回顾自己辅导过的许多人,包括华理克和班福德,他知道他对这些人的生命产生了很大的影响,并通过他们影响了更多的人。

华理克认为德鲁克是对他的人生影响最大的三个人之一。2004 年 11 月 13 日在克莱蒙特的德鲁克学院校友日上,华理克发表了对德鲁克充满敬意的讲话。现在我把它整理成文。这一年一度的盛会也同时庆祝德鲁克 95 岁生日。华理克在讲话中不时引用德鲁克的著作,我尽量详细地整理出来。华理克讲话的其余部分包含在第 8 周和第 45 周的内容中。

阅读

毫无疑问，德鲁克对我的生命所产生的影响怎么形容也不过分。如果你来到马鞍峰社区教会，你到处都会看到德鲁克的痕迹。这是过去20多年里他作为朋友、作家和导师产生的影响。德鲁克是我生命中对我影响最大的三个人之一。今天我应邀来跟大家分享德鲁克对于我意味着什么，也跟大家分享他传授给我的学识与智慧，这些智慧如何应用到我们的教会，并因此影响了成千上万的教会。我们的"标杆教会"遍布120个国家，仅在美国就有37 000多个。我知道德鲁克一贯重视学习体验，因此，在我们谈论德鲁克并庆祝他95岁寿辰的时候，我来分享一下德鲁克教给了我什么，然后举一个我们的实例。

我想从德鲁克说过的两件事开始。第一件事我听他说过很多遍，至少十几遍："20世纪后半叶最明显的社会学现象是牧养型教会的发展。"[101]

第二件事对我产生了真正的影响："教会的管理功能在于使之更像教会，而不是更像企业。"[102]

这句话说得太棒了。

我们刚庆祝过第25个复活节，我们的教会有39 000人，128英亩的校园，我们还在南加州创办了另外36个教会，并帮助了全世界成千上万的教会。我培训了56个国家的350 000个牧师。我们是怎样从只有我和我太太两个人，变成今日的马鞍峰社区教会，并且帮助其他教会的？这在很大程度上源于我从德鲁克那里学到的智慧。我学到了几条重要的真理，你们也许想要记下来。我想我下面讲的这些都是"德鲁克的精髓"。

首先，领导者不问："我想要什么。"领导者这样问："需要做成什么？"[103]

于是我从这个问题开始，不是"我想要什么"，而是"需要做成什么和哪里需要做"。

然后你要问的问题是："我的生命中要做成什么，我要在哪里做？"

德鲁克的第二个原则是"使命先行"。[104]

你们都知道要问:"我们是做什么的?"我对此的回答是,时刻准备着去帮助人们用**目标驱动**。

你看看成功的组织。它们知道它们被呼召做什么事,也知道呼召它们不做什么事;什么重要,什么不重要。它们不需要别人提醒,它们知道自己的身份。**它们有明确的目标。**

思考

- 我把华理克在演讲最后回答听众的提问放到了下一段思考里。
- 对于为什么《标杆人生》会如此受欢迎,华理克说没有什么比"我此生到底是来做什么的"更加深刻的问题了。这个问题适合每一个人。
- 德鲁克在他的"不流行的克尔凯郭尔"[105]这篇文章中谈到目的这个问题,康德在他的《纯粹理性批判》一书中也谈到这个问题。

使命或目标驱动

领导者通过沟通让周围的人知道他们要做什么。他们以目标驱动,即使命驱动。他们知道如何构建使命。另外,他们知道怎样说不。要求领导者做984件不同的事必将不堪重负,所以卓有成效的领导者都知道怎样说不,并且持之以恒。只有这样他们才不会让自己窒息。太多领导者竭力完成大约25件事,结果一事无成。这些人很受欢迎,因为他们从不拒绝,但结果是他们什么也做不成。

理克·卡尔加德,"德鲁克论领导力:德鲁克访谈",
《财富》杂志,2004年11月19日

- 如果想要释放自己的全部潜能,我们就不能在工作和生活中不断地增加要做的事情而不做任何抛弃。

创造性地抛弃

领导者面临的一个关键问题是:"如果一项工作已经达到目的,你什么时候才会停止给它继续提供资源?"对领导者而言,最危险的陷阱是那些看起来快要成功的项目,大家都说如果再使劲推动一下就必然大获成功。于是就尝试一次,再尝试第二次,接着第三次。这时应该很明显了,再努力也难以成功。所以我经常告诫我的朋友华理克:"别告诉我你在做什么,告诉我你**停止**做什么了。"

理克·卡尔加德,"德鲁克论领导力:德鲁克访谈",
《福布斯》杂志,2004 年 11 月 19 日

- 通过观察德鲁克辅导过的人如何实践德鲁克的教导,我们可以学到德鲁克的精髓。华理克由于问这个德鲁克式的问题而出名:"如果我们以前没有做这件事,在了解了我们现在所知道的情况后,我们还会做这件事吗?"(《21 世纪的管理挑战》,1999 年,第 3 章。)华理克曾经放弃了多个已经成功达成了目的的项目,就是为了留出空间给那些对于使命更重要的项目和活动。

需要做什么

成功的领导者不会一开始就问:"我想做什么?"他们会问:"需要做成什么?"然后他们问:"在所有能产生影响的事情中,哪些适合我做?"他们不会做那些自己不擅长的事。他们确保必要的事情都有人做,但并不是亲自去做。成功的领导者确保自己能够成功!他们不害怕别人的优势。安德鲁·卡内基想把这句话写在自己的墓碑上:"于此安息的人知道如何让比自己更能干的人加入自己的团队。"

理克·卡尔加德,"德鲁克论领导力:德鲁克访谈",《福布斯》杂志,2004 年 11 月 19 日(发表于德鲁克 95 岁生日,他于 2005 年 11 月 11 日去世,离他的 96 岁生日只差几天)

实践—提示

你有很清晰的人生目的吗？认真思考一下。你的使命是什么？

作为一个领导者，你会问："我想要什么？"还是"需要做成什么？"

你一旦知道在自己的人生中需要做什么，请再问："需要在哪里做成它？"

你在辅导别人吗？你是否对他人的生命、对社会产生着正面影响？

你希望人们记住你什么？德鲁克的人生经验能帮助你解答这个问题吗？他的辅导能帮助你解答吗？

警句

- 辅导是看到人心所愿。
- 你看看成功的组织。它们知道被呼召做什么事，也知道呼召它们不做什么事；什么重要，什么不重要。它们不需要别人提醒，它们知道自己的身份。**它们有明确的目标。**
- 领导者面临一个关键的问题是："如果一项工作已经达到目的，你什么时候才会停止给它继续提供资源？"
- 成功的领导者不会一开始就问："我想做什么？"他们会问："需要做成什么？"然后他们问："在所有能产生影响的事情中，哪些适合我做？"

注释

99. 沃尔特·莱特，《教练：关系型领导力的承诺》，2004 年，原著第 70～71 页。
100. 巴尔纳集团，"关于对牧师影响最大的书籍和作者的调研发现"，http://www.barna.org/barma-update/article/5-barna-update/178-survey-reveal-the-books-and-authors-that-have-most-influenced-pastors#.UIZoLWTuWFe，2013 年 10 月 10 日浏览。
101. 例如，请见《财富》1998 年 10 月 3 日第 169 页所引用的德鲁克原文："1980 年以来超大型牧养教会发展得如此之快，肯定是美国近 30 年来最重要的社会现象。"

102. "德鲁克对领导力网络的影响",领导力网络促进会,www.pusuantgroup.com/leadnet/advance/nov05/htm,2013 年 9 月 28 日浏览。
103. "领导力意味着使正确的事发生",德鲁克,《摘要:与彼得·德鲁克论领导力和组织发展的对话》,2002 年,原著第 5～6 页。
104. 德鲁克,《非营利组织的管理》,1990 年,原著第 18 页。
105. 德鲁克认为他关于克尔凯郭尔的论文是他最好的论文:"不流行的克尔凯郭尔",1949 年,原著第 587～602 页,于《生态愿景》中再版,1993 年,第 30 章,原著第 427～439 页;可参阅 http://www.druckersociety.at.files/p_drucker_kierkeg_en.pdf。

| 第 52 周 |
| A Year with Peter Drucker |

寻找人生下半场的意义：德鲁克的十条原则

鲍勃·班福德记述

引言

班福德详尽阐述了德鲁克寻找人生意义的十条原则，这让我们受益匪浅。虽然班福德记述的德鲁克原则主要是针对人生下半场的，但是这些原则适用于人生的任何一个阶段。

在我们学习这一条条原则的时候，请思考如何从今天起就开始应用它们。比如，第 6 条原则——"了解自己的价值观"。随着职业生涯的发展，这一条会变得越来越重要。但是你现在就应该努力把自己置于与自己的价值观相兼容的工作岗位上。一个与你的价值观不符的岗位会让你堕落或者变得玩世不恭。我在自己的职业生涯早期对此就很有体会，并开始考虑改换工作。有一天，在为一个做了精心准备又很喜欢的项目忙碌了一整天后，晚上我却感觉无比空虚。我意识到这种空虚感源于我不再认同这份工作所代表的价值观了。

你应该注意第 5 条原则——"机会往往不期而至"。一旦你了解了自己的优势和价值观，并开始思考"所有可能性中最棒的"工作岗位，就要特别留意不寻常的机会。困难的是，机会往往出现得不合时宜，这样你就不得不做出艰难的选择。如果由于机会出现的时机不对而错过了它，你可能会后悔终生，因为同样的机会可能不会再出现了。我就有过这样的亲身经历。

第 8 条原则——"了解播种与收获之间的区别"，这是本书重要的写作背景。德鲁克在近 70 年中写了那么多作品，他的远见卓识往往走在时代的前面，这使得我们有些人很难把它们用于实践。本书的写作就是一个收获和应用德鲁克毕生工作成果的项目。虽然我职业生涯的大部分时间都在研习德鲁克的著作，但我总是能从他这些原则的应用实例中，更加深刻地理解我应该如何把这些原则运用于我自己的工作。你在学习并运用这些原则的过程中，也将有机会获得立刻能用得上的智慧。

第 9 条原则——"只有良好的意愿是不够的，界定你想要的成果。"非营利组织和营利性组织都需要产生成果，但是很多非营利组织里充满了好心的、想要解救世界的理想主义者。它们需要设定切实可行的目标，努力做到组织绩效的最优化，而不是最大化。另外，营利性组织应该认识到，对成果的界定和恰当的绩效衡量标准会对行为产生影响，因此在设立目标和绩效衡量标准时需要特别小心。

最后，关于第 10 条原则，在绝大部分专业领域，知识更新都非常快，所以我们必须紧跟，不然，我们很快就会落伍。

总之，我本人从这 10 条原则中获益匪浅，特别是我在这个引言中提到的那几条。我也鼓励大家学习这些原则，适时应用它们，并取得成果。

阅读

（1）弄清楚你是谁。

"无论何时，在通往成功的道路上，"德鲁克说，"人们在遇到失败的时候往往会重新定位。但是我要说的是，你在成功的时候就应该重新定位，因为只有那时你才有这个资本。"德鲁克认为，如果一个人不先弄清楚自己是谁、属于哪里,就不可能为了有意义的人生而重新定位。

(2) 为卓有成效和自我实现而重新定位自己。

"在职业生涯的早期,"德鲁克说,"人们看问题通常只能看到很有限的时间范围,差不多只能看到4年,他们无法想象4年之后的事。"但是,当他们取得了一定的成就之后,时间范围就扩大了。"他们突然开始思考往后20年、30年甚至更长时间范围的各种选择。"德鲁克如是说。这样长远的眼光会带来以前从来没有过的清晰思路。

(3) 找到你存在的核心理由。

"巨大的成功与回答人生根本问题的能力之间有很强的相关性,"德鲁克说,"我认为最成功的人士都有很坚定的信仰;宗教信仰、持守敬虔与社区中的成功人士有巨大的相关性。"

(4) "把你的人生当成你的最后阶段,唯一值得努力的目的是把平凡的一生变成有意义的一生。"

(5) 计划不起作用。

德鲁克反复强调:"机遇往往不期而至。"这意味着一个人必须保持灵活性,随时准备抓住适当的机会。"太多的计划会让你对机遇充耳不闻……机遇会来敲门,但只敲一次。你必须为这个机遇做好准备。"

(6) 了解自己的价值观。

"如果你不尊重自己的工作,你不仅做不好这份工作,而且还会使你消沉下去,最终甚至可能杀死你,"德鲁克说。"比如,99%的医生不应该成为医院的管理者。为什么?因为他们看不起那份工作。他们是医生,他们觉得医院管理是办事员的工作。"

(7) 定义善始善终对你意味着什么。

"我对成功的定义在很久以前就改变了,"德鲁克说,"我热爱咨询工作和写作——做这些事的时候我经常忘记了时间。要善始善终,要想让人们记住我什么,这些事情现在就很重要。对一些人的人生产生影响是一个很值得为之奋的目标。帮助一些人去做他们想做的事——我的确想要人们因此而记住我。"

（8）了解播种和收获之间的差别。

"有很多年的时间，我用产量（output）来衡量自己的工作——主要是书籍和其他写作，"德鲁克说，"好多年中我的工作效率都很高。今天我的工作效率没有那么高了，因为现在是**收获**之年，不是**播种**之年。"

（9）只有良好的意愿是不够的，界定你想要的成果。

非营利机构通常成果不够，因为"它们不要求成果，根本就不知道它们想要什么成果。它们是好意，具有最良好的意愿，但是（如格言所说）良好的意愿只会铺下通往地狱之路。"

（10）认识到"不学习，不成长"的代价。

"我看到越来越多的 40 多岁的人，他们一直很成功，"德鲁克说，"他们在工作和职业生涯中做得很好。但以我的经验，他们最终会成为这三种人之一。第一种是退休，他们一般不会很长寿。第二种，他们继续做原来的工作，但是已经失去了热情，感到活力减退了。第三种，他们还在继续做原来的工作，但是想方设法寻找有所贡献的途径。他们感觉自己得到了很多，因此寻找回馈的机会。他们不满足于只是给人以金钱上的资助，他们想参与进去，更积极正面地去帮助他人。"德鲁克说这最后一种人是善始善终的。

班福德，http://www.druckersociety.at/files/ten-Principles-for-life-from-pctcr-druckei.pdf, n.d.

思考

- 第 3 条原则，找到你存在的核心理由或者解答人生的根本问题，这会对你的人生、对你为他人的人生做出的贡献产生巨大的影响。

德鲁克在几十年里让许多人的人生更有意义

你会发现，第一部分 10 条原则中的每一条，有很多观念在主流的宗教里都能找到。以我个人的经验，有一些核心观念与《圣经》所传达的思想是并行不悖的。德鲁克的10条原则中最重要的假设是，每个人生来就应享受成功和生命的终极意义。德鲁克理解生命的根本原则，是因为他知道每个个体是如何惊奇而又精彩地被创造出来，被赋予永生的精神……聆听德鲁克的10条生命原则中心灵的呼唤，期待着发现你自己的成功，更重要的是去发现你生命的意义吧。

班福德，http://www.druckersociety.at/files/ten-Principles-for-life-from-peter-drucker.pdf，n.d.

- 请注意下文里德鲁克的"喜从天降"，以及他与巴斯德⊖的话："机会只垂青有准备的头脑"，这是多么契合啊！

德鲁克的"幸运"突破

1943年深秋，我将要过34岁生日时收到了一个邀请，这令我感到喜从天降。"我的名字是保罗·伽勒特（Paul Garrett），"电话听筒里的声音说，"我在通用汽车（GM）负责公共关系，代表公司副总裁唐纳森·布朗（Donaldson Brown）先生给你来电。"布朗先生想知道我是否有兴趣以第三方的视角对通用汽车的管理策略和结构进行研究。通用汽车那时是全世界最大的公司……我还没有接受过从内部调研一家大公司的项目。早在佛蒙特创作我的第二本主要著作《工业人的未来》（1942年）的时候，我就产生过做这样一个项目的想法。那时，我强烈地感觉到我需要了解大型公司的组织行为……托人介绍认识的大公司高管全都拒绝了我……就在我因为不能启动这样一个项目而感到失望的时候，通用电气打来了电话。当时，通用汽车不仅是世界上最大的公司，还是最具创新意识的公司。在阿尔弗莱德·斯隆的领导下，通用汽车从几近破产的地步重振活力，成为创造现代公司组织的先驱，在全世界第一个实施了事业部制或称分权制的管理方式。时至今日，我依然对获得这个突

⊖ 巴斯德（Pasteur，1822—1895），法国化学家、细菌学家。——译者注

破性机遇感觉幸运无比。

彼得·德鲁克,《我的私人履历》,文章17,2009年

- 当创新者被问及某个创新项目的背景情况时,他们有时归之为运气。但是,对大多数创新来说,当我们深入探究当时的背景时,我们会发现,是的,运气创造了一个突破性想法或事件——但是一般创新者已经在这个领域浸泡了很长时间,并且一看就知道或能够识别那个突破性的事件。

巴斯德的"幸运突破"

巴斯德在他的职业生涯中,不是只有一个,而是有好几个新发现。这使得一些人说他很幸运。巴斯德自己说,机会只垂青有准备的头脑。换句话说,运气只会帮助那些能够辨识它们的人。巴斯德最大的天赋也许是他能够留意到别人会忽略的小事情。其中有些小事情就是他幸运突破的来源。

琳达·瓦斯梅尔·史密斯,《路易斯·巴斯德:疾病斗士》,2008年,原著第10页

实践一提示

把德鲁克的"寻找人生下半场的意义"的10条原则运用于自己生活中时,做一些笔记。随着时间的流逝,不断重温那些原则和你的笔记。需要时修改你的笔记。

像巴斯德和德鲁克那样,尝试"留意别人会忽略的小事情"。阅读高水平的报纸和期刊,仔细思考那些与你的期望差距很大的事情。跟踪一下,看它们是一时流行的时尚还是真正的趋势。

如果看到真正的新趋势,找出它们带给你和你的组织的机会。深入思考如何把这些机会变成你或你的组织的现实。

准备并梦想一个有意义的人生下半场。如果出人意料的机会让你靠近了

自己的梦想，问一下自己："我现在需要做什么来抓住这个机会？"

警句

- "机会往往不期而至，"这意味着一个人必须保持灵活性，随时准备抓住适当的机会。
- 只有良好意愿是不够的，界定你想要的成果。
- 我对成功的定义在很久以前就改变了。我热爱咨询工作和写作——做这些事的时候我经常忘记了时间。但是要善始善终，我想让人们记住我什么，这些事情现在很重要。 对一些人的人生产生影响是一个很值得为之奋斗的目标。帮助一些人去做他们想做的事——我的确想要人们因此而记住我。
- 认识到"不学习，不成长"的代价。
- 巴斯德在他的职业生涯中，不是只有一个，而是有好几个新发现。这使得一些人说他很幸运。巴斯德自己说，机会只垂青有准备的头脑。

| 结　语 |
A Year with Peter Drucker

学习要点

一年来，你已经读完了所有的阅读材料，也进行了深入思考并完成了所有的练习。本章将对你在这一年中学到的知识做一个小结。本书是为了帮助你成为组织中有效的领导者，也就是说，要致力于对你组织的利益相关者负责，特别是对你的客户、员工、股东负责，对社会负责，做正确的事。

有效的领导者

尽管我们假设有极少数人生来就是领导者，但我们大多数人都必须要通过学习才能成为有效的领导者。要做到有效，就不能仅仅只读一本书，不管这本书多么能够触发你的灵感。学会卓有成效必须通过认识一些**规律**，或者说通过学习一些普遍适用的原则；特别是要通过**实践**，通过作为一个领导者在实际工作中解决遇到的问题，特别是应用这些规律和原则去解决这些问题，经过学习以及把知识应用于实践。你刚完成的这52周的辅导课程将帮助你成为有效的领导者。这个过程需要贯穿在你的整个生命历程中，正如你在过去的一年中看到的那样，你在书中遇到的那些领导者都是善于终身学习的。

一个领导者必须要有追随者，你的追随者想必也对你的领导力有了信心。要让你的追随者有信心，作为领导者，你必须具备正直的品格，并追求更高的目标。正直的品格需要你表里如一、言行一致。这些品格会使你的同事信任你的领导力。这样才能够构成"正确的领导力"。

组织中管理团队的正确领导力可以将人生变得更好。比如，它能提升人的愿景，能把人的绩效提升到一个更高的水平。它甚至还能把一个人的品格提到一个他自己都认为达不到的程度。

这种高品质和高标准都是这一年来我们在争取的。接下来总结的是我们应该遵循的步骤。

怎样才能成为有效的领导者

首先，有效的领导者做组织需要做的事，而不是做领导者想做的事。他们会问"**需要做什**么"，而不是问"**我喜欢**做什么"。他们需要在（短期与长期）两个时间维度中管理，并且确信他们的短期目标与组织的长期使命和愿景是相符的。为此，他们必须学会区别任何时间都可能出现的**重要的**工作和**紧急的**工作。

有效的领导者都知道，成功的关键在于集中精力，并专心于那些少数的成功就能够对贡献和成果带来重大影响的领域。他们不会同时进行多项任务，他们会确认首先去完成最重要的任务。他们体会到**时间对他们的压力**，也意识到机会往往会不期而至。他们会为新的机会留出足够的空间；为此，他们会授权，会推迟甚至抛弃某些占用时间的当前工作，把这些时间释放出来进行新的尝试。他们也会收集为了获得持久的竞争优势所需要的信息。他们充分利用数据分析，确保他们所依靠的人能够用适当的形式从他们那里获得这些信息。反过来，他们也知道他们的同事需要什么样的信息才能够做到卓有成效，他们还会及时地用同事需要的方式向他们提供这些信息。

我们学到了，建立一个正常运转的董事会是多么重要。董事积极参与组织战略的制定、监督战略的执行、资源的获取和配置，以及是否产生了预期的成果。领导者必须与董事共事，托付他们以重大责任，及时为他们提供信息，以帮助他们履行自己的职责，并监督 CEO 及组织的表现。

董事会成员应该参与组织的重大决策，并在董事会下属的某个委员会中承担一个具体的职责。董事要对组织领导层的平稳过渡负责，这是他们职责的一部分，所以他们还要对能担起高层管理者责任的候选继任者做出评估。董事会成员应该为自己在董事会履行职责留出足够的时间，使得 CEO 和组织更加有效。

多元化组织型社会的管理

我们认识到，管理是最"基本的功能"，或者说是一种组织力；管理是建立一个机构，并维持它的生命力。大型组织中专业的管理首先是 19 世纪后期在美国、德国和日本的营利部门发展起来的，但是在 20 世纪才得到迅猛发展。

社会中**每一个**机构都需要有效的领导力和有效的管理。社会需要专业的**企业管理**以创造财富，以维持这家企业和其他的社会机构。企业创造的财富（通过税收）是维持政府活动的财政基础，也是维持非营利组织和慈善机构活动的财政基础。要最有效地使用这些社会财富，必须优先加强非营利机构的管理。

与企业不同的是，非营利组织和政府都没有一条天然的底线，因此这些机构要有效管理和有效地使用它们的资源，其关键是如何界定"成果"。一个写得好的使命宣言，以及对成果的界定和适当的绩效衡量标准，对评估所有组织的管理都非常必要。但是，这些（使命、结果和绩效评估）对社会部门及政府部门的机构说来非常具有挑战性，因为它们并没有一条天然的底线。缺乏这样一条底线可能成为一个相当致命的问题。比如，想象一下，如果一个政府机构用规模大小作为衡量其是否成功的标准，就一定会产生浪费资源的官僚主义。同样，如果一个非营利机构不能很清晰地界定它的使命，没有界定所期望的结果，也没有适当的绩效衡量标准，非营利机构也可能出现浪费资源的官僚主义。

为了让管理在这个组织化的社会中具有合理性，每个组织都应该把完成其自身的使命作为最重要的工作，同时牢记这个组织是亏欠它所生存其中的社会的。组织是社会的一个器官，而器官离开了健全的身体是无法存活的。因此，组织的管理者有两个使命：他们的主要使命或者是创造财富，或者是改变人生，或者是治理国家；他们的次要使命是支持他们所在社区的活动。正如我们看到的那样，社会中相当一部分需求从我们社会的系统中"漏"了出去：这些需求并没有被正常运作的企业、非营利机构和政府所满足。因此，如果需要满足社会需求的话，必须引导这些组织，让它们的管理超出它们自己正常管辖的范围。

高层管理及绩效精神的重要性

管理任何组织，首先要考虑的是建设一个有效的高层管理团队。这个管理团队将治理这个组织并在组织内创造出一种绩效精神。如果没有一个自上而下的、能够支撑组织的精神，一个组织最多也只能为生存而挣扎，甚至是逐渐衰落。人力资源是在绩效中唯一能够拓展的资源，而且在很多情况下是一种会激烈拓展的资源。为此，需要做好员工的选聘、引导、安排和培训工作。但是，所有这些都有赖于适当的条件，或者说一种精神，而这种精神必须从组织的高层开始，并由组织的高层塑造。

我们学到了，社会中各组织的有效领导力在这个快速变化和社会大断层时代的世界中特别重要。在国家层面上，诸如环境污染以及全球性的恐怖主义要求国家间密切合作、有效管理。即使有了国际合作，这些问题也很难得到解决。我们可能只能学会如何应对这些问题，把它们带来的破坏和损失降至最小。在美国国内，从体力劳动向知识工作的转变正在引起劳动者工作安排的混乱，这也只能通过留住体力劳动者以及提高服务工作者的生产力来解决。留住服务工作者和制造业工人、提高他们的生产力不仅是一项经济工作，也是一项社会任务。这些工作要求我们的社会在政治上高度统一。而现阶段的美国却似乎并非如此。这里所罗列的问题并不是自由派或者是保守派的问题，而是需要每个国家通过建立有效的合作，共同面对这些迫切需要解决的问题和转变。我们必须记住，组织中的人需要有高度统一的价值观才能渡过这段转型期。

我们现在经历的这个社会大断层时期同时也给不断寻找机会的人创造了条件。为了利用新的机会，必须把资源解放出来。而资源的解放必须要抛弃旧的、没有生产力的工作和任务。要抛弃确实不容易，对政府部门说来更不容易。因为已经开始的但是没有成果的项目和工作有着强大的政治支持者。我们回顾了罗伯特·安东尼教授提出的、对经济中所有部门都很有用的如何抛弃的方法。这个方法用"外部专家"定期检查这个部门或机构的使命、成果和成本。换句话说，检查这个机构存在的理由。尽管这并不能保证完全杜绝浪费、丑闻和滥用权力，但仍然会给一些领域带来一线曙光；在这些领域中，正在抛弃某些活动，以便腾出资源，抓住变化带来的机会，引进新的创新项目、创新产品和服务。

使命的重要性

我们看到，管理层可以把一个写得好的使命宣言作为强有力的工具。这个工具可以帮助组织达成自己的目的，保持组织的方向，或者当环境变化的时候，在这个目的下做出调整。所有为实现使命而在各方面负有重要责任的人都应该参与到制定使命宣言的过程中来。使命必须写得尽可能地服务于组织所有的利益相关者。

一旦确定了使命，还必须"迫使人们"彻底思考：在我的岗位上，我应该怎样做出贡献，能够做出什么贡献来完成组织的使命。这样做是为了把使命宣言作为强大的工具，在服务客户和其他利益相关者的同时，整合组织中所有成员的工作。

德鲁克提出的根本问题

我们知道，德鲁克管理方法的核心是透过营销这个镜头去看待一个组织。在德鲁克提出的根本问题中（这些根本问题可能由于所处的部门和环境的不同，有着不同的表达方式），有两个问题是我们一直在问的。这两个问题能够同时引出其他相关的问题。第一个问题是，"谁是我们的客户"，与其相关联的问题是"谁是非客户"。第二个问题是，"客户的认知价值是什么"，与其相关联的问题是"非客户的认知价值是什么"。这两个问题看起来很简单，却被很多管理者忽略。一旦我们知道了客户是谁、客户的认知价值是什么，我们就可以将其反映到我们的整个管理系统中，比如，反映到我们的广告、产品设计、运行、营销和服务中。

一个有效的市场研究，同时也要问那些与其相关联的问题。通过阅读和练习，我们现在已经知道了这是一个多么强有力的方法。

组织发展阶段的转变

企业家要创新。当一个创新成功后，可以将其特许给一家较大的公司以便快速推广，形成规模。但很常见的是，这个企业家自己去开创这家新业务。如果这家新业务要成功，他就必须保证其财务供应，进行适当的核查，并建立一个高层管理团队。否则，这家新业务很可能失败。如果要它成功，企业家必须决定他自己在这家新业务中的角色，否则，这家业务也极可能受挫。这个企业家是逐步转型、成为有效的管理者并学着当一个CEO，还是他与高管团队的其他成员一起，根据需要和每个人的优势，来决定每个人要扮演的角色呢？这就是我们所说的发展阶段的转变。如果一个组织要继续成长和发展，每个企业家都必须完成这个转变。

组织架构

组织架构是管理者的一个工具，是为了实现组织的短期和长期目标的手段。在特定的条件下，不同的组织形式可能都很有效。但是，有些形式可能对人、对目标的实现都有害。本书中的很多例子说明了，在知识社会的组织中，组织是由信息联结在一起的，信息就是力量。知识发展得非常快，而且还会发展得更快。随着知识的发展，分工将越来越细，专业化程度会越来越高。任何一个大的知识型组织都不大可能具备完成其工作任务所需要的所有专业知识。各种组织之间不同的合作形式将会出现，包括合资、合作、联盟以及网络型组织等。一个组织也可能去建立无数个团队，每个团队由不同的合作组织构成，用以整合完成某个项目所需要的特殊资源，而不必在这个组织中维持一个大规模的特殊的知识团队。合作可以使组织更加有效。当这种过程继续演变下去的时候，知识型组织的社会可以被称为是一个**网络型社会**。

发展人

无论组织结构怎样，德鲁克深信"一个基业长青的组织必须在知识和道德两个方面发展人"。这个要求非常高。知识方面的发展是要拓展个人的能力和才能，以便在工作和生活中过得更好。道德方面的发展是要开发人的品格。这更加困难，这不能教，但是可以学到。怎样学呢？要密切关注组织中领导所树立的榜样，特别是人们称颂的领导者所树立的榜样。然后就是把这些特性融合到自己的品格中。为了保证人的品格和社会中人性不走下坡路，管理者必须严惩那些违反组织道德规范的人，并奖励那些道德行为的模范。

在知识和道德两个方面发展人，组织就在提高人的地位和帮助人在实现崇高愿望的路上迈出了一大步，这个崇高的愿望是自由社会为其成员所坚守的。领导的合法性也将会被员工和社会广泛地认同。

想想不久前爆出的丑闻，看看它们对社会造成的破坏，我们知道，企业和政府对于恢复管理的合法性应该给予优先权。

继任决策

组织高层继任人的决策是管理中的一个关键问题。我曾经见过很多失败的继任决策，如果连续两次或多次发生失误，特别是在快速变化的时候继任决策失误，组织就可能陷入深深的危机。CEO 和董事会应该义不容辞地在董事会之下设立一个委员会，专门负责继任问题，并花一段时间在组织内外寻找候选人。一个继任决策不会是无缘无故地做出的，因此董事会要了解可能担任此职位的内部候选人也是在情理之中。董事会成员也必须把广泛接触并了解外部候选人作为自己的首要任务之一。但是，高管的继任决策还是会像一场豪赌，因为没有人能够知道新任 CEO 会面临什么样的问题，也没有人知道新委任到高管职位上的人是不是与他将来会遇到的挑战相匹配。

目标的力量

德鲁克最喜欢的组织之一是救世军，本书简单说明了原因。德鲁克喜欢救世军是因为它的使命，尽管这个使命非常简练：与"穷人中的穷人，卑贱者中的卑贱者"一起努力。德鲁克喜欢救世军还因为它能有效地满足人类的需求——它渴望开展艰苦的社会工作，应对诸如吸毒、酗酒、帮助问题青年、假释囚犯以及其他非常难以应付的美国社会问题。在这些社会领域内，它常常取得政府很不容易取得的成果。它渴望把自己的管理专业化，把它所服务的对象转变成为对社会有用的人。它满足了不断出现的需求，并依靠着美国人民意想不到的慷慨和他们提供的"及时的财务资助"，不断地去满足还没有被满足的需求。随着救世军项目的不断增加以及组织规模的不断扩展，它正沿着德鲁克指出的方向，不断地提高其领导能力。它是我们的榜样。

德鲁克社会生态学的方法论

我们注意到，德鲁克社会生态学的方法论对每个组织中的每位管理者都有用。其基本方法是找出（发生在社会、人口结构、科技、机制、观念、意外事件等中间）没有被人注意到的趋势和趋势的变化，并把其中的某些变化转化为机会。我们学到了，德鲁克是如何发现包括大型教会这样机构的出现。大型教会改变了美国的新教教会，也改变了美国的文化和经济。我们也知道了汤姆·卢斯怎样识别学校中卓越的教育实践并将其传播到其他学校去的。

一旦确定了这种趋势，社会生态学家接下来要做的就是找出使得某些机构变得卓越的原因。收集到的信息可以用来整理成为最佳实践。在卢斯的例子中，就是能够被校长和老师模仿的实践。卢斯与校长、老师一起通过他的校长网络帮助其他的学校更加有效地进行管理。

社会生态学家的目标就是要让社会的公民及其组织更加有效。当顺利运转后，社会生态学能够促使创新和最佳实践的传播。它也能为推行罗杰斯在他的著作《创新的传播》中所阐述的观点提供强有力的方法。社会生态学可以帮助满足公民和组织的需求。我们看到：当恰当使用时，社会生态学的方法是多么强大。柳溪教会协会及其全球领袖峰会就是很好的例子。

从成功人士到有意义的人生

德鲁克最有影响力的观点之一是"机会"（在知识社会中，越来越多的人有这样的机会)。为"尚未发生的未来"带去"新的构想",以试图产生新的、有用的新事物,并进而带来社会和经济的变化。从成功人士走向有意义的人生就是这样的新构想之一。知识工作者工作年限很长,经常要超过50年,但是他们在原来的职业生涯中已经找不到满足感了。很多人有一种被压抑了的愿望,想做一些自己一直想做但又因为对别人有承诺而没有能够去做的事情。当他们需要转型的时候,当他们确实需要完全转向他们的梦中世界的时候,他们需要有人帮助弄清楚自己的愿景,并把这个梦想放到现实中加以测试。同时,也有很多人需要帮助,把他们的兴趣和长处与能够开花结果的机会完美地结合起来。这时,一些已经完成了这种转型的资深人士就可以给他们帮助了。

我们看到了一些例子,他们有的在第二个职业中达成了目标,也有的在做志愿者的工作。显而易见的是,最好在有兴趣的开始阶段就做志愿者工作,这样可以在正式转型之前取得经验,以决定是要开始第二职业呢,还是要开始一个崭新的社会创新。

如果是要进行社会创新,最好进入一个你对它既有热情又能够产生特殊贡献的领域。没有特殊的贡献和极大的热情,你就不太可能在新开创的项目中经受其中的大起大落。本书可以帮助你避免跌入陷阱,做出明智的选择。

从成功人士迈向有意义的人生需要我们像知识工作者一样管理自己。我们越能够像知识工作者那样管理自己,就越能够成功地完成这种转型,也就越能满足我们在第一职业生涯中产生的这种愿望。

人品和精神遗产

德鲁克在采访中最后问的一个问题经常是:"你想要人们记住你什么?"这并不是每个人想要回答的问题。我们也并不经常向自己提出,更没有及早向自己提出这个问题。因为这涉及深刻理解我们的生物属性,并且意识到生命是短暂的，我们都将很快离开这个世界。本书的例子中讲到的很多人都已经不在人世了。

我们看到了，如果我们像德鲁克一样采用生生不息的观点，我们就会承认人是永恒的。因此，我们为别人所做的、为改变别人生命而做的努力才有可能永存。我们也知道了，随着年龄的增长，我们对这个问题的答案也在不断变化。因为我们对自己的认识在不断加深，我们会更加体会到自己的长处，也会更加感觉到应该怎样用我们的生活经历去帮助别人。经常向自己提出这个问题是对自己一种真正的辅导，因为这个问题能使我们看到什么是重要的，什么是应该抛弃的。

最后想说一句，随着年龄的增长，我们越成熟，就越能够看见真实的自我，也越能清楚地看到他人的需求。相对于人类中的其他人而言，自己的竞争优势会越来越弱，动力也会越来越小。这将使我们更能够看清我们可以在什么地方为他人做出什么样的贡献。认识自我是一生的事情，而越年长，就越能看清自己。认识自我、认识自己的长处可以把我们放到最能够帮助他人的位置上。这是一个令人兴奋的过程。

结论

至此，我们复习了一年中德鲁克为我们做辅导时所学到的知识要点。我与你走过了同样的旅程。我衷心祝愿你的下一个旅程更加顺利。希望你在回顾这一年的成就时，你为自己打一个大大的满分。

译者后记

德鲁克离开我们已经整整 11 年了，对德鲁克的学习、用德鲁克的管理思想指导行动的管理者和企业家却在不断增加。管理为什么让人如此着迷？管理的本质是什么？德鲁克管理的背后蕴藏着怎样的思想？这些思想如何指导实践？对企业的成果甚至实践者的人生会产生怎样的影响？

与德鲁克同事 26 年的约瑟夫·马恰列洛教授是走在德鲁克思想研究前沿的学者。2011 年，他把他的研究成果展现在《失落的管理艺术：德鲁克论现代管理与人文精神》一书中。几个月前，马恰列洛教授又推出了对德鲁克研究和实践的第二本著作，即我们手中的这本书——《卓有成效的领导者：德鲁克 52 周教练指南》。

在得知马恰列洛教授的英文版书籍出版以及华章公司拿到了中文版的版权后，德鲁克管理学院集团马上联系了作者和出版社，表达了要翻译本书的意愿。作者和出版社当即表示支持。

从此，德鲁克研究室就开始了几个月的紧张工作。

这是一本提高管理者领导力的书，也是一本帮助领导者修炼的书。

根据本书，你可以组成自己的私董会。邀请几位好友、几位志同道合者，与不同行业的领导者在一起，相互诊断，相互启发。一起阅读同样的材料，一起思考同样的问题，一起诊断企业中的问题，一起探讨怎样解决问题，一起寻找企业的机会。

你渴求真理，但很难找出整块时间学习；

你奔波忙碌，但又苦于找不到人为你分担责任；

你担心绩效，但又受环境和员工的局限；

你渴望创新，但又困惑于怎样发现机会、抓住机会；

你很想找到合适的接班人，但又苦于很难发现；总之，

你很想请"高人"指点，为你出谋划策，解决企业中的实际问题；

你很想有一位导师，随时提醒你，随时向你提出正确的问题；

你想要一位导师，随时帮你汲取出你内在的智慧；

你已经很成功，但又想让人生更有意义；

……

本书就是把德鲁克请到你身边，请德鲁克来为你辅导，为你指点迷津！

只要你每个星期进行：

阅读——这里精选了德鲁克对每个题目的相关论述，还有故事、案例甚至德鲁克的轶事；

思考——根据每周阅读材料中的故事、每周出现的那么多著名的领导者解决问题的方式、抓住机会给你的启示，还有作者编排的思考提示，思考一下：在这样的情况下，我该做什么？该怎样做？

交流——书中的案例、出现的著名领导者就是你请来的私董。

德鲁克经常说，要学会提出正确的问题。在本书里，就有很多德鲁克为著名的领导者做辅导时提出的问题。当年受到德鲁克辅导的那些人很乐于和你分享德鲁克的问题，他们也乐于和你分享他们是怎样回答这些问题的。

接下来呢？接下来当然就是"做"啦。结果是"做"出来的，不是"想"出来的。只要照着做了，结果就出来了。

这就是我们看到本书时的想法。要是把本书献给广大的中国管理者，这将产生多大的力量！

本书的引文大多短小精悍，是从德鲁克浩瀚的著作中撷取的精华。引文

中还有很多是第一次公开发表的德鲁克的谈话、采访、信件。要把这些文字准确地用中文表达出来，实非易事。

德鲁克的管理思想已经广为人知，甚至同一本原著有着多种不同的中文版本，译文又各有长处。东西方巨大的文化差异，无疑也为翻译带来了困难。如果译文不能准确表达德鲁克的原意，不仅贻笑大方，更是误人子弟。

我们抱着敬畏的态度开始了本书的翻译。为了原汁原味地展现德鲁克的文字、谈话、采访的原貌，我们查阅了大量资料，对那些中国读者不容易理解、由于文化差异容易产生误解的地方加了译者注。我们一直战战兢兢、如履薄冰，期望我们的工作对读者有所帮助。

翻译中，我们不仅为大师广博的知识、独创性的见解、对实践指导性的观点以及他为各类组织机构的领导咨询时表现出的智慧所折服，也同时体会到我们肩负的责任。我们有翻译中的喜悦——发现真知的喜悦、豁然开朗的喜悦；我们也有翻译中的迫不及待——迫不及待地想实践，想交流、分享和传播。当然我们也会有翻译中的困惑和苦恼——看不懂、不理解原文时的困惑，怎样翻译都不能表达作者原意时的苦恼。但是，当终于脱稿的时候，我们在诚惶诚恐中又多了一种如释重负之感。

感谢华章公司10多年来出版了众多的德鲁克著作，感谢华章公司为本书的出版所做的工作。

参加本书翻译工作的德鲁克研究室成员有：郭慧兰、何华、郝容榕、李洁、吕米卓、孟戍、聂秋、戎静、王雷。

从事本书校对工作的有：郭慧兰、何华、黄建东、王欣。

德鲁克管理学院
德鲁克研究室
2016年6月

"日本经营之圣"稻盛和夫经营哲学系列

季羡林、张瑞敏、马云、孙正义、俞敏洪、陈春花、杨国安 联袂推荐

ISBN	书名	作者	定价
47025	领导者的资质	【日】稻盛和夫	49.00
49146	稻盛和夫语录100条	【日】稻盛和夫	39.00
48914	调动员工积极性的七个关键	【日】稻盛和夫	45.00
49824	干法	【日】稻盛和夫	39.00
50219	阿米巴经营[实战篇]	【日】森田直行	39.00
51021	拯救人类的哲学	【日】稻盛和夫、梅原猛	39.00
54296	匠人匠心:愚直的坚持	【日】稻盛和夫、山中伸弥	39.00
54638	敬天爱人:从零开始的挑战	【日】稻盛和夫	39.00
57079	赌在技术开发上	【日】稻盛和夫	59.00
57081	企业成长战略	【日】稻盛和夫	49.00
57016	利他的经营哲学	【日】稻盛和夫	49.00
57212	稻盛和夫谈经营:创造高收益与商业拓展	【日】稻盛和夫	45.00
57213	稻盛和夫谈经营:人才培养与企业传承	【日】稻盛和夫	45.00

德鲁克管理经典

编号	书号	书名	定价
	德鲁克管理经典		
1	978-7-111-28077-4	工业人的未来(珍藏版)	￥36.00
2	978-7-111-28075-0	公司的概念(珍藏版)	￥39.00
3	978-7-111-28078-1	新社会(珍藏版)	￥49.00
4	978-7-111-28074-3	管理的实践(珍藏版)	￥49.00
5	978-7-111-28073-6	管理的实践(中英文双语典藏版、珍藏版)	￥86.00
6	978-7-111-28072-9	成果管理(珍藏版)	￥46.00
7	978-7-111-28071-2	卓有成效的管理者(珍藏版)	￥30.00
8	978-7-111-28070-5	卓有成效的管理者(中英文双语 珍藏版)	￥40.00
9	978-7-111-28069-9	管理:使命.责任.实务(使命篇)(珍藏版)	￥60.00
10	978-7-111-28067-5	管理:使命.责任.实务(实务篇)(珍藏版)	￥46.00
11	978-7-111-28068-2	管理:使命.责任.实务(责任篇)(珍藏版)	￥39.00
12	978-7-111-28079-8	旁观者:管理大师德鲁克回忆录(珍藏版)	￥39.00
13	978-7-111-28066-8	动荡时代的管理(珍藏版)	￥36.00
14	978-7-111-28065-1	创新与企业家精神(珍藏版)	￥49.00
15	978-7-111-28064-4	管理前沿(珍藏版)	￥42.00
16	978-7-111-28063-7	非营利组织的管理(珍藏版)	￥36.00
17	978-7-111-28062-0	管理未来(珍藏版)	￥42.00
18	978-7-111-28061-3	巨变时代的管理(珍藏版)	￥42.00
19	978-7-111-28060-6	21世纪的管理挑战(珍藏版)	￥30.00
20	978-7-111-28059-0	21世纪的管理挑战(中英文双语典藏版、珍藏版)	￥42.00
21	978-7-111-28058-3	德鲁克管理思想精要(珍藏版)	￥46.00
22	978-7-111-28057-6	下一个社会的管理(珍藏版)	￥36.00
23	978-7-111-28080-4	功能社会:德鲁克自选集(珍藏版)	￥40.00
24	978-7-111-28517-5	管理(下册)(原书修订版)	￥49.00
25	978-7-111-28515-1	管理(上册)(原书修订版)	￥39.00
26	978-7-111-28359-1	德鲁克经典管理案例解析(原书最新修订版)	￥36.00
27	978-7-111-37733-7	卓有成效管理者的实践	￥36.00
28	978-7-111-44339-1	行善的诱惑	￥29.00
29	978-7-111-45029-0	德鲁克看中国与日本	￥39.00
30	978-7-111-46700-7	最后的完美世界	￥39.00
31	978-7-111-47543-9	管理新现实	￥39.00
32	978-7-111-48566-7	人与绩效:德鲁克管理精华	￥59.00
33	978-7-111-52122-8	养老金革命	￥39.00
34	978-7-111-54922-2	卓有成效的领导者:德鲁克52周教练指南	￥49.00
35	978-7-111-54065-6	已经发生的未来	￥39.00
36	978-7-111-56348-8	德鲁克论管理	￥39.00
	德鲁克论管理		
1	978-7-111-28076-7	大师的轨迹:探索德鲁克的世界	￥29.00
2	978-7-111-23177-6	德鲁克的最后忠告	￥36.00
3	978-7-111-27690-6	走近德鲁克	￥32.00
4	978-7-111-28468-0	德鲁克实践在中国	￥38.00
5	978-7-111-28462-8	德鲁克管理思想解读	￥49.00
6	978-7-111-28469-7	百年德鲁克	￥38.00
7	978-7-111-30025-0	德鲁克教你经营完美人生	￥26.00
8	978-7-111-35091-0	德鲁克论领导力:现代管理学之父的新教诲	￥39.00
9	978-7-111-45189-1	卓有成效的个人管理	￥29.00
10	978-7-111-45191-4	卓有成效的组织管理	￥29.00
11	978-7-111-45188-4	卓有成效的变革管理	￥29.00
12	978-7-111-45190-7	卓有成效的社会管理	￥29.00
13	978-7-111-44748-1	德鲁克的十七堂管理课	￥49.00
14	978-7-111-47266-7	德鲁克思想的管理实践	￥49.00
15	978-7-111-52138-9	英雄领导力:以正直和荣耀进行领导	￥45.00